高等职业教育工程造价专业"双证书"教材

基 础 会 计

史恩静　主　编
王存勤　夏文杰　副主编
杨虎山［河北交通投资集团公司］　主　审

人民交通出版社股份有限公司
China Communications Press Co.,Ltd.

内 容 提 要

本书是高等职业教育工程造价专业"双证书"教材。全书共十一章,以会计核算方法为导向,结合会计核算账务处理程序,系统介绍了会计的基本概念、会计要素、会计等式、会计科目和账户、记账方法、借贷记账法的运用、账户分类、会计凭证、会计账簿、财产清查、财务会计报告、会计核算账务处理程序、会计机构、会计人员和会计法规制度等内容。

本书可以作为高等职业院校经济类、管理类工程造价专业的教学用书,也可以作为社会在职人员学习会计学基础、参加会计从业资格考试的参考书。

图书在版编目(CIP)数据

基础会计 / 史恩静主编. —北京:人民交通出版社股份有限公司, 2015.1
高等职业教育工程造价专业"双证书"教材
ISBN 978-7-114-11948-4

Ⅰ.①基… Ⅱ.①史… Ⅲ.①会计学—高等职业教育—教材 Ⅳ.①F230

中国版本图书馆 CIP 数据核字(2015)第 003531 号

高等职业教育工程造价专业"双证书"教材

书　　名:	基础会计
著 作 者:	史恩静
责任编辑:	刘 倩　李 娜
出版发行:	人民交通出版社股份有限公司
地　　址:	(100011) 北京市朝阳区安定门外外馆斜街 3 号
网　　址:	http://www.ccpress.com.cn
销售电话:	(010) 59757973
总 经 销:	人民交通出版社股份有限公司发行部
经　　销:	各地新华书店
印　　刷:	北京市密东印刷有限公司
开　　本:	787×1092　1/16
印　　张:	12
字　　数:	304 千
版　　次:	2015 年 1 月　第 1 版
印　　次:	2017 年 1 月　第 2 次印刷
书　　号:	ISBN 978-7-114-11948-4
印　　数:	3001—6000 册
定　　价:	32.00 元

(有印刷、装订质量问题的图书由本公司负责调换)

序

高等职业教育是培养面向基层生产、服务和管理第一线的技术技能型人才。2013年1月，原交通职业教育教学指导委员会路桥工程专业指导委员会在哈尔滨召开了"2013年工作会议暨'十二五'职业教育国家规划教材选题申报工作会议"，由人民交通出版社股份有限公司拟订的高等职业教育工程造价专业"双证书"教材编写计划在会上经过教师们的热烈讨论，最终确定了公路工程和建筑工程两个方向，包括17门课程的课程名称、编写计划和主编人员。

本套教材是为双证书型工程造价专业而组织编写的，具有以下两个方面的特点：

第一，本套教材在编写过程中，主编人员邀请省级交通厅交通工程定额站专家、工程技术人员全程参与并承担主审工作，使得本教材内容和知识结构更符合实际工作岗位的要求，针对性、实用性和可操作性也更强。

第二，本套教材的内容以造价人员从业资格考试大纲为主线，力求使公路工程方向的教材覆盖交通运输部公路工程乙级造价人员过渡考试要求的知识点，建筑工程方向的教材覆盖住房和城乡建设部造价员考试要求的知识点，并附有近年来工程造价人员相关课程考试复习题。学生通过本套教材的学习，除了能够在未来的工作岗位上从事工程造价相关工作外，同时也为今后参加造价工程师（造价员）执业资格考试奠定基础。

2013年10月8日，交通运输部和教育部联合发布了《交通运输部、教育部关于在职业院校交通运输类专业推行"双证书"制度的实施意见》（交发〔2013〕606号）（简称为《意见》）。《意见》提出的总体目标是：到2020年，职业院校交通运输类专业教学标准与国家职业标准联动机制更加健全，学历证书与职业资格证书相互衔接更加紧密，交通运输应用技术和技能人才培养质量和数量基本满足行业发展需要。《意见》还主要提到了以职业能力为基础，建立健全职业标准评价体系；以职业资格为引领，不断深化职业教育教学改革；以质量评价为核心，积极推进"双证书"制度组织实施。

高等职业教育实行双证书制度，即高等职业院校的毕业生取得学历和技术等级或职业资格两种证书，这是高等职业教育自身的特性和社会的需要。人民交通出版社股份有限公司推出的本套高等职业教育工程造价专业"双证书"教材，希望对双证书人才的培养有所裨益。

本套教材的出版凝聚了交通、建筑行业专家、教师的集体智慧和辛勤劳动，在此向所有关心、支持本套教材编写出版的各级领导、专家、教师致以真诚的感谢。

人民交通出版社股份有限公司
2014年6月

前　言

"基础会计"是会计学科体系中的入门课程,主要研究会计的基本理论、基本方法和基本技能,为进一步学习其他会计课程奠定基础。《基础会计》教材以财政部 2006 年 2 月新颁布的《企业会计准则》为指导,以"厚基础、宽口径"为原则,以工业企业的基本经济业务为主线,全面、系统地阐述会计的基本理论和方法。本教材注重实际,强化应用,并结合最新的"营改增"相关政策注重培养学生的学习能力、实践能力和创新能力,以适应会计教学改革和教材建设的要求。

本教材共十一章,第一章阐明了会计的有关基本理论问题,第二章至第九章介绍了会计的基本方法,第十章简要说明了会计工作的组织,第十一章强化学生的实践操作能力。具体而言,本教材以会计核算方法为导向,结合会计核算账务处理程序,系统介绍了会计的基本概念、会计要素、会计等式、会计科目和账户、记账方法、借贷记账法的运用、账户分类、会计凭证、会计账簿、财产清查、财务会计报告、会计核算账务处理程序、会计机构、会计人员和会计法规制度等内容。本书在各章中安排有大量的案例、图示、表格等,使读者能将理论和实际联系起来。除此之外,在各章后面又配备了一定数量的练习题,便于读者在学习过程中,能够从理论和实践结合的基础上,循序渐进,反复练习,巩固和消化所学知识,掌握基本的会计实际操作技能。

本教材由河北交通职业技术学院史恩静担任主编,河北交通职业技术学院王存勤、夏文杰担任副主编,河北交通职业技术学院王慧聪、王培、刘洋、刘春秀参编,河北交通投资集团公司杨虎山担任主审。具体编写分工如下:夏文杰编写第一、二章,王培编写第三章,史恩静编写第四、九章,王慧聪编写第五、六章,刘洋编写第七章,王存勤编写第八、十一章,刘春秀编写第十章。

本书可以作为高等职业院校经济类、管理类工程造价专业的教学用书,也可以作为社会在职人员学习会计学基础、参加会计从业资格考试的参考书。

在编写过程中,尽管我们在教材特色建设和课程改革方面做出了许多努力,但教材仍然需要不断地创新和完善,因此,不足之处在所难免,请读者不吝指正。

编　者

2014 年 10 月

目 录

第一章 总论 …………………………………………………………………………… 1
  第一节 会计概述 …………………………………………………………………… 1
  第二节 会计对象 …………………………………………………………………… 4
  第三节 会计核算的基本前提和会计信息质量要求 ……………………………… 6
  第四节 会计核算的方法 …………………………………………………………… 10
  【知识巩固】 ………………………………………………………………………… 13
第二章 会计要素、会计科目及账户 …………………………………………………… 15
  第一节 会计要素及会计等式 ……………………………………………………… 15
  第二节 会计科目 …………………………………………………………………… 23
  第三节 会计账户 …………………………………………………………………… 29
  【知识巩固】 ………………………………………………………………………… 31
第三章 复式记账原理 …………………………………………………………………… 33
  第一节 复式记账的理论基础和基本原则 ………………………………………… 33
  第二节 借贷记账法 ………………………………………………………………… 34
  【知识巩固】 ………………………………………………………………………… 43
第四章 复式记账的应用 ………………………………………………………………… 45
  第一节 工业企业的主要经济业务 ………………………………………………… 45
  第二节 资金筹集业务的核算 ……………………………………………………… 46
  第三节 供应过程业务的核算 ……………………………………………………… 51
  第四节 生产过程业务的核算 ……………………………………………………… 56
  第五节 销售过程业务的核算 ……………………………………………………… 64
  第六节 财务成果业务的核算 ……………………………………………………… 70
  【知识巩固】 ………………………………………………………………………… 76
第五章 会计凭证 ………………………………………………………………………… 78
  第一节 会计凭证概述 ……………………………………………………………… 78
  第二节 填制和审核原始凭证 ……………………………………………………… 83
  第三节 填制和审核记账凭证 ……………………………………………………… 87
  第四节 会计凭证的传递和保管 …………………………………………………… 92
  【知识巩固】 ………………………………………………………………………… 93
第六章 会计账簿 ………………………………………………………………………… 98
  第一节 会计账簿概述 ……………………………………………………………… 98
  第二节 会计账簿的基本内容、启用与登账规则 ………………………………… 103
  第三节 会计账簿的格式和记账方法 ……………………………………………… 105
  第四节 对账和结账 ………………………………………………………………… 115

第五节　账簿的更换和保管 ·· 117
　　【知识巩固】 ··· 118
第七章　会计账务处理程序 ·· 120
　　第一节　账务处理程序及种类 ··· 120
　　第二节　记账凭证账务处理程序及其应用 ··· 121
　　第三节　科目汇总表账务处理程序及其应用 ····································· 122
　　第四节　汇总记账凭证账务处理程序及其应用 ·································· 128
　　【知识巩固】 ··· 130
第八章　财产清查 ··· 132
　　第一节　财产清查的意义和种类 ··· 132
　　第二节　财产清查的方法 ··· 135
　　第三节　财产清查结果的处理 ·· 139
　　【知识巩固】 ··· 144
第九章　财务报告 ··· 146
　　第一节　财务报告概述 ·· 146
　　第二节　编制资产负债表 ··· 148
　　第三节　利润表 ·· 153
　　第四节　现金流量表 ··· 157
　　【知识巩固】 ··· 160
第十章　会计工作组织 ·· 162
　　第一节　组织会计工作的意义和要求 ·· 162
　　第二节　会计机构 ··· 163
　　第三节　会计人员 ··· 165
　　第四节　会计法规制度 ·· 167
　　【知识巩固】 ··· 169
第十一章　基础会计综合实训 ·· 170
参考文献 ··· 184

第一章 总 论

【本章要点】

本章是对会计的总括说明,是学习会计的起点。通过本章的学习,学生应该了解会计的产生及其发展;重点理解会计的含义、会计的基本职能、会计核算的基本前提;了解会计核算方法、会计学及其体系;了解会计岗位及其职责。

第一节 会 计 概 述

一、会计的含义

会计是以货币为主要计量单位,采用专门的方法和程序,对会计主体的经济活动过程进行连续、系统、综合、全面地核算和监督,旨在提供经济信息和提高经济效益的一项管理活动,是经济管理的重要组成部分。

二、会计的产生和发展

1. 会计的产生

会计作为一项记录、计算和考核收支的工作,在公元前1000年左右就出现了。但是,具体诞生在何时、发源于何地,至今尚很难确切地加以考证。最初的会计只是作为生产职能的附带部分,从另外一方面来说,人类要生存,社会要发展,就要进行物质资料的生产。生产活动一方面创造物质财富,取得一定的劳动成果;另一方面要发生劳动耗费,包括人力、物力的耗费。在一切社会形态中,人们进行生产活动时,总是力求以尽可能少的劳动耗费,取得尽可能多的劳动成果,做到所得大于所费,提高经济效益。为此,就必须在不断改革生产技术的同时,采用一定方法对劳动耗费和劳动成果进行记录、计算,并加以比较和分析,这就产生了会计。可见,会计的产生与加强经济管理、追求经济效益有着密不可分的关系。

因而,会计是随着生产的发展,逐渐从生产职能中分离出来的一种管理职能,其本质是以货币为计量单位,对一定单位的经济业务事项进行确认、计量、记录和报告,并通过所提供的会计资料,做出预测,参与决策,实行监督,旨在实现最优经济效益的一种管理活动。

2. 会计的发展

早期的会计是比较简单的,只是对财物的收支进行计算和记录。随着社会生产的日益发展和科学技术水平的不断进步与提高,会计经历了一个由简单到复杂、由低级到高级的漫长发展过程。它的发展过程主要有以下三个阶段。

1)第一阶段——古代会计

早在原始社会,随着社会生产力水平的提高,人们捕获的猎物及生产的谷物等便有了剩余,所以人们就算计着食用或进行交换,这就需要进行简单的记录和计算。但由于文字没有出现,所以只好"绘图记事",后来发展到"结绳记事"、"刻石记事"等方法。这些原始的简单记录,就是会计的萌芽。随着生产的进一步发展以及科技的进步,劳动消耗和劳动成果的种类不断增多,出现了大量的剩余产品,会计逐渐"从生产职能中分离出来,成为特殊的、专门委托的当事人的独立的职能"。据马克思的考证,在原始的规模小的印度公社已经有了一个记账员,登记农业项目,并记录与此有关的一切事项,这便是早期的古代会计。

2) 第二阶段——近代会计

一般认为,从单式记账法过渡到复式记账法,是近代会计的形成标志,即 15 世纪末期,意大利数学家卢卡·巴其阿勒有关复式记账论著的问世,标志着近代会计的开端。

(1) 15 世纪航海技术的发明使人类发现了地球,从此掀开了人类文明的序幕。意大利的佛罗伦萨、热那亚、威尼斯等地的商业和金融业因此特别繁荣。日益发展的商业和金融业要求不断改进和提高已经流行于这三个城市的复式记账方法。复式记账技术首先来自银行的存款转账业务。为适应实际需要,1494 年,意大利数学家卢卡·巴其阿勒出版了他的《算术、几何、比与比例概要》一书,系统地介绍了威尼斯的复式记账法,并给予了理论上的阐述。由此开始了近代会计的历史。

(2) 从 15 世纪到 18 世纪,会计的理论与方法的发展仍然是比较缓慢的。直到蒸汽技术的发明实现了社会的工业革命,才使得会计有了较大的发展。在英国,由于生产力的迅速提高,会计提到迅速发展。过去,会计主要是记账和算账,现在还要编制和审查报表,而为满足编制财务报表的需要,还要求研究资产的估价方法和有关理论等。

(3) 第一次世界大战以后,美国取代了英国的地位,无论是生产上,还是科学技术的发展上,都处于遥遥领先的地位。因此,会计学的发展中心,也从英国转移到美国。在 20 世纪 20~30 年代,美国对标准成本会计的研究有了突飞猛进的发展。到这一时期,会计方法已经比较完善,会计科学也已经比较成熟。

3) 第三阶段——现代会计

在经济活动更加复杂、生产日益社会化、人们的社会关系更加广泛的情况下,会计的地位和作用,会计的目标,会计所应用的原则、方法和技术都在不断发展、变化并日趋完善,并逐步形成了自身的理论和方法体系。另外,科学技术水平的提高也对会计的发展起了很大促进作用。现代数学、现代管理科学与会计的结合,特别是电子计算机在会计数据处理中的应用,使会计工作的效能发生了很大变化,不仅扩大了会计信息的范围,还提高了会计信息的精确性和及时性。这样,在 20 世纪中叶,比较完善的现代会计就逐步形成了。一般认为,成本会计的出现和不断完善,以及在此基础上管理会计的形成和与财务会计相分离而单独成科,是现代会计的开端。

三、会计的职能

会计职能是指会计在经济管理中所具有的功能或能够发挥的作用,即人们在经济管理中利用会计干什么。它集中体现着会计的本质。会计职能按其发展变化,分为基本职能和扩展职能。

1. 会计的基本职能

会计的基本职能是指会计本身所具有的最基本的功能和作用。《中华人民共和国会计法》确定了会计的基本职能是核算和监督。

1) 会计的核算职能

会计核算是会计的首要职能,它是以货币为主要计量单位,对各种单位经济业务活动或者预算执行情况及其结果进行连续、系统、全面地记录和计量,并据以编制会计报表。它要求各单位必须根据实际发生的经济业务事项进行会计核算。其特点表现在如下三个方面：

（1）会计核算主要是从价值量上反映各经济主体的经济活动状况。会计核算是对各单位的一切经济业务，以货币计量为主，进行记录、计算，以保证会计记录和对经济活动状况反映的完整性。

（2）会计核算具有连续性、系统性和完整性。各单位必须对客观发生的所有经济业务，即涉及资金运动或资金增减变化的事项，采用系统的核算方法体系，按时间顺序，无一遗漏地进行记录。

（3）会计核算应对各单位经济活动的全过程进行反映。随着商品经济的发展，市场竞争日趋激烈，会计在对已经发生的经济活动进行事中、事后的记录、核算、分析，在反映经济活动的现实状况及历史状况的同时，进行事前核算、分析，并预测经济前景。

2）会计的监督职能

会计的监督职能是指会计具有按照一定的目的和要求，利用会计反映职能所提供的经济信息，对企业和行政事业单位的经济活动进行控制，使之达到预期目标的功能。会计的监督职能主要具有以下特点：

（1）会计监督主要是通过价值量指标来进行监督工作。由于基层单位进行的经济活动，同时都伴随着价值运动，表现为价值量的增减和价值形态的转化，因此，会计通过价值指标可以全面、及时、有效地控制各个单位的经济活动。

（2）会计监督同样也包括事前、事中和事后的全过程的监督。

会计核算和会计监督的关系是十分密切的，两者相辅相成；会计核算是会计监督的基础，而会计监督是会计核算的保证。两者必须结合起来发挥作用，才能正确、及时、完整地反映经济活动，有效地提高经济效益。如果没有可靠、完整的会计核算资料，会计监督就没有客观依据。反之，如果只有会计核算，没有会计监督，会计核算也就没有意义。

2. 会计的扩展职能

随着社会经济的发展和经济管理的现代化，会计的职能也随之发生变化，一些新的职能不断出现。一般认为，除了会计核算、会计监督两个基本职能之外，还包括会计预测、会计决策、会计考核、会计分析等职能。这些职能从不同侧面进一步强化了会计在经济管理中的作用。

四、会计的目标

会计的目标是指在一定的历史条件下，人们通过会计所要实现的目的或达到的最终结果。由于会计是整个经济管理的重要组成部分，所以会计目标从属于经济管理的总目标，或者说会计目标是经济管理总目标下的子目标。在将提高经济效益作为会计终极目标的前提下，我们还需要研究会计核算的目标，即向谁提供信息、为何提供信息和提供何种信息。

根据会计定义，我们可以得知会计核算的目标是向有关各方提供会计信息，以帮助决策。会计的目标，决定于会计资料使用者的要求，也受到会计对象、会计职能的制约。我国《企业会计准则》中对于会计核算的目标做了明确规定：会计的目标是向财务会计报告使用者提供与企业财务状况、经营成果和现金流量等有关的会计信息，反映企业管理层受托责任履行情况，有助于财务会计报告使用者做出经济决策。

会计的目标是会计管理运行的出发点和最终要求。会计的目标决定和制约着会计管理活动的方向，在会计理论结构中处于最高层次；同时在会计实践活动中，会计目标又决定着会计管理活动的方向。随着社会生产力水平的提高、科学技术的进步、管理水平的改进及人们对会计认识的深化，会计目标会随着社会经济环境的变化而强烈地变化。

第二节 会计对象

会计对象是指会计核算和监督的内容,即会计工作的客体。由于会计需要以货币为主要计量单位,对特定会计主体的经济活动进行核算和监督,因而会计并不能核算和监督社会再生产过程中的所有经济活动,而只能核算和监督社会再生产过程中能够用货币表现的各项经济活动,即凡是特定主体能够以货币表现的经济活动,都是会计核算和监督的内容,也就是会计的对象。以货币表现的经济活动通常又称为价值运动或资金运动。会计的对象并不是一成不变的,而是随着会计的发展而变化。

一、会计对象的抽象描述

会计对象的抽象描述,是指能用货币表现的经济活动,即价值运动或资金运动。资金是指能用货币表现的财产物资,它不是静止不变的,而是通过自身不断的运动而变化。资金运动主要有以下三种表现形式:

(1)资金进入企业。企业通过吸收投资、银行借入、发行股票或债券来筹集资金,引起企业资金的增加。

(2)资金在企业中周转。企业用货币资金购买材料,形成储备资金。工人利用自己的生产技术,借助于机器设备对材料进行加工,发生的耗费形成生产资金。产品完工后形成成品资金。将产品销售,收回货款,得到新的货币资金。整个周转过程表现为:货币资金→储备资金→生产资金→成品资金→新的货币资金。

(3)资金退出企业。企业偿还银行借款、上缴税金和分派利润或股利。

二、会计对象的具体描述

把会计的对象描述为资金运动,这是很抽象的。会计核算和监督的内容应该是详细具体的,这就要求必须把企业的资金运动进行若干次分类,使之具体化。对资金运动进行的分类,就是会计要素;对会计要素进行的分类,就是会计科目。根据我国《企业会计准则》的规定,我国企业的资金运动分成六大要素,即资产、负债、所有者权益、收入、费用和利润;而每一会计要素又可分成若干会计科目。

三、会计对象的目的和意义

研究会计对象的目的,是要明确会计在经济管理中的活动范围,从而确定会计的任务,建立和发展会计的方法体系。会计需要以货币为主要计量单位,对特定单位的经济活动进行核算和监督,因此,凡是能够以货币表现的经济活动的特定对象,都是会计核算和监督的内容,也就是会计的对象。

会计所要核算和监督的对象是社会再生产过程。社会再生产过程由生产、分配、交换和消费四个相互关联的环节所构成,包括多种多样的经济活动。由于会计的主要特点是以货币为统一计量单位,它只能核算和监督再生产过程中可以用货币计量表现的那些内容。在商品货币经济条件下,作为统一整体的再生产过程中的一切社会产品,即一切财产物资都可以用货币表现,而再生产过程中财产物资的货币表现和货币本身就称之为资金。资金作为社会再生产过程中的价值形式是在不停地运动的,其表现为资金的筹措、投入、运用、耗费、增值、收回、分配等活动。资金运动贯穿于社会再生产过程的各个方面,哪里有财产物资(包括无形的),哪里就有资金和资金运动,就会有会计所要反映和监督的内容。因此,概括地说,会计对象就是社会再生产过程中的资金运动。研究会计对象,必须研究资金运动规律。

四、会计对象的分类

1. 产品制造企业会计的对象

会计的一般对象是会计核算(反映)和监督(控制)的内容,而核算(反映)和监督(控制)的是能用货币表现的经济活动,是资金运动或价值运动。所以,产品制造企业会计的对象就是制造企业的资金运动。

产品制造企业进行生产经营活动,首先要用货币资金去购买生产设备和材料物资,为生产过程做准备,然后将其投入到企业生产过程中生产出产品,最后还要将所生产出来的产品对外出售,并收回因出售产品而取得的货币资金。这样,工业企业的资金就陆续经过供应过程、生产过程和销售过程,其形态也随之而发生变化。用货币购买生产设备、材料物资时,货币资金转化为固定资金、储备资金;车间生产产品领用材料物资时,储备资金又转化为生产资金;将车间加工完毕的产品验收存入到成品库后,此时,生产资金又转化为成品资金;将产成品出售又收回货币资金时,成品资金又转化为货币资金。我们把资金从货币形态开始,依次经过储备资金、生产资金、成品资金,最后又回到货币资金这一运动过程叫作资金循环,周而复始的资金循环叫作资金周转。实际上,企业的生产经营过程是周而复始、不间断、循环地进行的,即企业不断地投入原材料、加工产品、销售产品,其资金也是不断循环周转的。

上述资金循环和周转过程,也可以划分为三个具体阶段,即供应阶段、生产阶段和销售阶段。工业企业的资金在供、产、销三个阶段不断地循环周转,这些资金在空间序列上同时并存,在时间序列上依次继起。企业资金在供应、生产和销售三个阶段上的循环和周转,支撑着企业的正常运营。就整个企业的资金运动而言,资金的循环周转还应该包括资金的投入和资金的退出。资金的投入是指资金进入企业。企业进行经营生产活动的前提是首先必须拥有一定数量的资金。资金投入包括投资者的资金投入和债权人的资金投入。前者构成了企业的所有者权益,后者形成了企业的债权人权益,即企业的负债。投入企业的资金一部分形成流动资产,另一部分形成企业的固定资产等非流动资产。资金的退出是指资金退出企业后资金的循环和周转,它包括按法定程序返回投资者的投资、偿还各项债务、上缴税费、向所有者分配利润等内容,这使得一部分资金离开企业,游离于企业资金运动之外。资金的投入、运用和退出是资金运动的三个阶段,三者相互支撑,构成一个统一体。没有资金的投入,也就没有资金的循环和周转;没有资金的循环和周转,就没有资金的退出。产品制造企业因资金的投入、循环周转和资金的退出等经济活动而引起的各项财产和资源的增减变化情况,以及企业销售收入的取得和企业纯收入的实现、分配情况,构成了工业企业会计的具体对象。

图1-1为产品制造企业资金循环和周转图。

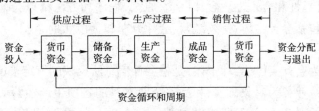

图1-1 产品制造企业资金循环和周转图

2. 商品流通企业会计的对象

商品流通企业会计的对象就是商品流通企业的资金运动。商品流通企业资金的投入和资金的退出与工业企业基本类似,所不同的是,商品流通企业的经营活动缺少产品生产环节。商品流通企业的经营过程主要分为商品购进和商品销售两个环节。在前一个环节中,主要是采购商品,此时货币资金转换为商品资金;在后一个环节中,主要是销售商品,此时资金又由商品资金转换为货币资金。在商业企业经营过程中,也要消耗一定的人力、物力和财力,他们表现为商品流通费用。在销售过程中,也会获得销售收入和实现经营成果。因此,商品流通企业的资金是沿着"货币资金—商品资金—货币资金"的方式运动。

图1-2 为商品流通企业资金循环和周转图。

图1-2 商品流通企业资金循环和周转图

3. 行政、事业单位会计的对象

行政、事业单位会计的对象就是预算资金运动。行政、事业单位为完成国家赋予的任务,同样需要一定数额的资金,但其资金主要来源是国家财政拨款。行政、事业单位在正常业务活动过程中,所消耗的人力、物力和财力的货币表现,即行政费用和业务费用。一般来说,行政事业单位没有或只有很少一部分业务收入,因为费用开支主要是靠国家财政预算拨款。因此,行政事业单位的经济活动一方面按预算从国家财政取得拨入资金;另一方面又按预算以货币资金支付各项费用。其资金运动的形式是:资金拨入—资金付出。由此可见,行政事业单位会计对象的内容就是预算资金及其收支。

综上所述,不论是工业企业、商业流通企业,还是行政、事业单位,都是社会再生产过程中的基层单位,会计反映和监督的对象都是资金及其运动过程,正因为如此,我们可以把会计对象概括为社会再生产过程中的资金运动。

第三节　会计核算的基本前提和会计信息质量要求

一、会计核算的基本前提

会计核算的基本前提是对会计核算所处的时间、空间环境所做的合理设定,如会计核算和监督的范围究竟有多大,会计为谁记账等。根据可观的正常情况或者发展趋势所做的合乎事理的推断和假定又称会计假设,它是日常会计处理应当具备的前提条件,其最终目的是保证会计资料的有用性、可靠性和合理性。会计概念、原则、程序和方法都以会计假设为出发点。会计核算的基本前提包括会计主体、持续经营、会计分期和货币计量等。

1. 会计主体

会计主体也称为会计实体、会计个体,是指会计信息所反映的特定单位。会计核算应当以企业发生的各项经济业务为对象,记录和反映企业本身的各项生产经营活动。会计工作的目的是反映一个单位的财务状况、经营成果和现金流量,为包括投资者在内的各个方面做出经济决策和投资决策服务。会计所要反映的总是特定的对象,只有明确这个前提,即明确了会计为谁(哪一主体)记账和编制报表,才能保证会计核算工作的正常开展,实现会计的目标。会计主体不仅和其他会计主体(除本企业单位以外任何企业单位)相独立,而且也独立于其本身的业主之外。

会计主体不同于法律主体。一般来说,法律主体往往是一个会计主体,但会计主体不一定是法律主体。

2. 持续经营

企业是否持续经营对会计政策的选择影响很大。只有设定企业是持续经营的,才能进行正常的会计处理。持续经营是指会计核算应当以企业持续、正常的生产经营活动为前提。亦即企业将按照既定的经营方针和预定的经营目标无限期地经营下去,而不会终止清算。

有了这个前提,企业会计主体所持有的资产将按预定目的在正常经营过程中耗用或出售,它所承担的债务将按预定日期偿还。这个假设为各项费用分配方法的确定提供了依据,也只有在这个前提下,才能进一步建立会计确认和计量的原则,如历史成本原则、权责发生制原则等。

由于持续经营是根据企业发展的一般情况所做的设定,企业在生产经营过程中缩减经营规模乃至停业的可能性总是存在的。为此,往往要求定期对企业持续经营这一前提做出分析和判断。一旦判定企业不符合持续经营前提,就应当改变会计核算的方法。

3. 会计分期

根据持续经营的前提,一个企业将要按当前的规模和状况持续经营下去。要最终确定企业的经营成果,只能等到一个企业在若干年后歇业的时候核算一次盈亏。但是,生产经营活动和财务经营决策要求及时得到有关信息,不能等到歇业时一次性地核算盈亏。为此,就要将持续不断的经营活动划分成一个个相等的期间,分期核算和反映。

会计分期指人为地将持续不断的企业生产经营过程划分为一个个首尾相接、间隔相等的期间,叫做会计期间。会计分期的目的,是将持续经营的生产经营活动划分成连续、相等的期间,据以结算盈亏,按期编制财务报告,从而及时地向各方面提供有关企业财务状况、经营成果和现金流量的信息。

确定会计期间有利于分期确定费用、收入和利润。分期确定各期初、期末的资产、负债和所有者权益的数额,据以分期结算账目和编制会计报表。会计分期规定会计核算的时间范围,是适时总结生产经营活动或预算执行情况的前提条件之一。只有规定固定的会计期间才能把各期的工作成果进行比较。

会计分期对会计原则和会计政策的选择有着重要影响。由于会计分期,产生了当期与其他期间的差别,从而出现权责发生制和收付实现制的区别,进而出现了应收、应付、递延这样的会计方法。

最常见的会计期间是一年,以一年确定的会计期间称为会计年度,按年度编制的财务会计报表也称为年报。在我国,会计年度为每年公历1月1日~12月31日。为满足人们对会计信息的需要,也要求企业按短于一年的期间编制财务报告,例如,要求股份有限公司每半年提供一次中期报告。

4. 货币计量

会计的基本特征之一即会计主体的生产经营活动及其成果必须通过货币计量予以综合反映。尽管计量标准有实物、劳动和货币三种,但会计只能用货币作为统一计量单位。

货币计量是指采用货币作为计量单位,记录和反映企业的生产经营活动。会计是对企业财务状况和经营成果全面系统的反映,为此,需要货币这样一个统一的量度。在市场经济条件下,货币充当了一般等价物,企业的经济活动都最终体现为货币量,所以也有可能采用货币这个统一尺度进行会计核算。当然,统一采用货币尺度,也有不利之处,许多影响企业财务状况和经营成果的因素,并不是都能用货币来计量的,比如企业经营战略、在消费者当中的信誉度、企业的地理位置、企业的技术开发能力等。为了弥补货币量度的局限性,要求企业采用一些非货币指标作为会计报表的补充。

在我国,要求采用人民币作为记账本位币,是对货币计量这一会计前提的具体化。考虑到一些企业的经营活动更多地涉及外币,同时也规定,业务收支以人民币以外的货币为主的企业,可以选定其中一种货币作为记账本位币。当然,提供给境内的财务会计报告使用者的应当折算为人民币。

二、会计信息的质量要求

2006年2月财政部颁布《企业会计准则——基本准则》,对会计信息的质量提出了可靠性、相关性、可理解性、可比性、实质重于形式、重要性、谨慎性、及时性的准则要求,这些准则是会计确认、计量和报告质量的保证。

1. 可靠性

可靠性也称真实性原则,指企业应当以实际发生的经济业务及证明经济业务发生的合法凭证为依据,如实反映财务状况、经营成果,做到内容真实、数字准确、资料可靠。这一原则是对会计工作的基本要求。

这一原则包括两个内容:一是会计必须根据审核无误的原始凭证,采用特定的专门方法进行记账、算账、报账,保证所提供的会计信息内容完整、真实可靠。如果会计核算不是以实际发生的交易或事项为依据,为使用者提供虚假的会计信息,则会误导信息使用者,使之做出错误的决策。二是会计人员在进行会计处理时应保证公正客观,运用正确的会计原则和方法,得出具有可检验性的会计信息。如果会计人员进行会计处理时不客观,同样不能为会计信息使用者提供真实的会计信息,也会导致信息使用者做出错误决策。

2. 相关性

相关性是指企业所提供的会计信息应与财务会计报告使用者的经济决策相关,有助于财务会计报告使用者对企业过去、现在或者未来的情况做出评价或预测。这里所说的相关,是指与决策相关,有助于决策。如果会计信息提供后,不能帮助会计信息使用者进行经济决策,就不具有相关性,因此,会计工作就不能完成会计所需达到的会计目标。

根据相关性原则,要求在收集、记录、处理和提供会计信息过程中能充分考虑各方面会计信息使用者决策的需要,满足各方面具有共性的信息需求。对于特定用途的信息,不一定都通过财务报告来提供,也可以采取其他形式加以提供。

3. 可理解性

可理解性又称明晰性原则,是指企业提供的会计信息应当清晰明了,便于财务会计报告使用者理解和使用。明晰性原则要求会计信息简明、易懂,能够简单明了地反映企业的财务状况、经营成果和现金流量,从而有助于会计信息使用者正确理解、掌握企业的情况。

根据明晰性原则,会计记录应当准确、清晰,填制会计凭证、登记会计账簿必须做到依据合法、账户对应关系清楚、文字摘要完整;在编制会计报表时,做到项目钩稽关系清楚、项目完整、数字准确。

4. 可比性

可比性是指企业提供的会计信息应当具有可比性。这包括两个方面的质量要求：

一是信息的横向可比，即企业之间的会计信息口径一致，相互可比。企业可能处于不同行业、不同地区，经济业务可能发生于不同地点，为了保证会计信息能够满足经济决策的需要，便于比较不同企业的财务状况和经营成果，不同企业发生相同的或者相似的交易或事项，应当采用国家统一规定的相关会计方法和程序。

二是信息的纵向可比，即同一企业不同时期发生的相同或相似的交易或事项，应当采用一致的会计政策，不得随意改变，便于对不同时期的各项指标进行纵向比较。在此准则要求下，企业不得随意改变目前所使用的会计方法和程序。一旦做出变更，也要在会计报告附注中做出说明。如存货的实际成本计算方法有先进先出法、加权平均法等。如果确有必要变更，应当将变更情况、变更原因及其对企业财务状况和经营成果的影响在财务会计报告附注中说明。

5. 实质重于形式

实质重于形式是指企业应当按照以交易或事项的经济实质进行会计确认、计量和报告，而不应仅以交易或事项的法律形式作为依据。这里所讲的形式是指法律形式，实际指经济实质。有时，经济业务的外在法律形式并不能真实反映其实质内容。为了真实反映企业的财务状况和经营成果，就不能仅仅根据经济业务的外在表现形式来进行核算，而要反映其经济实质。比如，法律可能写明商品的所有权已经转移给买方，但事实上卖方仍享有该资产的未来经济利益。如果不考虑经济实质，仅看其法律形式，就不能真实反映这笔业务对企业的影响。

6. 重要性

重要性是指企业提供的会计信息应当反映与企业财务状况、经营成果和现金流量等有关的所有重要交易或事项。在此原则下，企业在选择会计方法和程序时，要考虑经济业务本身的性质和规模，根据特定的经济业务决策影响的大小，来选择合适的会计方法和程序。如果一笔经济业务的性质比较特殊，不单独反映就有可能遗漏一个重要事实，不利于所有者以及在其他方面全面掌握这个企业的情况，就应当严格核算，单独反映，提请注意；反之，如果一笔经济业务与通常发生的经济业务相比没有特殊之处，不单独反映，也不至于隐瞒什么事实，就不需要单独反映和提示。并且如果一笔经济业务的金额在收入、费用或资产总额中所占的比重很小，就可以采用较为简单的方法和程序进行核算，甚至不一定严格采用规定的会计方法和程序；反之，如果金额在收入、费用或资产总额中所占的比重较大，就应当严格按照规定的会计方法和程序进行。

重要性原则与会计信息成本效益直接相关。坚持重要性原则，就能够使提供会计信息的收益大于成本。对于那些不重要的项目，如果也采用严格的会计程序，分别核算，分项反映，就会导致会计信息成本高于收益。

在评价某些项目的重要性时，很大程度上取决于会计人员的职业判断。一般来说，应当从质和量两个方面来进行分析。从性质来说，当某一事项有可能对决策产生一定影响时，就属于重要项目；从数量方面来说，当某一项目的数量达到一定规模时，就可能对决策产生影响。

7. 谨慎性

谨慎性又称稳健性原则，是指企业对交易或事项进行确认、计量和报告应当保持应有的谨慎，即在存在不确定因素的情况下做出判断时，不应高估资产或者收益、低估负债或者费用。

对于可能发生的损失和费用,应当加以合理估计。企业经营存在风险,实施谨慎性原则,对存在的风险加以合理估计,就能在风险实际发生之前化解风险,并防范风险,有利于企业做出正确的经营决策、保护所有者和债权人的利益,并提高企业在市场上的竞争力。比如,在存货、有价证券等资产的市价低于成本时,相应地减记资产的账面价值,并将减记金额计入当期损益,体现了谨慎性原则以及谨慎性原则对历史成本原则的修正。当然,谨慎性原则并不意味着可以任意提取各种准备,否则,就属于谨慎性原则的滥用。

8. 及时性

及时性是指企业对于已经发生的交易或事项,应当及时进行会计确认、计量和报告,不得提前或延后。会计信息具有时效性,才能满足经济决策的及时需要,信息才有价值,所以为了实现会计目标,就必须遵循会计信息的时效性。

根据及时性原则,要求及时收集会计数据,在经济业务发生后,应及时取得有关凭证;对会计数据及时进行处理,及时编制财务报告;将会计信息及时传递,按规定的时限提供给有关方面。

三、会计核算基础

会计核算基础,亦称会计记账基础,是指确定一个会计期间的收入与费用,从而确定损益的标准。会计核算基础有权责发生制和收付实现制两种。

1. 权责发生制

权责发生制亦称应收应付制,是按照权利和义务是否发生来确定收益和费用的归属期。在权责发生制下,凡属于本期实现的收益和发生的费用,不论款项是否收付,都应作为本期的收益和费用入账;凡不属于本期的收益和费用,即使款项已在本期收付,也不应作为本期的收益和费用处理。权责发生制强调经营成果的计算。

2. 收付实现制

收付实现制亦称现收现付制或库存现金制,是按照款项实际收到或付出的日期来确定收益和费用的归属期。采用这一原则,凡是本期实际收到款项的收入和付出款项的费用,不论其是否属于本期,都作为本期的收入和费用处理;凡是本期没有实际收到款项的收入和付出款项的费用,均不作为本期的收入和费用处理。收付实现制强调财务状况的切实性。

《企业会计准则——基本准则》规定,企业应当以权责发生制为基础进行会计确认、计量和报告。

第四节 会计核算的方法

会计核算的方法是指为了发挥会计职能,实现会计目标而采取的技术手段。它是从会计实践中总结出来的,用来核算和监督会计对象,执行会计职能,实现会计目标的手段。会计核算方法是人们在长期的会计工作实践中总结创立的,并随着生产发展、会计管理活动的复杂化而逐渐地完善和提高。

一、会计的具体方法

随着会计核算和监督的内容日趋复杂以及经济管理对会计不断提出新的要求,会计的方法也在不断地改进和发展。因此,会计的方法也分为会计核算、会计分析、会计监督、会计预测、会计控制和会计决策等六种具体方法。基础会计主要涉及会计核算的方法。

1. 会计的核算方法

会计核算是指以统一的货币单位为量度标准,连续、系统、完整地对会计对象进行计量、记录、计算和核算的方法。它是会计方法中最基本、最主要的方法,是其他各种方法的基础。在社会再生产过程中,将会产生大量的经济信息。将经济信息依照会计准则等规定进行确认、计量、记录、计算、分析、汇总、加工处理,就会成为会计信息。这个信息转换的过程就是会计核算。它又包括了一系列具体的方法,如设置会计科目和账户、复式记账、填制凭证、登记账簿、成本计算、财产清查和编制会计报表等。

2. 会计的分析方法

会计分析是利用会计核算提供的信息资料,结合其他有关信息,对企业财务状况和经营成果进行的分析研究。一般按以下程序进行:选定项目,明确对象;了解情况,收集资料;整理资料,分析研究;抓住关键,提出结论。常用的分析方法有指标对比法、因素对比法、比率分析法、趋势分析法等。

3. 会计的监督方法

会计监督是通过会计核算及会计分析所提供的资料,以检查企业的生产经营过程或单位的经济业务是否合理合法及会计资料是否完整正确。可通过核对、审阅、分析性复核等方法进行。

4. 会计的预测方法

会计预测作为经济管理的重要手段,其目的是定量或定性地判断、推测和规划经济活动的发展变化规律,并对其做出评价,以指导和调节经济活动,谋求最佳经济效果。会计预测的依据主要是会计资料,它是利用已取得的会计信息产生新的会计信息的过程,所以说会计预测是一个信息处理和信息反馈的过程。会计预测的内容主要有:资金预测、销售预测、成本预测、利润预测、价格预测、财务状况及综合经济效益预测。会计预测的直接目的是为单位经济活动服务,为会计决策提供信息。

5. 会计的控制方法

会计控制就是指施控主体利用会计信息对资金运动进行的控制。具体而言,会计控制是指会计人员(部门)通过财务法规、财务制度、财务定额、财务计划目标等对资金运动(或日常财务活动、现金流转)进行指导、组织督促和约束,确保财务计划(目标)实现的管理活动。这是财务管理的重要环节或基本职能,与财务预测、财务决策、财务分析与评价一起成为财务管理的系统或全部职能。会计控制包括内部会计控制和外部会计控制。

6. 会计的决策方法

会计决策是会计人员为了解决企业资金运动过程中所出现的问题和把握机会而制订和选择活动方案的过程。由于企业资金运动的方向、方式、状态与效益等方面都具有多种发展可能性,这就在客观上要求企业在多种发展可能性中做出有利的选择。由于企业资金运动具有可控性,人们就可以通过决策和控制,促使企业的资金运动朝着有利的方向发展。

二、会计核算的方法

1. 设置会计账户

设置会计账户是对会计对象的具体内容进行分类核算和监督的一种专门方法。由于会计对象的具体内容是复杂多样的,要对其进行系统地核算和经常性监督,就必须对经济业务进行科学的分类,以便分门别类地、连续地记录,据以取得多种不同性质、符合经营管理需求的信息和指标。会计核算和监督的内容往往是包罗万象的,如财产物资就有各种存在形态:厂房及建筑物、机器设备、各种材料、成品半成品等。他们在生产中的作用不同,管理要求也不同,取得这些财产物资所需要的经营资金可能来自不同的渠道,有的来自银行贷款,有的来自投资者投入等,为了对各种不同的内容分别进行反映和记录,会计上必须分别设置账户,以便取得经营管理所需要的各种不同性质的核算指标。

2. 复式记账

复式记账是指对所发生的每项经济业务,以相等的金额,同时在两个或两个以上相互联系的账户中进行登记的一种记账方法。在企业的资金运动过程中,任何一项经济业务都会引起资金的双重变化。例如,以银行存款购买材料,这项经济业务一方面会引起银行存款的减少,另一方面又会引起库存材料的增加,为了全面反映每一项经济业务所引起的这种双重变化,就必须在两个或两个以上账户中同时加以记录。采用复式记账方法,可以全面反映每一笔经济业务的来龙去脉,而且可以防止差错,便于检查账簿记录的正确性和完整性,是一种比较科学的记账方法。

3. 填制凭证

会计凭证是记录经济业务,明确经济责任,作为记账依据的书面证明,是登记账簿的依据。正确填制和审核会计凭证,是核算和监督经济活动财务收支的基础,是做好会计工作的前提。例如,职工报销差旅费,就必须填制报销单,并附有车船票等单据,证明经济业务已经完成,报销单和所附的车船票等单据就是会计凭证。报销单还必须经过有关人员的审核批准,并与所附的车船票等单据核对无误。报销手续完毕后,这张报销单就成为记账的依据。所以填制和审核凭证是会计核算工作的第一步,只有填制并审核无误的凭证,才会使记账有据可依。

4. 登记账簿

账簿是用来全面、连续、系统地记录各项经济业务的簿籍,是保存会计数据资料的重要工具。登记会计账簿简称记账,是以审核无误的会计凭证为依据在账簿中分类、连续、完整地记录各项经济业务,以便为经济管理提供完整、系统的会计核算资料。账簿记录是重要的会计资料,是进行会计分析、会计检查的重要依据。

5. 成本计算

成本计算是指将生产经营过程中发生的各种费用,按照一定的对象进行归集和分配,以便确定各对象的总成本和单位成本的一种专门方法。产品成本是综合反映企业生产经营活动的一项重要指标。正确地进行成本计算,可以考核生产经营过程的费用支出水平,同时又是确定企业盈亏和制定产品价格的基础,并为企业进行经营决策提供重要数据。

6. 财产清查

财产清查是指通过盘点实物,核对账目,以查明各项财产物资实有数额的一种专门方法。通过财产清查,可以提高会计记录的正确性和真实性,保证账实相符。在财产清查中发现财产、资金账面数额与实存数额不符时,应及时调整账簿记录,使账面数额与实存数额保持一致,并查明账实不符的原因,明确责任;发现积压或残损物资以及往来账款中的呆账、坏账时,要积极清理和加强财产管理。财产清查保证了会计核算资料的真实性和正确性。

7. 会计报表

编制会计报表是在账簿记录基础上对会计核算资料的进一步加工整理,即在日常账簿记录的数据资料基础上,采用一定的表格形式编制,定期并总括地反映企业、行政事业单位的经济活动情况和结果的一种专门方法。经过一定形式的加工整理而产生一套完整的核算指标,是用来考核、分析财务计划和预算执行情况以及编制下期财务和预算的重要依据,也是进行会计分析、会计检查的重要依据。

在会计核算中,应正确地运用这些方法。一般在经济业务发生后,按规定的手续填制和审核凭证,并应用复式记账法在有关账簿中进行登记;一定期末还要对生产经营过程中发生的费用进行成本计算和财产清查,在账证、账账、账实相符的基础上,根据账簿记录编制会计报表。一个会计期间的会计核算工作即告结束,然后按照上述程序进入新的会计期间,如此循环往复,直至企业停业清算。上述七种会计核算方法相互配合、互为依存条件,构成了相互联系、相互配合的方法体系。这几种方法周而复始、循环往复,构成了人们一般所称的会计循环。

【知识巩固】

一、单项选择题

1. 为了使企业会计核算方法前后各期保持一致,不随意变更,要求企业在会计核算进行遵循( )。
   A. 客观性　　　　　B. 实质重于形式　　C. 可比性　　　　　D. 及时性

2. 我国的会计年度起止日期为( )。
   A. 1月1日~12月31日　　　　　　B. 1月1日~6月30日
   C. 7月1日~12月31日　　　　　　D. 7月1日~次年的6月30日

3. 在会计核算的基本前提中,界定会计核算和会计信息空间范围的是( )。
   A. 会计主体　　　B. 持续经营　　　C. 会计期间　　　D. 货币计量

4. 一般来说,会计主体与法律主体( )。
   A. 并非对等的概念　　　　　　　B. 是相互一致的
   C. 是不相关　　　　　　　　　　D. 是可相互替代的

5. 会计分期是建立( )基础上的。
   A. 会计主体　　　B. 持续经营　　　C. 货币计量　　　D. 权责发生制

6. 会计信息要有用,就必须满足一定的质量要求。比如,企业应当以实际发生的交易或事项为依据进行确认、计量和报告,体现的会计信息质量要求是( )。
   A. 客观性　　　　B. 相关性　　　　C. 可比性　　　　D. 重要性

7. 甲企业于2013年5月份购入了一批原材料,会计人员在7月份才入账,这违背了会计信息质量的( )要求。
   A. 相关性　　　　B. 客观性　　　　C. 及时性　　　　D. 重要性

8. 企业提供的会计信息应有助于财务会计报告使用者对企业过去、现在或者未来的情况做出评价或者预测,这体现了会计核算质量要求的是( )。
   A. 相关性　　　　B. 可靠性　　　　C. 可理解性　　　D. 可比性

9. 下列说法中,能够保证同一企业会计信息前后各期可比的是( )。
   A. 为了提高会计信息质量,要求企业所提供的会计信息能够在同一会计期间不同企业之间进行相互比较
   B. 存货的计价方法一经确定,不得随意改变,如需变更,应在财务报告中说明
   C. 对于已经发生的交易或事项,应当及时进行会计确认、计量和报告
   D. 对于已经发生的交易或事项进行会计确认、计量和报告时,不应高估资产或者收益,

低估负债或者费用

二、多项选择题

1. 根据《企业会计制度》，我国企业的会计期间划分为( )。
   A. 年度　　　　　　B. 半年度　　　　　　C. 季度　　　　　　D. 月度

2. 下列组织可以作为一个会计主体进行会计核算的有( )。
   A. 分公司　　　　　　　　　　　　　B. 母公司及其子公司组成的企业集团
   C. 公司销售部门　　　　　　　　　　D. 企业生产车间

3. 下列各项，属于会计的特点的是( )。
   A. 以货币为主要计量单位
   B. 对经济活动进行连续、系统、全面、综合地反映和监督
   C. 以真实、合法的会计凭证为依据
   D. 以企业内部管理者为主要信息使用者

三、判断题（对的打"√"，错的打"×"）

1. 一般来讲，法人应该是会计主体，但是会计主体不一定是法律主体。（ ）
2. 会计前提"持续经营"是假设企业不会破产清算。（ ）
3. 《会计法》规定，会计核算必须以人民币为记账本位币。业务收支以人民币以外的货币为主的单位，也应当以人民币为计量单位。（ ）
4. 会计主体假设确定了会计核算的空间范围，会计分期假设确定了会计核算的时间范围。（ ）
5. 相关性原则要求企业提供的会计信息能满足不同会计信息使用者的需要，这就要求会计在对企业发生的经济业务核算时不分业务的巨细均应采用相同的处理方法。（ ）
6. 企业将融资租入设备作为自有固定资产核算是对实质重于形式原则的具体应用。（ ）
7. 实质重于形式原则是指企业应当按照交易或事项的经济实质进行会计核算，而不应当仅仅按照它们的法律形式作为会计核算的依据。（ ）
8. 根据权责发生制原则，凡是不属于当期的收入和费用，即使款项已在当期收付，也不应当作为当期的收入和费用。（ ）
9. 会计核算和会计监督是会计工作的两项重要内容，在实际工作中应该严格区分开来，单独进行。（ ）
10. 在中国境内设立的外商投资企业可以选择以人民币或者外币作为记账本位币。（ ）

第二章　会计要素、会计科目及账户

【本章要点】

本章主要阐述会计要素、会计等式、会计科目和账户。通过本章的学习，学生应明确会计要素的具体含义，深刻理解会计等式，重点掌握会计要素、会计科目、账户及其结构，了解会计科目和账户之间的关系。

第一节　会计要素及会计等式

一、会计要素

1. 会计要素的定义

会计要素是对会计对象进行的基本分类，是会计核算对象的具体化。为了系统、完整地核算和监督单位经济活动的发生情况及结果，为经济管理提供有用的会计信息，必须对错综复杂的会计对象进行科学归类，从而形成会计要素。

会计要素是构成会计报表的基本因素，同时也是设置账户的依据。我国《企业会计准则—基本准则》规定，资产、负债、所有者权益、收入、费用、利润统称为企业的六大会计要素。其中，资产、负债和所有者权益三项会计要素表现资金运动的相对静止状态，即反映企业在一定日期的财务状况；收入、费用和利润三项会计要素表现资金运动的显著变动状态，即反映企业在一定时期的经营成果。

2. 反映财务状况的会计要素

财务状况是指企业一定日期的资产及权益情况，是资金运动相对静止状态时的表现。反映财务状况的会计要素包括资产、负债、所有者权益三项。

1）资产

（1）概念。

资产是指企业过去的交易或事项形成的、由企业拥有或控制的、预期会给企业带来经济利益的资源。

一个企业从事生产经营活动，必须具备一定的物质资源，或者说物质条件。在市场经济条件下，这些必需的物质条件表现为货币资金、厂房场地、机器设备、原料、材料等，统称为资产，它们是企业从事生产经营活动的物质基础。除以上的货币资金以及具有物质形态的资产以外，资产还包括那些不具备物质形态，但有助于生产经营活动的专利、商标等无形资产。

（2）特征。

①资产是过去的交易或事项形成的。这就是说，作为企业资产，必须是现实的而不是预期的资产，它是企业过去已经发生的交易或事项所产生的结果。

②资产是为企业拥有的，或者即使不为企业拥有，也是企业所控制的。一项资源要作为企

业资产予以确认,企业应该拥有此项资源的所有权,可以按照自己的意愿使用或处置资产。对一些由特殊方式形成的资源,企业虽然不享有所有权,但能够被企业所控制,而且同样能够从资产中获取经济利益,也可以作为企业资产(如融资性租入固定资产)。

③资产能够直接或间接地给企业带来经济利益。所谓经济利益,是指直接或间接地流入企业的现金或现金等价物。资产都能够为企业带来经济利益,例如企业通过收回应收账款、出售库存商品等直接获得经济利益,也可通过对外投资以获得股利或参与分配利润的方式间接获得经济利益,按照这一特征,那些已经没有经济价值、不能给企业带来经济利益的项目,就不能继续确认为企业的资产。

(3)资产的分类。

资产按其流动性不同,分为流动资产和非流动资产。

流动资产是指预计在一个正常营业周期中变现、出售或者主要为交易目的而持有,或者预计在资产负债表日起一年内(含一年)变现的资产,以及资产负债表日起一年内交换其他资产或清偿负债的能力不受限制的现金或现金等价物。流动资产主要包括货币资金、交易性金融资产、应收票据、应收账款、预付款项、应收利息、应收股利、其他应收款、存货等。

非流动资产是指流动资产以外的资产,主要包括长期股权投资、固定资产、在建工程、工程物资、无形资产、开发支出等。

思考1:甲企业的加工车间有两台设备。A设备系从乙企业融资租入获得,B设备系从丙企业以经营租入方式获得,目前两台设备均投入使用。A、B设备是否为甲企业的资产?

解答:这里要注意经营租入与融资租入的区别。甲企业对经营租入的B设备既没有所有权也没有控制权,因此B设备不应确认为甲企业的资产。而甲企业对融资租入的A设备虽然没有所有权,但拥有实际控制权,因此应将A设备确认为甲企业的资产。

思考2:某企业的某工序上有两台机床,其中G机床型号较老,自H机床投入使用后,G机床一直未再使用且预期不能产生经济利益;H机床是G机床的替代产品,目前承担该工序的全部生产任务。G、H机床是否都是企业的固定资产?

解答:G机床不应确认为该企业的固定资产。该企业原有的G机床已长期闲置不用,不能给企业带来经济利益,因此不应作为资产反映在资产负债表中。

除了以上列示的三个特征外,判断是否属于资产还需要满足两个条件才可以确认:

①与该资源有关的经济利益很可能流入企业;

②该资源够用货币进行计量的经济资源,如环境资源、人力资源、政策资源等,这些资源虽然也能够为企业带来未来的经济利益,但是由于他们不能够用货币计量,所以不能被确认为企业的资产。从会计的角度讲,企业不存在无价之宝。

2)负债

(1)概念。

负债是指企业过去的交易或事项形成的预期会导致经济利益流出企业的现时义务。现时义务是指企业在现行条件下已承担的义务。未来发生的交易或者事项形成的义务,不属于现时义务,不应当确认为负债。

(2)特征。

①负债是由过去的交易或事项形成的。也就是说,导致负债的交易或事项必须已经发生,例如,购置货物或使用劳务会产生应付账款(已经预付或是在交货时支付的款项除外),接受银行贷款则会产生偿还贷款的义务。只有源于已经发生的交易或事项,会计上才有可能确认

为负债。对于企业正在筹划的未来交易或事项,并不构成企业的负债。

②负债的清偿预期会导致经济利益流出企业。负债通常是在未来某一时日通过交付资产(包括现金和其他资产)或提供劳务来清偿。例如,企业赊购一批材料。材料已验收入库,但尚未付款,该笔经济业务所形成的应付账款应确认为企业的负债,需要在未来某一时日通过交付现金或银行存款来清偿。有时,企业可以通过承诺新的负债或转化为所有者权益来了结一项现有的负债,但最终一般都会导致企业经济利益的流出。

③负债是企业承担的现实义务。是指企业在现行条件下已承担的义务。

除了以上列示的三个特征外,判断是否属于负债还需要满足两个条件才可以确认:

①与该项有关的未来经济利益很可能流出企业;

②未来经济利益的流出能够可靠计量。

(3)分类。

负债按其流动性不同,分为流动负债和非流动负债。

流动负债是指预计在一个正常营业周期中清偿,或者主要为交易目的而持有,或者自资产负债表日起一年内(含一年)到期应予以清偿,或者企业无权自主地将清偿推迟至资产负债表日后一年以上的负债。流动负债主要包括短期借款、应付票据、应付账款、预收款项、应付职工薪酬、应交税费、应付利息、应付股利、其他应付款等。

3)所有者权益

(1)概念。

所有者权益也称为净资产,是指企业资产扣除负债后由所有者享有的剩余权利。所有者权益是指企业资产扣除负债后由所有者享有的剩余权益。公司的所有者权益又称为股东权益。因此,所有者权益实际上是投资者(所有者)对企业净资产的所有权。

(2)特征。

所有者权益具有以下基本特征:

①除非发生减资、清算或分派现金股利,否则企业不需要偿还所有者权益;

②企业清算时,只有在清偿所有的负债后,所有者权益才返还给所有者;

③所有者凭借所有者权益能够参与企业利润的分配。

(3)来源。

资产形成的资金来源有两个:一个是债权人,一个是所有者。债权人对企业资产的要求权形成企业负债,所有者对企业资产的要求权形成企业的所有者权益。所有者权益的来源包括所有者投入的资本、直接计入所有者权益的利得和损失、留存收益等。

(4)分类。

所有者投入的资本是指所有者投入企业的资本部分,它既包括构成企业注册资本或者股本部分的金额,也包括投入资本超过注册资本或者股本部分的金额,即资本(或股本)溢价;直接计入所有者权益的利得和损失是指不应计入当期损益、会导致所有者权益发生增减变动的、与所有者投入资本或者向所有者分配利润无关的利得或损失。

利得是指由企业非日常活动所形成的、会导致所有者权益增加的、与所有者投入资本无关的经济利益的流入。

损失是指由企业非日常活动所形成的、会导致所有者权益减少的、与向所有者非配利润无关的经济利益的流出。

留存收益是指企业实现的净利润留存于企业的部分,包括计提的盈余公积和未分配利润。

所有者权益的构成内容通常划分为实收资本、资本公积、盈余公积和未分配利润等项目。

(5)所有者权益与负债的区别。

所有者权益和负债都是对企业的要求权,但又存在着明显的区别。

①对象不同。负债是对债权人负担的经济责任;所有者权益是对投资人负担的经济责任。

②性质不同。负债是在经营或其他事项中发生的债务,是债权对其债务的权利;所有者权益是对投入的资本及其运用所产生的盈余(或亏损)的权利。

③偿还期限不同。负债必须于一定时期(特定日期或确定的时期)偿还;所有者权益一般只有在企业解散清算时(除按法律程序减资外),其破产财产在偿付了破产费用、债权人的债务等以后,如有剩余财产,才可能还给投资者。在企业持续经营的情况下,一般不能收回投资。

④享受的权利不同。债权人只享有收回债务本金和利息的权利,而无权参与企业收益分配;所有者在某些情况下,除了可以获得利益外,还可参与企业的经营管理。

从会计核算角度看,不同组织形式的企业,在对资产、负债、收入、费用和利润的会计核算中一般并无区别,但在所有者权益的核算上却差别很大。尤其是公司制企业中的股份有限公司对其所有者权益的核算,由于涉及每个股东、债权人以及其他利益相关人的利益,往往在法律上规定得比较详细,如我国《公司法》对公司制企业的股票发行、转让、利润的分配、减资等均做了比较详细的规定。

3. 反映经营成果的会计要素

经营成果是企业在一定时期内从事生产经营活动所取得的最终成果,是资金运动显著变动状态的主要体现。反映经营成果的会计要素包括收入、费用、利润三项。

1)收入

(1)概念。

收入是指企业在日常活动中所形成的、会导致所有者权益增加的、与所有者投入资本无关的经济利益的总流入。所谓的日常活动有销售商品、提供劳务及让渡资产所有权等。

(2)特征。

①收入应当是企业在其日常活动中所形成的。其中,日常活动是指企业为完成其经营目标所从事的经常性活动以及与之相关的活动。例如,工业企业制造并销售产品、商业企业销售商品、保险公司签发保单、咨询公司提供咨询服务、软件企业为客户开发软件、安装公司提供安装服务、商业银行对外贷款、租赁公司出租资产等,均属于企业的日常活动。企业也有一些日常并不经常发生,但也与企业经营目标有关的其他业务,其发生所得应当作为收入。明确界定日常活动是为了将收入与利得相区分,因为企业非日常活动所形成的经济利益的流入不能确认为收入,而应当确认为利得。

②收入应当会导致经济利益流入企业,该流入不包括所有者投入的资产。

收入应当会导致经济利益的流入,从而导致资产的增加或负债的减少,或两者兼而有之。企业非日常活动形成的经济利益的流入不能确认为收入,而应当作为利得。收入不包括为第三方或者客户代收的款项,经济利益是指现金或最终能转让为现金的非现金资产。收入只有在经济利益很可能流入,从而导致资产增加或者负债减少,经济利益的流入额要可靠计量时才能予以确认。经济利益总流入是指本企业经济利益的流入,包括销售商品收入、劳务收入、使用费收入、租金收入、股利收入等主营业务和其他业务收入,不包括为第三方或客户代收的款项。

③收入最终会导致所有者权益的增加。与收入相关的经济利益的流入最终应当会导致所有者权益增加,不会导致所有者权益增加的经济利益的流入不符合收入的定义,不应确认为

收入。

(3) 分类。

根据企业所从事的日常活动的内容,企业的收入可以分为销售商品收入、提供劳务收入和让渡资产使用权收入。

根据重要性要求,以工业企业为例,企业的收入可以分为主营业务收入和其他业务收入。其中,主营业务收入是指企业销售商品、提供劳务等主营业务所实现的收入;其他业务收入是指企业除主营业务活动以外的其他经营活动实现的收入,如出租固定资产、出租无形资产、出租包装物和商品、销售材料等实现的收入。

注意:明确界定日常活动是为了将收入与利得相区分,因为企业非日常活动所形成的经济利益的流入不能确认为收入,而应当计入利得。企业的收入包括销售商品、出租无形资产和固定资产、销售原材料、提供劳务收入。企业的利得包括接受捐赠、固定资产和无形资产等长期资产的处置净收益、罚金收益。

2) 费用

(1) 概念。

费用是指企业在日常活动中发生的、会导致所有者权益减少的、与向所有者分配利润无关的经济利益的总流出。

(2) 特征。

费用具有以下三个方面的特征:

①费用是在日常活动中形成的。这些日常活动的界定与收入定义中涉及的日常活动相一致。将费用界定为日常活动中所形成的,目的是为了将费用与损失相区分,因为企业非日常活动所形成的经济利益的流出不能确认为费用,而应当确认为损失。日常活动中所产生的费用通常包括销售成本、职工薪酬、折旧费、无形资产摊销费等。

②费用应当会导致经济利益的流出,该流出不包括向所有者分配的利润。

费用应当会导致经济利益的流出,从而导致资产的减少或者负债的增加,或两者兼而有之。其表现形式包括,现金或者现金等价物的流出,存货、固定资产和无形资产等的流出或者消耗等。鉴于企业向所有者分配利润也会导致经济利益的流出,而该经济利益的流出属于所有者权益的抵减项目,因而不应确认为费用,应当将其排除在费用之外。

③费用应当最终会导致所有者权益的减少。

与费用相关的经济利益的流出最终应当会导致所有者权益的减少,不会导致所有者权益减少的经济利益的流出不符合费用的定义,不应确认为费用。

(3) 分类。

费用按照其功能可以分为营业成本和期间费用两大部分。

①营业成本:营业成本是企业本期已实现销售的商品产品成本和已对外提供劳务的成本,包括主营业务成本和其他业务成本。

②期间费用:期间费用是指企业为组织和管理企业生产经营、筹集生产经营所需资金以及销售商品等而发生的各项费用。期间费用应在发生当期直接计入损益,并在利润表中分项目列示,包括管理费用、财务费用和销售费用等。

3) 利润

(1) 概念。

利润是指企业在一定会计期间的经营成果,反映的是企业的经营业绩情况。利润是衡量企业优劣的一个重要标志,往往是评价企业管理层业绩的一项重要指标,也是投资者等财务报告使用者进行决策时的重要参考。

利润包括收入减去费用后的净额、直接计入当期利润的利得和损失等。其中,收入减去费用后的净额反映的是企业日常活动的业绩,直接计入当期利润的利得和损失反映的是企业非日常活动的业绩。直接计入当期利润的利得和损失,是指应当计入当期损益、最终会引起所有者权益发生增减变动的、与所有者投入资本或者向投资者分配利润无关的利得或者损失。企业应当严格区分收入和利得、费用和损失之间的区别,以更加全面地反映企业的经营业绩。

(2)分类。

根据我国《企业会计准则》的规定,企业的利润一般包括营业利润、利润总额和净利润。

本教材主要针对工业企业的会计要素进行讲解,不涉及行政事业单位的相关内容。利润为营业利润和营业外收支净额等两个项目的总额减去所得税费用之后的余额。营业利润是企业在销售商品、提供劳务等日常活动中产生的利润;营业外收支是与企业的日常经营活动没有直接关系的各项收入和支出,其中,营业外收入项目主要有捐赠收入、固定资产盘盈、处置固定资产净收益、罚款收入等,营业外支出项目主要有固定资产盘亏、处置固定资产净损失等。其有关公式表示如下:

营业利润 = 营业收入 − 营业成本 − 营业税金及附加 − 销售费用 − 管理费用 − 财务费用 − 资产减值损失 + 公允价值变动净收益 + 投资净收益

营业收入 = 主营业务收入 + 其他业务收入

营业成本 = 主营业务成本 + 其他业务成本

投资净收益 = 投资收益 − 投资损失

公允价值变动净收益 = 公允价值变动收益 − 公允价值变动损失

利润总额 = 营业利润 + 营业外收支净额

净利润 = 利润总额 − 所得税费用

4. 会计要素的计量

会计计量属性反映的是会计要素金额的确定基础,主要包括:历史成本、重置成本、可变现净值、现值、公允价值。

1)历史成本(基本计量属性)

历史成本,又称为实际成本,就是取得或制造某项财产物资时所实际支付的现金或现金等价物。历史成本计量,要求对企业资产、负债和所有者权益等项目的计量,应当基于经济业务的实际交易成本,而不考虑随后市场价格变动的影响。

在历史成本计量下,资产按照其购置时支付的现金或现金等价物的金额,或者按照购置资产时所付出的对价的公允价值计量。负债按照其因承担现时义务而实际收到的款项或资产的金额,或者承担现时义务的合同金额,或者按照日常活动中为偿还负债预期需要支付的现金或者现金等价物的金额计量。

2)重置成本(常用于盘盈资产)

重置成本,又称现行成本,是指按照当前市场条件,重新取得同样一项资产所需支付的现金或现金等价物金额。重置成本是现在时点的成本,它强调站在企业主体角度,在实务中,重置成本多应用于盘盈固定资产的计量等。

3)可变现净值

可变现净值,是指在正常生产经营过程中,以预计售价减去进一步加工成本和预计销售费用以及相关税费后的净值。

4)现值(常用于非流动资产可收回金额、摊余成本计量)

现值,是指对未来现金流量以恰当的折现率进行折现后的价值,是考虑资金时间价值的一种计量属性。在会计计量中使用现值的目的是为了尽可能地捕捉和反映各种不同类型的未来现金流量之间的经济差异。

5)公允价值(常用于金融资产)

公允价值,是指在公平交易中,熟悉情况的交易双方自愿进行资产交换或者债务清偿的金额。企业在对会计要素进行计量时,一般应当采用历史成本;采用重置成本、可变现净值、现值、公允价值计量的,应当保证所确定的会计要素金额能够取得并可靠地计量。

二、会计等式

1. 静态等式的关系

由上文可知,资金运动在静态情况下,资产、负债及所有者权益三个要素之间存在平衡关系。资产来源主要包括两部分:

(1)向外部借的债,即负债。

(2)投资人的投入及其增值部分,即所有者权益。

由此我们可以认为债权人和投资者将其拥有的资本供给企业使用,对企业运用这些资本所获得的各项资产就相应享有一种权益,即"相应的权益"。由此可见,资产与权益是相互依存的,有一定数额的资产,必然有相应数额的权益;反之亦然。由此可以推出:

$$资产 = 权益$$
$$资产 = 负债 + 所有者权益 \qquad (2\text{-}1)$$

式(2-1)反映了资产的归属关系,是会计对象的公式化,其经济内容和数学上的等量关系,即资金平衡的理论依据,也是设置账户、复式记账和编制资产负债表的理论依据。因此,会计上又称为基本会计等式。

2. 动态等式的关系

资金运动在动态情况下,其循环周转过程中发生的收入、费用和利润,也存在着平衡关系,其平衡公式如下:

$$收入 - 费用 = 利润 \qquad (2\text{-}2)$$

若利润为正,则企业盈利;若利润为负,则企业亏损。式(2-2)也称为动态会计等式,是编制利润表的基础。

3. 综合等式

企业在经营过程中,或盈利,或亏损。在某一时期,"收入 - 费用 = 利润",利润为正,就表明经济利益流入大于经济利益流出,即企业资产增多。由此可见:

$$新的所有者权益 = 旧的所有者权益 + 利润 = 旧的所有者权益 + 收入 - 费用$$
$$新资产 = 负债 + 新的所有者权益$$
$$新资产 = 负债 + 旧所有者权益 + 收入 - 费用 \qquad (2\text{-}3)$$

4. 会计等式的恒等性

由上面分析可以看出,式(2-1)是反映资金运动的整体情况,也就是企业经营中的某一天,一般开始日或结算日情况。而式(2-2)反映的是企业资金运动状况,资产加以运用取得收入后,资产便转化为费用,收入减去费用后即为利润,该利润作为资产用到下一轮经营,于是便产生式(2-3),当利润分配后,式(2-3)便消失,又回到式(2-1)。所以不管六大要素如何相互转变,最终均要回到"资产=负债+所有者权益"。下面举例说明式(2-1)的恒等性。

【例2-1】红星企业2012年12月31日拥有2 000万元资产,其中现金0.4万元,银行存款57.6万元,应收账款282万元,存货960万元,固定资产700万元。该企业接受投资形成实收资本1 100万元,银行借款400万元,应付账款400万元,尚未支付的职工薪酬100万元。可用表2-1反映资产、负债、所有者权益间的平衡关系。

资产负债表(单位:万元) 表2-1

资产		负债及所有者权益	
科目	金额	科目	金额
库存现金	0.4	银行借款	400
银行存款	57.6	应付账款	400
应收账款	282	应付职工薪酬	100
存货	960	实收资本	1 100
固定资产	700		
合计	2 000	合计	2 000

例2-1中,"资产总额(2 000万元)=负债及所有者权益(2 000万元)"反映某一时点上企业会计要素之间的平衡关系,这是一种静态关系。

当企业在继续经营时,发生的经济业务会引起各个会计要素额上的增减变化,这些变化总不外乎以下四种类型(具体可以划分为九类):

(1)资金进入企业:资产和权益等额增加,即资产增加,负债及所有者权益增加,会计等式保持平衡。

【例2-2】红星企业2013年1月份从银行取得贷款800万元,现已办妥手续,款项已划入本企业存款账户。这项经济业务对会计恒等式的影响为:

资产+银行存款增加=(负债+所有者权益)+银行借款增加

2 000万元+800万元=2 000万元+800万元

资产2 800万元=负债+所有者权益2 800万元

可以看出,会计等式两方等额增加800万元,等式没有破坏。

资产与权益同时增加含两种情况:一项资产和一项负债同时增加;一项资产和一项所有者权益同时增加。

(2)资金退出企业:资产和权益等额减少,即资产减少,负债及所有者权益减少,会计等式保持平衡。

【例2-3】红星企业支付上年未还的应付货款,已从企业账户中开出转账支票300万元,该经济业务对会计等式的影响为:

资产-银行存款减少额=(负债+所有者权益)-应付账款减少额

2 800万元-300万元=2 800万元-300万元

资产2 500万元=负债+所有者权益2 500万元

可以看出,会计等式两方等额减少300万元,等式没有破坏。

资产与权益同时减少含两种情况:一项资产和一项负债同时减少;一项资产和一项所有者

权益同时减少。

(3)资产形态变化:一种资产项目增加,另一种资产项目等额减少,会计等式保持平衡。

【例2-4】红星企业开出现金支票2万元,以备日常开支使用。该项经济业务对会计等式的影响为:

$$资产-银行存款减少额+现金增加额=负债+所有者权益$$

$$2\,500\,万元-2\,万元+2\,万元=2\,500\,万元$$

$$资产\,2\,500\,万元=负债+所有者权益\,2\,500\,万元$$

资产之间此增彼减:一项资产增加,另一项资产减少。

(4)权益类别转化:一种权益项目增加,另一种权益项目等额减少,即负债类内部项目之间、权益类内部项目之间或者负债类项目与权益类项目之间此增彼减,会计等式也保持平衡。

【例2-5】红星企业应付给三洋公司的应付账款100万元,经协商同意转作三洋公司对东方化工厂的投资款。该项经济业务对会计等式影响为:

$$资产=负债+所有者权益-应付账款+接受长期投资$$

$$2\,500\,万元=2\,500\,万元-100\,万元+100\,万元$$

$$资产\,2\,500\,万元=负债+所有者权益\,2\,500\,万元$$

可以看出,红星企业的负债类项目减少100万元,所有者权益项目增加100万元,等式右方总额没有变化,等式没有破坏。

经过上述变化后的资产负债如表2-2所示。

资产负债表(单位:万元)　　　　　　　表2-2

资产		负债及所有者权益	
科目	金额	科目	金额
库存现金	2.4	银行借款	1 200
银行存款	555.6	应付账款	0
应收账款	282	应付职工薪酬	100
存货	960	实收资本	1 200
固定资产	700		
合计	2 500	合计	2 500

权益之间此增彼减含4种情况:一项负债增加,另一项负债减少;一项负债增加,一项所有者权益减少;一项负债减少,一项所有者权益增加;一项所有者权益增加,另一项所有者权益减少。

第二节　会　计　科　目

一、会计科目的概念

1.会计科目的定义

企业在经营过程中发生的各种各样的经济业务,会引起各项会计要素发生增减变化。由于企业的经济业务错综复杂,即使涉及同一种会计要素,也往往具有不同性质和内容。例如,固定资产和现金虽然都属于资产,但他们的经济内容以及在经济活动中的周转方式和所引起的作用各不相同。又如应付账款和长期借款,虽然都是负债,但他们的形成原因和偿付期限也是各不相同的。再如所有者投入的实收资本和企业的利润,虽然都是所有者权益,但它们的形成原因与用途不大一样。为了实现会计的基本职能,要从数量上反映各项会计要素的增减变化,就不但需要取得各项会计要素增减变化及其结果的总括数字,而且要取得一系列更加具体的分类和数量指标。因此为了满足所有者、债务人、税务机关等会计信息使用者的多方需要,还要对会计要素作进一步的分类。这种对会计要素对象的具体内容进行分类核算的项目称为会计科目。

会计科目是指对会计要素的具体内容进行分类核算的项目,是对资金运动第三层次的划分,也是进行各项会计记录和提供各项会计信息的基础,设置会计科目是复式记账中编制、整理会计凭证和设置账簿的基础。

2. 会计科目在会计核算中的重要意义

会计科目是进行各项会计记录和提供各项会计信息的基础,在会计核算中具有以下重要意义:

(1)会计科目是复式记账的基础,复式记账要求每一笔经济业务在两个或两个以上相互联系的账户中进行登记,以反映资金运动的来龙去脉。

(2)会计科目是编制记账凭证的基础,在我国,会计凭证是确定所发生的经济业务应计入何种会计科目以及分门别类登记账簿的凭据。

(3)会计科目为成本计算与财产清查提供了前提条件,通过会计科目的设置,有助于成本核算,使各种成本计算成为可能,而通过账面记录与实际结存核对,又为财产清查、保证账实相符提供了必要的条件。

(4)会计科目为编制财务报表提供了方便,财务报表是提供会计信息的主要手段,为了保证会计信息的质量及其提供的及时性,财务报表中的许多项目与会计科目是一致的,并根据会计科目的本期发生额或余额填列。

二、设置会计科目的原则

为了统一财务会计报告,增强会计信息的可比性,总分类科目是在国家统一的会计制度中统一规定。明细分类科目除国家统一的会计制度规定设置以外,各单位可以根据实际需要自行设置。会计科目设置应当遵循以下原则:

(1)合法性原则,指所设置的会计科目应当符合国家统一的会计制度的规定。

(2)相关性原则,指所设置的会计科目应为提供有关各方所需要的会计信息服务,满足对外报告与对内管理的要求。

(3)实用性原则,指所设置的会计科目应符合单位自身特点,满足单位实际需要。

三、会计科目的分类

为了进一步研究会计科目的设置和运用,需要了解会计科目的分类。

1. 按提供信息的详细程度及其统驭关系分类

在设置会计科目的时候,要兼顾对外报告信息和企业内部经营管理的需要,并根据所需提供信息的详细程度及其统驭关系的不同分设总分类科目和明细分类科目:会计科目的级别如表2-3所示。

总账和明细账会计科目　　　　　　　　　　　　　表 2-3

总账科目	明细科目	
（一级科目）	二级科目（子目）	三级科目（细目）
原材料	原料及主要材料	圆钢、角钢
	辅助材料	润滑剂、石炭酸
	燃料	汽油、原煤

（1）总分类科目，又称一级科目或总账科目，它是对会计要素具体内容进行总括分类、提供总括信息的会计科目，如"应收账款"、"应付账款"、"原材料"等。总分类科目反映各种经济业务的概括情况，是进行总分类核算的依据。

（2）明细分类科目，又称明细科目，是对总分类科目作进一步分类、提供更详细和更具体会计信息的科目。如"应收账款"科目按债务人名称或姓名设置明细科目，反映应收账款的具体对象。对于明细科目较多的总账科目，可在总分类科目与明细科目之间设置二级或多级科目。

总分类科目概括地反映会计对象的具体内容，明细分类科目详细地反映会计对象的具体内容。总分类科目对明细分类科目具有统驭和控制作用，而明细分类科目是对其所属的总分类科目的补充和说明。

2. 按其所属会计要素的不同分类

会计科目按其所归属的会计要素不同，分为资产类、负债类、所有者权益类、成本类、损益类五大类。

1）常用会计科目表

在我国《企业会计准则——应用指南》中，依据会计准则中关于确认和计量的规定，规定了企业的会计科目。如表 2-4 所示。

《企业会计准则——应用指南》会计科目名称表　　　　　表 2-4

序号	编号	会计科目名称	序号	编号	会计科目名称	序号	编号	会计科目名称
	一、资产类		15	1404	材料成本差异	30	1601	固定资产
1	1001	库存现金	16	1406	库存商品	31	1602	累计折旧
2	1002	银行存款	17	1407	发出商品	32	1603	固定资产减值准备
3	1015	其他货币资金	18	1410	商品进销差价	33	1604	在建工程
4	1101	交易性金融资产	19	1411	委托加工物资	34	1605	工程物资
5	1121	应收票据	20	1412	包装物及低值易耗品	35	1606	固定资产清理
6	1122	应收账款	21	1461	存货跌价准备	36	1701	无形资产
7	1123	预付账款	22	1501	持有至到期投资	37	1702	累计摊销
8	1131	应收股利	23	1502	持有至到期投资减值准备	38	1703	无形资产减值准备
9	1132	应收利息	24	1503	可供出售金融资产	39	1711	商誉
10	1231	其他应收款	25	1511	长期股权投资	40	1801	长期待摊费用
11	1241	坏账准备	26	1512	长期股权投资减值准备	41	1811	递延所得税资产
12	1321	代理业务资产	27	1521	投资性房地产	42	1901	待处理财产损溢
13	1401	材料采购	28	1531	长期应收款		二、负债类	
14	1403	原材料	29	1541	未实现融资收益	43	2001	短期借款

续上表

序号	编号	会计科目名称	序号	编号	会计科目名称	序号	编号	会计科目名称
44	2101	交易性金融负债	三、共同类			六、损益类		
45	2201	应付票据	62	3101	衍生工具	76	6001	主营业务收入
46	2202	应付账款	63	3201	套期工具	77	6051	其他业务收入
47	2205	预收账款	64	3202	被套期项目	78	6101	公允价值变动损益
48	2211	应付职工薪酬	四、所有者权益类			79	6111	投资损益
49	2221	应交税费	65	4001	实收资本	80	6301	营业外收入
50	2231	应付利息	66	4002	资本公积	81	6401	主营业务成本
51	2232	应付股利	67	4101	盈余公积	82	6402	其他业务支出
52	2241	其他应付款	68	4103	本年利润	83	6403	营业税金及附加
53	2314	代理业务负债	69	4104	利润分配	84	6601	销售费用
54	2401	递延收益	70	4201	库存股	85	6602	管理费用
55	2501	长期借款	五、成本类			86	6603	财务费用
56	2502	应付债券	71	5001	生产成本	87	6604	勘探费用
57	2701	长期应付款	72	5101	制造费用	88	6701	资产减值损失
58	2702	未确认融资费用	73	5103	待摊进货费用	89	6711	营业外支出
59	2711	专项应付款	74	5201	劳务成本	90	6801	所得税费用
60	2801	预计负债	75	5301	研发支出	91	6901	以前年度损益调整
61	2901	递延所得税负债						

注:1.共同类项目的特点是既可能是资产也可能是负债。在某些条件下是一项权益,形成经济利益的流入,就是资产;在某些条件下是一项义务,将导致经济利益流出企业,这时就是负债。

2.损益类项目的特点是其项目是形成利润的要素。如反映收益类科目,例如主营业务收入;反映费用类科目,例如"主营业务成本"。

2)常用的会计科目解释

(1)资产类。

库存现金:核算企业的库存现金。主要反映企业存放在保险箱中的现金。

银行存款:核算企业存入银行或其他金融机构的各种款项。

其他货币资金:核算企业的外埠存款、银行汇票存款、银行本票存款、信用卡存款、信用证保证金存款、存出投资款等各种其他货币资金。

交易性金融资产:核算企业持有的以公允价值计量且其变动计入当期损益的金融资产。

应收票据:核算企业因销售商品、产品、提供劳务等而收到的商业汇票,包括银行承兑汇票和商业承兑汇票。

应收账款:核算企业因销售商品、产品、提供劳务等经营活动应收取的款项。

预付账款:核算企业按照购货合同规定预付给供应单位的款项。

应收股利:核算企业应收取的现金股利和应收取的其他单位分配的利润。

应收利息:核算企业交易性金融资产、持有至到期投资、可供出售金融资产、发放贷款、存放中央银行款项、拆出资金、买入返售金融资产等应收取的利息。

其他应收款:核算企业除存出保证金、应收票据、应收账款、预付账款、应收股利、应收利息等经营活动以外的其他各种应收、暂付的款项。

坏账准备:核算企业应收款项等发生减值时计提的减值准备。
材料采购:核算企业采用计划成本进行材料日常核算而购入材料的采购成本。
在途物资:核算企业采用实际成本(或进价)进行材料(或商品)日常核算,货款已付尚未验收入库的购入材料或商品的采购成本。
原材料:核算企业库存的各种材料,包括原料及主要材料、辅助材料、外购半成品(外购件)、修理用备件(备品备件)、包装材料、燃料等的计划成本或实际成本。
材料成本差异:核算企业各种材料的实际成本与计划成本的差异。
库存商品:核算企业库存的各种商品的实际成本(或进价)或计划成本(或售价),包括库存产成品、外购商品、存放在门市部准备出售的商品、发出展览的商品以及寄存在外的商品等。
商品进销差价:核算企业采用售价进行日常核算的商品售价与进价之间的差额。
委托加工物资:核算企业委托外单位加工的各种材料、商品等物资的实际成本。
周转材料:核算企业周转材料的计划成本或实际成本,包括包装物、低值易耗品,以及企业(建造承包商)的钢模板、木模板、脚手架等。企业的包装物、低值易耗品,也可以单独设置"包装物"、"低值易耗品"科目。
存货跌价准备:核算企业存货的跌价准备。
持有至到期投资:核算企业持有至到期投资的摊余成本。
长期股权投资:核算企业持有的采用成本法和权益法核算的长期股权投资。
固定资产:核算企业持有固定资产的原价。
累计折旧:核算企业对固定资产计提的累计折旧。
在建工程:核算企业基建、技改等在建工程发生的耗费。
工程物资:核算企业为在建工程准备的各种物资的价值,包括工程用材料、尚未安装的设备以及为生产准备的工器具等。
无形资产:核算企业持有的无形资产,包括专利权、非专利技术、商标权、著作权、土地使用权等。
累计摊销:核算企业对使用寿命有限的无形资产计提的累计摊销。
待处理财产损溢:核算企业在清查财产过程中查明的各种财产盘盈、盘亏和毁损的价值。物资在运输途中发生的非正常短缺与损耗,也通过本科目核算。
(2)负债类。
短期借款:核算企业向银行或其他金融机构等借入的期限在1年以下(含1年)的各种借款。
应付票据:核算企业购买材料、商品和接受劳务供应等而开出、承兑的商业汇票,包括银行承兑汇票和商业承兑汇票。
应付账款:核算企业因购买材料、商品和接受劳务供应等经营活动应支付的款项。
预收账款:核算企业按照合同规定向购货单位预收的款项。
应付职工薪酬:核算企业根据有关规定应付给职工的各种薪酬。
应交税费:核算企业按照税法规定计算应交纳的各种税费,包括增值税、消费税、营业税、所得税、资源税、土地增值税、城市维护建设税、房产税、土地使用税、车船使用税、教育费附加、矿产资源补偿费等。其中,应交增值税还应分别"进项税额"、"销项税额"、"出口退税"、"进项税额转出"、"已交税金"等设置专栏进行明细核算。
应付利息:核算企业按照合同约定应支付的利息,包括吸收存款、分期付息到期还本的长期借款、企业债券等应支付的利息。

应付股利:核算企业分配的现金股利或利润。

其他应付款:核算企业除应付票据、应付账款、预收账款、应付职工薪酬、应付股利、应付利息、应交税费、长期应付款等经营活动以外的其他各项应付、暂收的款项。

长期借款:核算企业向银行或其他金融机构借入的期限在1年以上(不含1年)的各项借款。

长期应付款:核算企业除长期借款和应付债券以外的其他各种长期应付款项,包括应付融资租入固定资产的租赁费、以分期付款方式购入固定资产等发生的应付款项等。

(3)所有者权益类。

实收资本:核算企业接受投资者投入企业的实收资本。股份有限公司应将本科目改为"股本"。

资本公积:核算企业收到投资者出资超出其在注册资本或股本中所占的份额以及直接计入所有者权益的利得和损失等。

盈余公积:核算企业从净利润中提取的盈余公积。

本年利润:核算企业当年实现的净利润(或发生的净亏损)。

利润分配:核算企业利润的分配(或亏损的弥补)和历年分配(或弥补)后的积存余额。

(4)成本类。

生产成本:核算企业进行工业性生产发生的各项生产费用,包括生产各种产品(包括产成品、自制半成品等)、自制材料、自制工具、自制设备等。

制造费用:核算企业生产车间、部门为生产产品和提供劳务而发生的各项间接费用。

劳务成本:核算企业对外提供劳务发生的成本。企业(证券)在为上市公司进行承销业务发生的各项相关支出,可将本科目改为"5201 待转承销费用"科目,并按照客户进行明细核算。

(5)损益类。

主营业务收入:核算企业根据收入准则确认的销售商品、提供劳务等主营业务的收入。

其他业务收入:核算企业根据收入准则确认的除主营业务以外的其他经营活动实现的收入,包括出租固定资产、出租无形资产、出租包装物和商品、销售材料等实现的收入。

公允价值变动损益:核算企业交易性金融资产、交易性金融负债,以及采用公允价值模式计量的投资性房地产、衍生工具、套期保值业务等公允价值变动形成的应计入当期损益的利得或损失。

投资收益:核算企业根据长期股权投资准则确认的投资收益或投资损失。

营业外收入:核算企业发生的与其经营活动无直接关系的各项净收入。

主营业务成本:核算企业根据收入准则确认销售商品、提供劳务等主营业务收入时应结转的成本。

其他业务成本:核算企业除主营业务活动以外的其他经营活动所发生的支出。

营业税金及附加:核算企业经营活动发生的营业税、消费税、城市维护建设税、教育费附加等相关税费。房产税、车船使用税、土地使用税、印花税在"管理费用"等科目核算,不在本科目核算。

销售费用:核算企业销售商品和材料、提供劳务的过程中发生的各种费用。

管理费用:核算企业为组织和管理企业生产经营所发生的管理费用。

财务费用:核算企业为筹集生产经营所需资金等而发生的筹资费用。

资产减值损失:核算企业根据资产减值等准则计提各项资产减值准备所形成的损失。

营业外支出:核算企业发生的与其经营活动无直接关系的各项净支出。
所得税费用:核算企业根据所得税准则确认的应从当期利润总额中扣除的所得税费用。

3.会计科目运用举例

【例2-6】 从银行提取现金300元。

该项业务应设置"银行存款"和"库存现金"科目。

【例2-7】 购买材料7 000元,料款尚未支付。

该项业务应设置"原材料"和"应付账款"科目。

【例2-8】 某投资者投入设备一台,价值300 000元。

该项业务应设置"实收资本"和"固定资产"科目。

【例2-9】 某企业销售产品一批,价值3 000元,货款尚未收到。

该项业务应设置"主营业务收入"和"应收账款"科目。

第三节 会计账户

一、会计账户的概念

设置会计科目只是规定了对会计对象具体内容进行分类核算的项目。为了序时、连续,系统地记录由于经济业务的发生而引起的会计要素的增减变动,提供各种会计信息,还必须根据设置的会计科目在账簿中开设账户。

会计账户是根据会计科目开设的,具有一定的结构,用来记录会计科目所反映的经济内容增减变化及其结果的户头。正确运用账户,分门别类地核算和监督由经济业务引起的各会计要素的变化,对于加强经济管理具有重要意义。

二、会计账户的基本结构

随着企业会计事项的不断发生,会计对象的具体内容就必然随之发生变化,而且这种变化不管多么错综复杂,从数量上看不外乎增加和减少两种情况。因此,账户分为左方、右方两个方向,一方登记增加,另一方登记减少。至于哪一方登记增加、哪一方登记减少,取决于所记录经济业务的内容和账户的性质。这就是账户的基本结构。一个完整的账户结构应包括以下内容:

(1)账户名称(会计科目);
(2)记录经济业务的日期;
(3)所依据记账凭证编号;
(4)经济业务摘要;
(5)增加金额;
(6)减少金额;
(7)期末余额。

账户的简化格式,一般称为"丁"字账户或"T"形账户。如图2-1所示。

左方	账户名称(会计科目)	右方

图2-1 账户的简化格式

而实际业务中所使用账户的基本格式如表2-5所示。

账户名称(会计科目) 表2-5

年		凭证号数	摘要	左方	右方	余额
月	日					

账户在一定时期内登记的经济业务金额合计数叫作账户的本期发生额,它反映一定时期内企业各项会计要素变化的情况,提供的是动态指标。本期发生额包括本期增加发生额和本期减少发生额,本期增加发生额是指账户在报告期内记录的增加金额的合计数,本期减少发生额是指账户在报告期内记录减少金额的合计数。账户所记录的本期增加发生额与本期减少发生额相抵后的差额,称为账户的余额。余额按其所表示的时间不同,分为期初余额和期末余额。期初(末)余额是指报告期开始(或结束)时,账户结存的金额,它反映某一时点企业资产和权益变动的结果,提供的是静态指标。本期期末余额转入下期时,即为下期期初余额。账户记录的期初余额、本期增加发生额、本期减少发生额、期末余额的关系可以用等式表示如下:

期末余额 = 期初余额 + 本期增加发生额 − 本期减少发生额

三、会计账户的分类

账户的分类口径与会计科目分类是相对应的。按其所反映的经济内容可分为资产类账户、负债类账户、所有者权益类账户、成本类账户、损益类账户等。按其所提供核算指标的详细程度,账户也分为总分类账户和明细分类账户。根据总分类科目设置的账户称为总分类账户,根据明细分类科目设置的账户称为明细分类账户。

1. 资产类账户

资产类账户,是用来核算和监督各种资产增减变动和结果的账户。如"库存现金"、"银行存款"、"应收账款"、"原材料"、"库存商品"、"固定资产"、"无形资产"等账户。

2. 负债类账户

负债类账户,是用来核算和监督各种负债的增减变动和结果的账户。如"短期借款"、"应付账款"、"应付职工薪酬"、"应交税费"、"长期借款"等账户。

3. 所有者权益类账户

所有者权益类账户,是用来核算和监督所有者权益增减变动和结果的账户。如"实收资本"、"资本公积"、"盈余公积"等账户。

4. 成本类账户

成本与费用并无本质区别,成本类账户如有余额则表示期末尚未完工的在产品成本,性质属资产,因此,成本类账户的结构与资产类、费用类账户基本相同。

5. 损益类账户

损益类账户,其特点是期末应将本期发生额全部结转到"本年利润"账户,进行损益的计算。结转后这两类账户期末余额为零,即无余额。

四、会计账户与会计科目的关系

会计科目与账户是两个既相互区别,又有联系的不同概念。它们的联系和区别可概括如下。

1. 两者的联系

会计科目与账户都是对会计对象具体内容的科学分类,两者口径一致,性质相同。会计科目是设置账户的依据,是账户的名称,账户是根据会计科目开设的,是会计科目的具体运用。会计科目也只有通过账户才能体现经济活动的变化情况。没有会计科目,账户便失去了设置的依据;没有账户,就无法发挥会计科目的作用。

2. 两者的区别

会计科目只是经济业务分类核算的项目或标志,它规定了所应包括的一定经济业务的内容。账户是具体记录经济业务的内容,可以提供具体的数据资料,登记经济业务增减变化的过程和结果,具有一定结构。也就是说,科目是一个名词或术语,而账户以科目为名称,并且具有一定的结构,可以具体记录业务的情况。

在实际工作中,对会计科目和账户并不加以严格区分,而是相互通用的。

【知识巩固】

一、业务题一

1. 目的

熟悉资产、负债、所有者权益、收入、费用、利润的内容及其划分。

2. 资料

某企业的有关资产、负债、所有者权益、收入、费用、利润的资料如下(假定不考虑金额):

(1)由出纳员负责的库存现金。

(2)暂欠供应商的材料款。

(3)支付的广告费。

(4)销售产品的收入。

(5)投资者投入的资本。

(6)生产产品使用的各种机器设备。

(7)罚款收入。

(8)从银行取得为期半年的借款。

(9)行政管理部门使用的电脑。

(10)销售产品的成本。

3. 要求

根据上述资料,逐项指出应当归属的会计要素及具体项目。

二、业务题二

1. 目的

熟悉会计等式。

2. 资料

以下是某企业月末资料:

(1)向银行借入短期借款5 000元。

(2)企业出纳处现金共600元。

(3)企业欠外单位货款共8 000元。

(4)企业有机器设备两台,价值50 000元。

(5)所有者投入资本80 000元。

(6)企业银行存款30 000元。
(7)某企业欠该企业的货款为12 400元。

3. 要求

(1)根据上述资料,分别列示资产类、负债类、所有者权益类的所属项目,并分别计算资产、负债、所有者权益的总额。

(2)根据(1)计算的结果,试分析三者之间存在的数量关系,并简要说明理由。

三、业务题三

1. 目的

熟悉会计事项的种类。

2. 资料

某公司某年4月份发生如下经济业务:

(1)提取现金20 000元备发工资。
(2)支付职工工资20 000元。
(3)以银行存款购入机器一台,价值50 000元。
(4)收回某职工退回的差旅费借款800元。
(5)偿还到期的短期借款本金20 000元。
(6)购入材料一批,金额30 000元,其中以银行存款支付15 000元,其余暂欠。
(7)收到某所有者投资的转账支票一张金额50 000元,以补充其投资。
(8)预收销货款10 000元,合同规定下月发货。

3. 要求

(1)分析上述经济业务所引起的具体项目的增减变动情况。
(2)分析上述业务对会计等式的影响。

四、业务题四

1. 目的

熟悉掌握借贷记账法下的账户结构及账户金额指标的计算方法。

2. 资料

红光公司12月31日有关账户的部分资料见表2-6。

红光公司12月31日有关账户的部分资料表(单位:元) 表2-6

账户名称	期初余额		本期发生额		期末余额	
	借方	贷方	借方	贷方	借方	贷方
固定资产	800 000		440 000	20 000	( )	
银行存款	120 000		( )	160 000	180 000	
应付账款		160 000	140 000	120 000		( )
短期借款		90 000	( )	20 000		60 000
应收账款	( )		60 000	100 000	40 000	
实收资本		700 000	—	( )		1 240 000
其他应付款		50 000	50 000	—		( )

3. 要求

根据账户期初余额、本期发生额和期末余额的计算方法,计算并填表2-6中括号内的数字。

第三章 复式记账原理

【本章要点】

复式记账是会计核算的七大方法之一。通过本章学习,学生应理解复式记账的基本原理,重点掌握借贷记账法的基本内容和主要特点,掌握借贷记账法的记账符号、账户结构、记账规则和会计分录的编制方法及试算平衡方法。在学习过程中,学生应在复习会计等式和会计科目与账户基本结构的基础上,重点加深对"借"、"贷"记账符号的理解,训练编制会计分录的技能,掌握试算平衡的方法。

第一节 复式记账的理论基础和基本原则

所谓复式记账法,是指以资产与权益平衡关系作为记账基础,对于每一项经济业务,都要在两个或两个以上的账户中相互联系进行登记,系统地反映资金运动变化结果的一种记账方法。复式记账的理论依据是会计基本等式。复式记账按记账符号、记账规则、试算平衡方法的不同,可分为借贷记账法、增减记账法和收付记账法。

一、复式记账法的理论基础

记账是会计核算的基本工作,记账方法是会计核算方法的一个重要组成部分。

所谓记账方法,是指在账户中登记经济业务的方法。

复式记账法是在单式记账法的基础上发展而来的,其主要特点是:对每一项会计事项,都要以相等的金额,在相互联系的两个或两个以上的账户中进行全面登记。这种复式记账的要求是与资金运动规律密切相关的。每一项经济业务的发生都是资金运动的一个具体过程,这个过程有起点和终点两个方面,只有将这两个方面所表现的资金从何而来、又到何处去进行双重记录,才能完整地反映出每一具体的资金运动过程的来龙去脉。

复式记账就是以会计等式"资产=负债+所有者权益"为理论依据,利用会计方程式的平衡原理来记录经济业务,由于双重记录所登记的是同一资金运动的两个方面,其金额必然相等。会计平衡等式是复式记账的基础,复式记账是会计平衡等式不断实现新的平衡的保证。

其主要作用如下:

(1)复式记账能够把所有的经济业务相互联系地、全面地记入有关账户中,从而使账户能够全面、系统地核算和监督经济活动的过程和结果,能够提供经营管理所需要的数据和信息。

(2)复式记账对每笔会计分录都是相互对应地反映每项经济业务所引起的资金运动的来龙去脉,因此,应用复式记账原理记录各项经济业务,可以通过账户之间的对应关系了解经济业务的内容,检查经济业务是否合理、合法。

(3)根据复式记账结果必然相等的平衡关系,通过全部账户记录的试算平衡,可以检查账户记录有无差错。

二、复式记账法的基本原则

（1）以会计方程式作为记账基础。

会计方程式是将会计对象的内容即会计要素之间的相互关系，运用数学方程式的原理进行描述而形成的。它是客观存在的必然经济现象，同时也是资金运动规律的具体化。为了揭示资金运动的内在规律性，复式记账必须以会计方程式作为其记账的基础。

（2）对每项经济业务，必须在来龙与去脉两个方面的两个或两个以上相互对应账户中进行等额记录。

经济业务的发生必然要引起资金的增减变动，而这种变动势必导致会计方程式中有两个要素或同一要素中至少两个项目发生等量变动。为反映这种等量变动关系，会计上就必须在来龙与去脉两个方面的账户中进行等额记录。

（3）经济业务记录的结果应符合会计方程式的影响类型。尽管企业单位发生的经济业务复杂多样，但对会计方程式的影响无外乎以下两种类型：

一类是影响会计方程式等号两边会计要素同时发生变化的经济业务。这类业务能够改变企业资金总额，使会计方程式等号两边等额同增或等额同减。

另一类是影响会计方程式等号一边会计要素发生变化的经济业务，这类经济业务不会影响企业资金总额变动，是会计方程式等号一边等额的增减。

这就决定了会计上对第一类经济业务，应在方程式等号两边的账户中等额记同增或同减；对第二类业务，应在方程式等号一边的账户中等额记录有增有减。

第二节 借贷记账法

一、借贷记账法的产生和发展

借贷记账法形成于中世纪的意大利贷金业，发展于近代英国的工业革命，提高和完善于现代发达的资本市场，它是伴随着商品经济的发展而不断发展和完善的，其演变大体经历了以下三个不同的发展阶段：

第一阶段，是佛罗伦萨阶段——借贷记账法的萌芽时期（1211—1340 年）。这一阶段以 1211 年佛罗伦斯银行家采用的簿记为代表。

第二阶段，是热那亚阶段——借贷记账法的改良时期（1340—1494 年）。这个阶段以 1340 年热那亚市政厅财务官记录的总账为代表，它是会计界公认的世界上最早的一册明显具备复式记账法所有特征的会计记录，现藏于意大利热那亚古文化馆。

第三阶段，是威尼斯阶段——借贷记账法的完备时期（1494—1854 年）。这一阶段以 1494 年 11 月 10 日，意大利僧侣数学家卢卡·帕乔利（Luca Pacioli，1444—1517 年）的名著——《算术、几何、比及比例概要》（Summa de Arithmetica, Geometria, Proportioni et Proportionalita，又译《数学大全》）的出版为代表。该书对威尼斯复式记账法从理论上给予了具体的说明，使复式记账法的优点很快得到世人的认同，标志着现代会计的开始，具有划时代的深远意义。

借贷记账法经过上述三个阶段的发展与演进后，逐渐成为世界上最先进的记账方法，经过此后几百年发展而不断完善，从而成为目前全球统一使用的唯一记账方法。

【知识链接】

借贷记账法在中国的传播

借贷记账法在清朝末年传入我国,但由于各种原因一直未得到广泛传播。1905年(清光绪三十一年),由长期驻外使节蔡锡勇所著系统介绍西式簿记原理的《连环账谱》一书由湖北书局正式出版,首开了专门出版中国会计学术著作的先河。该书由吴绩凝作序,由其子蔡璋写后述,其主要内容包括两大部分:第一部分,是连环账凡例,又分上、下两卷。上卷设五分卷,即卷一"设题六十例"、卷二"流水簿"、卷三"汇清簿"、卷四"总账簿(附总结单)"、卷五"汇期票表"。下卷设四分卷,即卷一"流水簿"、卷二"银钱簿(钱款杂用簿)"、卷三"汇清簿"、卷四"总账簿(附总结单)"。第二部分,是整套实务示例,分为五项内容,即卷一"流水簿"、卷二"银钱簿(钱款杂用簿,附上卷)"和卷三"总账簿(附总结单)"、汇期票表和薪水表。1908年(清光绪三十四年),大清银行第一次使用借贷记账法。1930年,中华民国实业部召开工商会议决定推广使用借贷记账法,这是我国官方有关统一使用借贷记账法的第一项规定。

1950年中华人民共和国成立后,借贷记账法得到推广和广泛使用。1966—1976年的"文革"时期,借贷记账法被视为资本主义的东西而停止使用,转而改用"增减记账法"。1978年,葛家澍教授一篇题为"必须替'借贷记账法'恢复名誉"的文章,"打响了会计界拨乱反正的第一枪",由此而引发了新一轮关于记账方法的讨论,讨论的结果是为借贷记账法恢复了名誉,并得以在我国经济改革实践中,在不同行业与部门逐渐恢复使用:1979年,财政部于1980年9月颁布自1981年1月1日起实施的《国营工业企业会计制度——会计科目和会计报表》中明确要求,国营工交企业推行借贷记账法替代其早前使用的增减记账法;1986年,商业部要求国营商业企业开始推行借贷记账法替代其早前使用的增减记账法;1987年,农业部要求国营农业企业推行借贷记账法替代其早前使用的增减记账法;1990年,农业部农村合作经营管理总站要求农村全面推行借贷记账法替代其早前使用的财产收付记账法;1992年11月30日,财政部发布《企业会计准则》明确规定"会计记账采用借贷记账法",1993年7月1日起我国企业即全面实行借贷记账法;1997年7月17日财政部发布并于1998年1月1日实施的《事业单位会计制度》中,要求事业单位全面实行借贷记账法以替代其早前一直使用的资金收付记账法。至此,我国才形成了统一使用借贷记账法的局面。

二、借贷记账法的基本内容

借贷记账法是目前世界上通用的记账方法,也是本书重点介绍的记账方法。借贷记账法的基本内容通常包括以下几个方面:

1. 以"借"和"贷"作为记账符号

借和贷已经失去原来的字面含义,成了专门的记账符号。

由于我们所要记录的是经济业务发生所引起会计要素的数量变动,而这种变动无非是增加和减少这两种情况,因此,还必须给借和贷一定的含义。在借贷记账法下,借和贷的含义不固定,借和贷的具体含义取决于账户所反映的经济内容,一般以"借"表示资产和成本、费用的增加,负债、所有者权益和收入、利润的减少;以"贷"表示负债、所有者权益和收入、利润的增加,资产和成本、费用的减少。

2. 以"有借必有贷,借贷必相等"作为记账规则

记账规则,指的是将发生的经济业务记入相关账户的技术性约定,它也是检查与核对账目的基本尺度。借贷记账法的记账规则被概括为"有借必有贷,借贷必相等"。这一规则可进一

步地延伸为:任何一笔经济业务发生后,一方面要记入一个(或者几个)账户的借方,同时应当记入几个(或者一个)账户的贷方,记入其一个(或者几个)账户借方的金额与同时记入几个(或者一个)账户贷方的金额必然相等。

3. 以借方金额等于贷方金额作为试算平衡公式

验证记账的结果是为编制财务报表做技术准备,验证后的结果也可为编制财务报表提供基础信息。为保证一定时期账户记录的正确性,企业需要在会计期末根据记账规则对账户记录进行综合试算平衡。借贷记账法是对每笔经济业务都以相等的金额在相互对应的账户的借方和贷方进行登记的,因此,在一个会计期间内发生的经济业务全部入账后,所有账户的本期借方发生额的合计数与所有账户的本期贷方发生额的合计数必然相等,所有账户的借方期末余额合计数与所有账户的贷方期末余额合计数也必然相等。

全部账户本期借方发生额合计 = 全部账户本期贷方发生额合计

全部账户借方期末余额合计 = 全部账户贷方期末余额合计

三、借贷记账法账户结构

在借贷记账法下,任何账户都可分为借方和贷方两个基本部分。所有账户的借方和贷方都要按相反的方向记录,即一方登记增加金额,一方登记减少金额,而不是所有账户的增加或减少的金额都登记在一个方向上。至于哪一方登记增加金额,哪一方登记减少金额,则取决于账户所要反映的经济内容是资产与成本费用支出,还是负债、所有者权益与收入。

在实际工作中,账户是在账簿中开立的,账簿是账户的载体。账户在账页上的格式如表3-1所示。

账户名称(会计科目)　　　　　　　　　　　　　　　　表3-1

年		凭证号数	摘要	借方	贷方	借或贷	余额
月	日						

为便于学习,我们将上列账户基本格式略去了有关栏次,用一种简化的格式表示,俗称"丁字账",如图3-1所示。

图3-1　账户的简化格式

1. 资产类账户的结构

资产类账户的结构:借方登记增加额,贷方登记减少额,期末如有余额,一般为借方余额,表示期末资产余额。资产账户的结构如图3-2所示。

每个账户中记录的金额可以分为期初余额、本期增加额、本期减少额和期末余额。本期增加额是指一定时期(如月份、季度或年度)内账户所登记的增加金额合计;本期减少额是指一定时期内账户所登记的减少金额合计;本期增加额和本期减少额相抵后的差额与期初余额相加即为本期的期末余额,也就是在一定时期的期末未结出的账户余额;本期的期末余额转入下期,即为下期的期初余额。

借方	资产类账户	贷方
期初余额×××		
本期增加额×××		本期减少额×××
本期发生额×××		本期发生额×××
期末余额×××		

图 3-2 资产账户的结构

资产类账户期末余额的计算公式为:

期末余额(借方) = 期初余额(借方) + 本期借方发生额 - 本期贷方发生额

2. 负债及所有者权益类账户

负债及所有者权益类账户的结构与资产类账户正好相反,其贷方登记负债及所有者权益的增加额,借方登记负债及所有者权益减少额;余额在贷方。

负债及所有者权益类账户的结构如图 3-3 所示。

借方	负债及所有者权益类账户	贷方
本期减少额×××		期初余额×××
		本期增加额×××
本期发生额×××		本期发生额×××
		期末余额×××

图 3-3 负债及所有者权益类账户结构

负债及所有者权益类账户的期末余额的计算公式如下:

期末余额(贷方) = 期初余额(贷方) + 本期贷方发生额合计 - 本期借方发生额合计

3. 收入类和费用类账户

根据扩展后的会计等式"资产 + 费用 = 负债 + 所有者权益 + 收入"可知,费用支出类账户与资产类账户具有共同的性质,收入类账户与负债及所有者权益类账户具有共同性质。具体来说就是:收入类账户的增加额记入账户的贷方,减少额记入账户的借方;费用支出类账户的增加额记入账户的借方,减少额记入账户的贷方。

收入类和费用类账户同属于损益类科目,期末应将本期发生额全部结转到"本年利润"账户,进行损益的计算。结转后这两类账户期末余额为零,即无余额。

收入类账户和费用支出类账户的简化格式见图 3-4、图 3-5。

借方	收入类账户	贷方
本期减少额、转销额×××		本期增加额×××
本期发生额×××		本期发生额×××

图 3-4 收入类账户的简化格式

借方	费用支出类账户	贷方
本期增加额×××		本期减少额、转销额×××
本期发生额×××		本期发生额×××

图 3-5　费用支出类账户的简化格式

4. 成本类账户

成本与费用并无本质区别,成本类账户如有余额则表示期末尚未完工的在产品,因此,成本类账户的结构与资产类、费用类账户基本相同,账户的借方登记所发生成本的增加额,贷方登记成本的转销额。期末如有余额,应在借方。其简化格式见图 3-6。

借方	成本类账户	贷方
期初余额×××		
本期增加额×××		本期减少额×××
本期发生额×××		本期发生额×××
期末余额×××		

图 3-6　成本类账户的简化格式

成本类账户的期末余额计算公式与资产类账户相同。

5. 双重性质账户的结构

由于"借"、"贷"记账符号对会计等式两方的会计要素规定了增减相反的含义,因此,可以设置既有资产性质,又有负债性质的具有双重性质的账户。如"应收账款"和"预收账款"可以合并为一个账户,"应付账款"和"预付账款"也可以合并为一个账户。

双重性质账户的性质不是固定的,应根据账户余额的方向来判断。如果余额在借方就是资产类账户,如果余额在贷方就是负债类账户。具有双重性质的账户只是少数,绝大多数账户的性质仍是固定的。

四、会计分录

根据记账规则登记每项经济业务时,在有关账户之间就建立起应借、应贷的相互关系。账户间的这种相互关系称为账户的对应关系。存在对应关系的账户称为对应账户。通过账户的对应关系可以了解经济业务的内容和来龙去脉。例如,收回红光公司前欠货款 100 000 元存入银行。对这项经济业务应记入"银行存款"账户借方 100 000 元,"应收账款"账户贷方 100 000 元,因此这项经济业务使"银行存款"和"应收账款"这两个账户之间发生了对应关系,这两个账户称为对应账户。

对每项经济业务,都应确定账户的对应关系,为了保证账户对应关系的正确性,在经济业务记入账户前,应当根据经济业务所涉及的账户及其借贷方向和金额,编制会计分录。

会计分录是指对某项经济业务标明其应借应贷账户及其金额的记录,简称分录。当然在实际工作中,这项工作一般是通过编制记账凭证来完成的。

【例 3-1】(编制会计分录)从银行提取现金 100 000 元备发工资。

编制的会计分录列示如下:

借:库存现金　　　　　　　　　　　　　　　　　　　　　　　　　　　　　100 000
　　贷:银行存款　　　　　　　　　　　　　　　　　　　　　　　　　　　　100 000

不难发现,会计分录有三个基本要素:借贷的记账符号、确定的会计科目、相等的应记金额。

在编制会计分录时,大家应注意以下几点:

(1)会计分录的列示方法应是上下排列,左右错开;

(2)会计分录的借方在上面,贷方在下面;借方在左,贷方在右(包括文字和金额)。

1.会计分录的编制步骤

(1)分析经济业务涉及的是资产(费用、成本)还是权益(收入);

(2)确定涉及哪些账户,是增加还是减少;

(3)确定记入哪个(或哪些)账户的借方、哪个(或哪些)账户的贷方;

(4)确定应借应贷账户是否正确,借贷方金额是否相等。

2.会计分录的分类

会计分录按所涉及账户的多少,可分为简单分录和复合分录两种。简单会计分录指只涉及一个账户借方和另一个账户贷方的会计分录,即一借一贷的会计分录;复合会计分录指由两个以上(不含两个)对应账户所组成的会计分录,即一借多贷、一贷多借或多借多贷的会计分录。

实际上,复合分录是由若干个简单分录合并而成的。编制复合会计分录,既可以集中反映某项经济业务的全面情况,又可以简化记账手续。但需要指出的是,由于多借多贷的会计分录不能清晰地了解经济业务的内容和账户的对应关系,所以,在会计核算中,一般不编制或少编制多借多贷的会计分录。

【**例 3-2**】(编制会计分录)某公司 2013 年 6 月份有关账户期初余额见表 3-2。

账 户 余 额 表　　　　　　　　　表 3-2
2013 年 6 月 1 日　　　　　　　　　单位:元

账户名称	借　方	贷　方	账户名称	借　方	贷　方
库存现金	1 500		短期借款		15 000
银行存款	50 000		应付账款		40 000
原材料	250 000		实收资本		1 000 000
固定资产	753 500		合计	1055 000	1055 000

该公司 6 月份发生下列业务:

(1)7 日采购原材料,价款 10 000 元,款项通过转账支票支付,材料尚未验收入库。不考虑增值税等因素。

(2)8 日收到鸿海公司作为投资的货币资金 2 500 000 元,已存入银行账户。

(3)9 日向银行借入期限为 8 个月的借款 25 000 元。

(4)10 日办公室小李来预借差旅费 1 000 元,以现金支付。

(5)11 日从银行提取现金 50 000 元备发工资。

(6)12 日用现金发放职工工资 50 000 元。

(7)13 日购入机器设备一台,价值 32 500 元,以银行存款支付。

(8)14 日用银行存款 25 000 元归还以前欠款。

(9)15日,之前7日号购的原材料验收入库。
根据以上资料分析编制会计分录:
(1)这项经济业务涉及两个账户,"在途物资"(实际成本采购材料)和"银行存款",它们都属于资产类账户,且该项经济业务导致"原材料"增加10 000元,"银行存款"减少10 000元,"在途物资"账户金额的增加应该记入借方,"银行存款"账户减少应该记入贷方。

借:在途物资   10 000
  贷:银行存款   10 000

(2)这项经济业务涉及两个账户,一个是资产类的"银行存款"账户,一个是所有者权益类的"实收资本"账户。并且导致"银行存款"账户金额增加2 500 000元,"实收资本"账户金额增加2 500 000元。"银行存款"账户增加应该记入借方,"实收资本"账户增加应该记入贷方。

借:银行存款   2 500 000
  贷:实收资本——鸿海公司   2 500 000

(3)这项经济业务涉及两个账户,一个是资产类的"银行存款"账户,一个是负债类的"短期借款"账户。并且导致"银行存款"账户金额增加25 000元,"短期借款"账户金额增加25 000元。"银行存款"账户增加应该记入借方,"短期借款"账户增加应该记入贷方。

借:银行存款   25 000
  贷:短期借款   25 000

(4)这项经济业务涉及两个账户,"其他应收款"和"库存现金",它们都属于资产类账户,且该项经济业务导致"其他应收款"增加1 000元,"库存现金"减少1 000元,"其他应收款"账户金额的增加应该记入借方,"库存现金"账户减少应该记入贷方。

借:其他应收款——小李   1 000
  贷:库存现金   1 000

(5)这项经济业务涉及两个账户"库存现金"和"银行存款",它们都属于资产类账户,且该项经济业务导致企业库存现金增加50 000元,银行存款减少50 000元。因此,应记入"库存现金"借方,"银行存款"贷方。

借:库存现金   50 000
  贷:银行存款   50 000

(6)这项经济业务涉及两个账户,一个是负债类的"应付职工薪酬"账户,一个是资产类的"库存现金"账户。并且导致"应付职工薪酬"账户金额减少50 000元,"库存现金"账户金额减少50 000元。"应付职工薪酬"账户减少应该记入借方,"库存现金"账户减少应该记入贷方。

借:应付职工薪酬   50 000
  贷:库存现金   50 000

(7)这项经济业务涉及两个账户,"固定资产"和"银行存款",它们都属于资产类账户,且该项经济业务导致"固定资产"增加32 500元,"银行存款"减少32 500元,"固定资产"账户金额的增加应该记入借方,"银行存款"账户减少应该记入贷方。

借:固定资产   32 500
  贷:银行存款   32 500

(8)这项经济业务涉及两个账户,一个是负债类的"应付账款"账户,一个是资产类的"银行存款"账户。并且导致"应付账款"账户金额减少25 000元,"银行存款"账户金额减少25 000元。"应付账款"账户减少应该记入借方,"银行存款"账户减少应该记入贷方。

借:应付账款 25 000
　　贷:银行存款 25 000

(9) 这项经济业务涉及两个账户,一个是资产类的"原材料"账户,一个是资产类的"在途物资"账户,并且导致"原材料"账户增加10 000元,"在途物资"账户减少10 000元,"原材料"账户增加应该记入借方,"在途物资"账户减少应该记入贷方。

借:原材料 10 000
　　贷:在途物资 10 000

根据以上会计分录过入账户如图3-7~图3-16所示。

借方	库存现金	贷方
期初余额1 500	(4)1 000	
(5)50 000	(6)50 000	
本期发生额50 000	本期发生额51 000	
期末余额500		

借方	银行存款	贷方
期初余额50 000	(1)10 000	
(2)2 500 000	(5)50 000	
(3)25 000	(7)32 500	
	(8)25 000	
本期发生额2 525 000	本期发生额117 500	
期末余额2 457 500		

图3-7 "库存现金"账户　　图3-8 "银行存款"账户

借方	其他应收款	贷方
期初余额0		
(4)1 000		
本期发生额1 000	本期发生额0	
期末余额1 000		

借方	在途物资	贷方
期初余额250 000		
(1)10 000	(9)10 000	
本期发生额10 000	本期发生额10 000	
期末余额250 000		

图3-9 "其他应收款"账户　　图3-10 "在途物资"账户

借方	固定资产	贷方
期初余额753 500		
(7)32 500		
本期发生额32 500	本期发生额0	
期末余额786 000		

借方	短期借款	贷方
	期初余额15 000	
	(3)25 000	
本期发生额0	本期发生额25 000	
	期末余额40 000	

图3-11 "固定资产"账户　　图3-12 "短期借款"账户

借方	应付账款	贷方
(8)25 000	期初余额40 000	
本期发生额25 000	本期发生额 0	
	期末余额15 000	

借方	应付职工薪酬	贷方
	期初余额0	
(6)50 000		
本期发生额50 000	本期发生额0	
	期末余额50 000	

图3-13 "应付账款"账户　　图3-14 "应付职工薪酬"账户

借方	实收资本	贷方		借方	原材料	贷方
	期初余额 1 000 000			期初余额 0		
	（2）2 500 000			（9）10 000		
本期发生额 0	本期发生额 2 500 000			本期发生额 10 000	本期发生额 0	
	期末余额 3 500 000			期末余额 10 000		

图 3-15 "实收资本"账户　　　　　　图 3-16 "原材料"账户

五、编制试算平衡表

为了确保一定时期内所发生的经济业务能在账户中得到正确反映,在会计实务中往往要求在一定期间终了时根据会计等式的平衡原理,对已经存在的账户进行试算平衡。所谓试算平衡是指通过账户余额或发生额合计数之间的平衡关系,检验记账工作正确与否的一种方法。通过试算平衡,可以检查会计记录的正确性,并可查明出现不正确会计记录的原因,进行调整,从而为会计报表的编制提供准确的资料。

在借贷记账法下,根据借贷复式记账的基本原理,试算平衡的方法主要有两种:本期发生额平衡法和余额平衡法。

试算平衡的基本公式是:

(1)全部账户的借方期初余额合计数等于全部账户的贷方期初余额合计数;

(2)全部账户的借方发生额合计等于全部账户的贷方发生额合计;

(3)全部账户的借方期末余额合计等于全部账户的贷方期末余额合计。

如果上述三个方面都能保持平衡,说明记账工作基本上是正确的,否则就是说明记账工作发生了差错。

在实际工作中,这种试算平衡通常是通过编制试算平衡表来进行的。运用这几个试算平衡公式,我们可得出三组平衡检测的方法,即检测期初余额、本期发生额和期末余额是否平衡。

【例 3-3】(编制试算平衡表)现将以上所举诚浩公司的 9 笔经济业务记入有关总分类账户,并结出各账户本期发生额和期末余额,编制总分类账户发生额及余额试算平衡表见表 3-3。

总分类账户发生额及余额试算平衡表(单位:元)　　　　表 3-3
2013 年 6 月 30 日

账户名称	期初余额		本期发生额		期末余额	
	借方	贷方	借方	贷方	借方	贷方
库存现金	1 500		50 000	51 000	500	
银行存款	50 000		2 525 000	117 500	2 457 500	
其他应收款			1 000		1 000	
在途物资	250 000		10 000	10 000	250 000	
原材料			10 000		10 000	
固定资产	753 500		32 500		786 000	
短期借款		15 000		25 000		40 000
应付账款		40 000	25 000			15 000
应付职工薪酬				50 000		50 000
实收资本		1 000 000		2 500 000		3 500 000
合计	1 055 000	1 055 000	2 703 500	2 703 500	3 555 000	3 555 000

注意：试算平衡表只能够说明记账过程基本正确，并不能够一定保证记账过程完全正确，这是因为有一些记账过程中的错误并不影响借贷双方的平衡，是试算平衡所无法发现的。例如一笔经济业务被漏记或重复登记；记账方向虽然正确，但用错了账户；记账方向彼此颠倒；一笔经济业务的借贷方金额同时出错等。但试算平衡仍是检查账户记录是否正确的一种有效的方法。

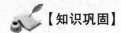【知识巩固】

一、业务题一

1. 目的

采用借贷记账法，运用会计科目，练习编制会计分录并进行试算平衡。

2. 资料

假定某工厂 2011 年 3 月各资产、负债和所有者权益账户期初余额如表 3-4 所示。

某工厂各资产、负债和所有者权益类账户期初余额（单位：元）　　表 3-4

资产类账户	金　额	负债及所有者权益类账户	金　额
库存现金	200	负债	
银行存款	130 000	短期借款	580 000
应收账款	12 000	应付账款	16 500
生产成本	24 000	合计	596 500
原材料	30 000	所有者权益	
其他应收款	300	实收资本	250 000
固定资产	650 000	所有者权益合计	250 000
总计	846 500	总计	846 500

某工厂 3 月发生下列经济业务：

(1) 以银行存款 6 000 元偿还银行借款。
(2) 收到外商投资 100 000 元存入银行。
(3) 以银行存款 2 500 元，偿还前欠某工厂购货款。
(4) 收到购货单位前欠的货款 3 000 元，其中支票 2 700 元存入银行，另收现金 300 元。
(5) 以银行借款 20 000 元购买设备一台。
(6) 采购员预借差旅费 800 元，以现金付讫。
(7) 购进材料一批，计价 15 000 元，以银行存款支付，材料验收入库。
(8) 从银行提取现金 500 元，以备零星开支。
(9) 生产 A 产品领用材料 10 000 元。
(10) 收到某单位投入的设备一台价值 6 000 元。

3. 要求

(1) 根据借贷记账原理，分析确定某工厂 3 月份各项经济业务应借、应贷账户的名称和金额编成会计分录。
(2) 开设各账户登记期初余额、本期发生额，结出期末余额，编制试算平表并进行试算平衡。

二、业务题二

小刘从某财经大学会计系毕业后被聘任为某公司的会计员。8 月 30 日是他来公司上班的第一天,会计科里那些同事们忙得不可开交,一问才知道,大家正在忙于月末结账。"我能做些什么?"会计科长看他那急于投入工作的表情,也想检验一下他的工作能力,就问:"试算平衡表的编制方法在学校学过了吧?""学过。"小刘很自信地回答。"那好吧,趁大家忙别的时候,你先编一下我们公司这个月的试算平衡表。"科长帮他找到了本公司所有的总账账簿,不到一个小时,一张"总分类账户发生额及余额试算平衡表"就完整地编制出来了。看到表格上那相互平衡的三组数字,小刘激动的心情难以言表,兴冲冲地向科长交了差。"呀!昨天车间领材料的单据还没记到账上去呢,这也是这个月的业务啊!"会计员李媚说道。还没等小刘缓过神来,会计员小张手里又拿着一些会计凭证凑了过来,对科长说:"这笔账我核对过了,应当计入原材料和生产成本的是 10 000 元,而不是 9 000 元。已经入账的那部分数字还得改一下。""试算平衡表不是已经平衡了吗?怎么还有错账呢?"小刘不解地问。

讨论:哪些错误在编制试算平衡表时反映不出来?

第四章 复式记账的应用

【学习目标】

本章主要阐述复式记账在工业企业不同类型经济业务核算工作过程中的应用。通过本章的学习,学生应该了解工业企业经营过程各个阶段的核算方法,重点掌握工业企业主要经济业务的账务处理方法。

第一节 工业企业的主要经济业务

相对于其他行业来说,工业企业的生产经营活动比较复杂,业务涉及面较广,其会计核算具有代表性,因此,在基础会计中我们所涉及的业务一般都是以工业企业为例。

工业企业(我们也称之为制造业)是为满足社会需要并获得盈利,从事工业性生产经营活动或工业性劳务活动,自主经营、自负盈亏、独立核算,并且有法人资格的经济组织。工业企业的主要任务是为社会提供合格产品,满足各方面需要。为了独立地进行生产经营活动,每个企业都必须拥有一定数量的经营资金,作为从事生产经营活动的物质基础。这些资金都是从一定的渠道取得的,并在经营活动中被具体运用,表现为不同的占用形态。

工业企业的生产经营过程及资金运动一般分为五个方面:资金筹集活动、材料供应过程的活动、生产过程的活动、销售过程的活动、财务成果的计算和分配活动。

资金筹集活动主要包括两个部分:一是投入资金,即投资人投入资本形成的资金;二是借入资金,即债权人投入资本形成的资金。这些资金首先表现为货币资金形态。企业以货币资金建造或购买厂房、机器设备和各种材料物资,为进行产品生产提供必要的生产资料,这时资金就从货币资金形态转化为固定资金形态和储备资金形态。

材料供应的过程是工业企业生产经营过程的准备阶段。在供应过程中,其主要的经济业务是组织各种材料的采购,支付各项采购费用,计算材料买价和采购费用,确定采购成本。

生产过程的活动是工业企业生产经营过程的第二阶段,在生产过程中,劳动者借助于劳动资料加工劳动对象,制造出各种适合社会需要的产品。在生产过程中发生的各种材料消耗、固定资产折旧费、工资费用以及其他费用等形成生产费用。生产费用具有不同的经济内容和用途,但最终都要分配和归集到各种产品中去,形成产品的制造成本。这时资金就从固定资金、储备资金和货币资金形态转化为生产资金形态,随着产品的制成和验收入库,资金又从生产资金形态转化为成品资金形态。

销售过程企业将产品销售出去,收回货币资金,同时要发生销售费用,计算并交纳有关税费,与产品的购买单位发生货款结算关系等,这时资金从成品资金形态转化为货币资金形态。为了及时总结企业在一定时期内的经营成果,必须定期计算企业所实现的利润或发生的亏损。如为利润,应按照国家有关规定计算并上交企业所得税、提取留存等,一部分资金退出企业,另一部分要重新投入生产周转。如为亏损,还要进行弥补。工业企业主要经济业务流程如图4-1所示。

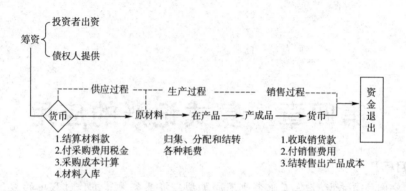

图 4-1 工业企业主要经济业务流程

在上述企业生产经营活动中,资金的筹集和资金的回收或退出企业,与供应过程、生产过程和销售过程首尾相接,构成了企业的主要经济业务。随着企业生产经营活动的进行,资金的占用形态不断转化,周而复始,形成资金的循环与周转。

为了全面、连续、系统地反映和监督由上述企业主要经济业务所形成的生产经营活动过程和结果,也就是企业再生产过程中的资金运动,企业必须根据各项经济业务的具体内容和管理要求,相应地设置不同的账户,并运用借贷记账法,对各项经济业务的发生进行账务处理,以提供管理上所需要的各种会计信息。

第二节 资金筹集业务的核算

资金筹集是企业经营资金运动过程的起点,企业通过吸收投资、向债权人借款等方式筹集企业生产经营所需的资金。其实,投资人投入的资金形成了企业的所有者权益,借入的资金则形成了企业的负债。

一、投入资金的核算

企业按照企业章程、合同或协议的约定接受投资人投入的资金,是企业注册资本总额的来源。资金按其投资主体的不同可分为国家投入资金、法人投入资金、个人投入资金和外商投入资金。投资人投资时可以是以货币形式投入企业,也可以是以实物资产形式投入企业,还可以是以无形资产形式投入企业。投资人投入企业的资金,虽然属于投资人所有,但是在企业生产经营期间内,除法律、法规另有规定外,一般不得抽回。

1. 主要账户的设置

1)"实收资本"账户

实收资本是指投资者按照企业章程或者合同、协议的约定,实际投入企业的资本,用于核算企业实际收到投资人投入资本的增减变动及结果。"实收资本"账户(图4-2)属于所有者权益类账户,借方登记投资人依法抽回投资的数额,贷方登记企业实际收到投资人投入资本的数额,期末余额在贷方,表示企业投资人投入资本的结存数额。该账户应按投资人、投资单位设置明细账。

投资人的投资应按实际投资数额入账。如以货币资金方式投资,企业应按实际收到的款项确认为投入资本的入账依据;如以实物形式或无形资产进行投资,企业则应按双方协商作价的数额或资产评估部门的公允价格确认为投入资本的入账依据。

借方	实收资本	贷方
投入资本的减少	投资者投入的资本额	
	投入资本的实有数额	

图 4-2 "实收资本"账户

2)"资本公积"账户

资本公积是企业收到投资者的超出其在注册资本(或股本)中所占份额的投资,以及直接计入所有者权益的利得和损失等。资本公积是一种准备资本或资本的储备形式,主要用于转增资本或股本。

"资本公积"账户(图4-3)属于所有者权益类账户,主要用来核算企业资本公积的增减变动及结存情况。借方登记资本公积的减少额,贷方登记各种来源资本公积的增加额,期末贷方余额表示资本公积的结余数。该账户应按照资本公积的来源渠道设置"资本溢价"、"股本溢价"、"其他资本公积"等明细账户,进行明细分类核算。

借方	资本公积	贷方
资本公积的减少额	各种来源资本公积的增加额	
	资本公积的结余数	

图 4-3 "资本公积"账户

3)"库存现金"账户

"库存现金"账户(图4-4)属于资产类账户,主要用来核算企业库存现金的增减变动和结存情况。借方登记企业增加的库存现金;贷方登记减少的库存现金;期末借方余额,反映库存现金的实有数。企业应当设置"库存现金日记账",应采用专用的"库存现金日记账",账页格式一般为"三栏式",根据收付款记账凭证,按照业务发生顺序逐日逐笔登记。

借方	库存现金	贷方
库存现金的增加	库存现金的减少	
库存现金的实有数额		

图 4-4 "库存现金"账户

4)"银行存款"账户

"银行存款"账户(图4-5)属于资产类账户,主要用来核算企业银行存款的增减变动和结存情况。借方登记企业存入开户银行的款项;贷方登记银行存款的减少情况;期末借方余额,反映企业银行存款的实际结存数额。企业应该设置"银行存款日记账",应采用专用的"银行存款日记账",账页格式一般为"三栏式",根据收付款记账凭证,按照业务的发生顺序逐日逐笔登记。

借方	银行存款	贷方
银行存款的增加	银行存款的支出	
实际结存的银行存款		

图 4-5 "银行存款"账户

5)"固定资产"账户

"固定资产"账户(图4-6)属于资产类账户,主要用来核算企业固定资产原价的增减变动和结存情况。借方登记企业增加(包括购进、接受投资、盘盈等原因增加)的固定资产原始价值;贷方登记因各种原因减少的固定资产原始价值(包括处置、投资转出、盘亏等原因减少);期末借方余额,表示企业实际持有的固定资产原始价值。该账户应按固定资产的类别和项目设置明细账,进行明细分类核算,适合采用专用的"固定资产及折旧明细账"。

借方	固定资产	贷方
固定资产原始价值的增加		固定资产原始价值的减少
现有固定资产的原始价值		

图4-6 "固定资产"账户

6)"无形资产"账户

"无形资产"账户(图4-7)属于资产类账户,主要用来核算企业持有的无形资产成本的增减变动和结存情况,包括专利权、非专利技术、商标权、著作权、土地使用权等。借方登记取得无形资产的实际成本;贷方登记减少无形资产的实际成本;期末借方余额,表示企业实际持有的无形资产成本。该账户应按无形资产的项目设置明细账,进行明细分类核算,适合采用"三栏式"明细账。

借方	无形资产	贷方
取得的无形资产		无形资产的减少
持有的无形资产成本		

图4-7 "无形资产"账户

2. 投入资金核算的会计处理

企业对投资人投入的现金、实物或无形资产应按实际投资额,即投资各方确认的价值来增加企业的相关资产和"实收资本"账户。

【**例4-1**】企业收到诺顿公司投入企业的资金500 000元,存入银行。

这笔经济业务的发生,引起资产和所有者权益两个要素同时增加。一方面投入资本增加500 000元,应记入"实收资本"账户的贷方;另一方面银行存款增加500 000元,应记入"银行存款"账户的借方。其会计分录如下:

借:银行存款   500 000
    贷:实收资本——诺顿公司   500 000

【**例4-2**】安庆公司向企业投入新设备一台,经评估后,确认价值为280 000元。

这笔经济业务的发生,引起资产和所有者权益两个要素同时增加。一方面安庆公司以固定资产作为资本投入280 000元,应记入"实收资本"账户的贷方;另一方面固定资产增加280 000元,应记入"固定资产"账户的借方。其会计分录如下:

借:固定资产——生产车间机器设备   280 000
    贷:实收资本——安庆公司   280 000

【**例4-3**】企业收到李华个人的一项发明专利权作为对企业的投资,评估确认价值为100 000元。

这笔经济业务的发生,引起资产和所有者权益两个要素同时增加。一方面企业资产要素中的无形资产项目增加了100 000元,应记入"无形资产"账户的借方;另一方面企业所有者权益要素中的投资人投入的资金项目也增加了100 000元,应记入"实收资本"账户的贷方。其会计分录如下:

借:无形资产——专利权　　　　　　　　　　　　　　　　　　　　　100 000
　　贷:实收资本——李华　　　　　　　　　　　　　　　　　　　　　100 000

二、借入资金的核算

企业通过向银行或其他金融机构借入的款项,按偿还时间的长短,可分为短期借款和长期借款。

1. 主要账户的设置

1)"短期借款"账户

短期借款是企业向银行等金融机构借入的偿还期限在一年以内(含一年)的各种借款。短期借款一般是企业为维持正常生产经营所需资金或为偿还某项债务而借入的款项。

"短期借款"账户(图4-8)属于负债类账户,借方登记偿还的短期借款额,贷方登记取得的短期借款额,期末余额在贷方,表示期末尚未归还的短期借款实有数额。该账户应按债权人的名称设置明细账户,进行明细分类核算。

借方	短期借款	贷方
到期偿还的短期借款	借入的短期借款	
	尚未偿还的短期借款	

图4-8 "短期借款"账户

2)"财务费用"账户

财务费用是指企业在生产经营过程中为筹集资金而发生的各项费用,包括企业生产经营期间发生的利息支出(减利息收入)、汇兑净损失、金融机构手续费以及筹资发生的其他财务费用,如债券印刷费、国外借款担保费等。

"财务费用"账户(图4-9)属于费用类账户。财务费用发生时,记入该科目的借方,贷方登记转入"本年利润"账户的数额;本账户期末一般无余额。本账户按照费用项目设置明细账,进行明细分类核算,适合采用"借方多栏式"明细账。

借方	财务费用	贷方
本期发生的财务费用(利息支出、汇兑损失、手续费)	取得的利息收入、汇兑收益以及期末结转数	

图4-9 "财务费用"账户

3)"长期借款"账户

长期借款是企业向银行等金融机构借入的偿还期限在一年以上(不含一年)的各种借款。长期借款一般是企业为购入固定资产,扩大生产经营规模而借入的款项。

"长期借款"账户(图4-10)属于负债类账户,贷方登记取得的长期借款的本金和计提的利息,借方登记偿还的长期借款的本金和利息,期末余额在贷方,表示期末尚未归还的长期借款的本金和利息。该账户应按债权人的名称设置明细账户,进行明细分类核算。

借方	长期借款	贷方
到期偿还的长期借款		借入的长期借款及利息
		尚未偿还的长期借款

图4-10 "长期借款"账户

2. 借入资金核算的会计处理

企业在生产经营过程中,难免会遇到资金不足的问题,此时,可以向银行或其他金融机构申请借款。在该种资金筹集方式下,企业从银行或其他金融机构借入的款项,必须按规定办理手续,按合同或协议定期向银行或金融机构支付利息,到期及时归还。

1)短期借款的核算

(1)取得借款的核算。

【例4-4】由于季节性生产的需要,企业7月份临时向建设银行借入200 000元,存入银行,借款期限为6个月,年利率6%。

这笔经济业务的发生,引起资产和负债两个要素同时增加。一方面企业临时借款增加200 000元,应记入"短期借款"账户的贷方;另一方面,企业银行存款增加200 000元,应记入"银行存款"账户的借方。其会计分录如下:

借:银行存款　　　　　　　　　　　　　　　　　　　　　　　200 000
　　贷:短期借款——建行　　　　　　　　　　　　　　　　　　　　200 000

(2)利息的核算。

企业从银行借入的短期借款应支付的利息,在支付期记入"财务费用"。

【例4-5】企业以银行存款归还期限为6个月的短期借款200 000元和当月利息1 000元(200 000×6%÷12)。

这笔经济业务的发生,引起负债和资产两个要素同时减少。一方面"短期借款"减少200 000元和"财务费用"增加1 000元,此处两个账户同时记入借方;另一方面"银行存款"减少201 000元,记入贷方。其会计分录如下:

借:短期借款　　　　　　　　　　　　　　　　　　　　　　　200 000
　　财务费用　　　　　　　　　　　　　　　　　　　　　　　　1 000
　　贷:银行存款　　　　　　　　　　　　　　　　　　　　　　　201 000

2)长期借款的核算

通常情况下,企业在申请长期借款时,无论是申请手续、借款费用还是还款要求,都比短期借款复杂得多。下面仅介绍长期借款取得的会计处理。

【例4-6】企业向中国银行借入期限16个月、年利率8%的借款600 000元。

这笔经济业务的发生,引起资产和负债两个要素同时增加。一方面企业长期借款增加600 000元,应记入"长期借款"账户的贷方;另一方面,企业银行存款增加600 000元,应记入"银行存款"账户的借方。其会计分录如下:

借:银行存款　　　　　　　　　　　　　　　　　　　　　　　600 000
　　贷:长期借款——中行　　　　　　　　　　　　　　　　　　　　600 000

第三节 供应过程业务的核算

俗话说："大军未动,粮草先行。"工业企业为了实现其经营目标,必须将筹集的资金投放到劳动资料和劳动对象上。这期间主要涉及购买原材料及相关采购费用的核算。

一、供应过程业务核算的内容

供应过程是生产的准备阶段。在这个过程中,企业一方面要从供应单位购进各种材料物资,形成生产储备;另一方面要支付材料物资的买价、采购费用和增值税,与供应单位发生结算关系。因此,核算和监督材料的买价和采购费用,确定材料采购成本,核算和监督与供应单位的货款结算,以及核算和监督供应阶段材料储备资金的占用,就构成了供应过程中业务核算的主要工作内容。

二、材料采购成本的确定

取得原材料的方式不同,那么其成本的确定方法及成本构成内容也不同。外购原材料的实际采购成本一般由买价和采购费用构成。为了简化核算,采购人员的差旅费不计入材料物资采购成本,直接计入管理费用。材料采购成本项目一般包括下列几项内容:

(1)材料的买价,即供货单位开具发票的金额(企业如为增值税的一般纳税人,购买材料时支付的增值税不能计入采购成本,应计入"应交税费"单独核算。如果属于小规模纳税人,则购买材料时支付的增值税应计入采购成本,本教材如无特殊提示,均为一般纳税人)。

(2)外地运杂费,包括采购材料时发生的运输费、装卸费、保险费、包装费和仓储费等。

其中关于运费的抵扣标准为:2013年8月1日前按运费面值的7%内扣进项税额,2013年8月1日后按不含税价的11%来计算进项税。

(3)运输途中发生的合理损耗,指所购材料在运输途中正常范围内的损耗。

(4)入库前的加工整理挑选费用(包括整理挑选过程中发生的损耗)。

(5)应负担的其他费用,如进口关税等。

上述第(2)项~第(5)项构成采购费用。

三、主要账户的设置

1."在途物资"账户

"在途物资"账户(图4-11)是资产类账户,用来进行企业采用实际成本计价,货款已付,尚未验收入库的各种材料、商品等物资的日常核算。借方登记购入材料、商品的实际成本;贷方登记验收入库的材料、商品的实际成本,其期末借方余额表示企业在途材料、商品等物资的采购成本。该账户应按照供应单位和物资品种进行明细核算。

借方	在途物资	贷方
尚在运输途中的材料物资		验收入库的材料物资
尚在运输途中的材料物资		

图4-11 "在途物资"账户

2."原材料"账户

"原材料"账户(图4-12)是资产类账户,用于核算企业库存各种材料的增减变化和结存情况。借方登记已验收入库材料物资所发生的买价和采购费用数额,即材料实际采购成本,贷方登记发出、领用材料的实际成本;期末余额在借方,表示企业期末库存各种材料物资的实际成本。该账户应按材料的品种、规格、存放地点设置明细账,进行明细分类核算。

借方	原材料	贷方
验收入库材料的实际成本		发出材料的实际成本
实际库存材料的实际成本		

图4-12 "原材料"账户

3."应交税费"账户

"应交税费"账户属于负债类账户,核算企业按照税法规定计算应交纳的各种税费,包括增值税、消费税、营业税、所得税、资源税、土地增值税、城市维护建设税、房产税、土地使用税、车船使用税、教育费附加等。

企业在材料采购环节缴纳的税金主要指增值税。根据《中华人民共和国增值税暂行条例》规定,凡在中华人民共和国境内销售货物或提供加工、修理、修配劳务以及进口货物的单位和个人,应缴纳增值税。按照《中华人民共和国增值税暂行条例》规定,企业购入货物或接受应税劳务支付的增值税(即进项税额),可以从销售货物或提供劳务按规定收取的增值税(即销售税额)中抵扣。一般纳税人按17%或13%的税率计算增值税,但小规模纳税人按销售额的3%计算增值税,不抵扣进项税额。

一般纳税人应纳增值税计算公式如下:

应纳税额 = 当期销项税额 - 当期进项税额

销项税额 = 销售额 × 增值税税率

进项税额为采购时对方开具的增值税专用发票上标明的增值税额。

企业应缴纳的增值税,在"应交税费"下设置"应交增值税"明细账户(图4-13)进行核算,该账户的贷方登记企业销售货物或提供劳务应缴纳的销项税额,借方登记企业购进货物或接受应税劳务支付的进项税额和实际已缴纳的增值税;期末贷方余额表示企业尚未缴纳的增值税。

借方	应交税费——应交增值税	贷方
购买时向供货方支付的进项税额以及实际缴纳的增值税		销售时向购货方收取的销项税额
		应交未交的增值税

图4-13 "应交税费"账户

应交增值税还应分别对"进项税额"、"销项税额"、"出口退税"、"进项税额转出"、"已交税金"等设置专栏进行明细核算。

4."应付账款"账户

"应付账款"账户(图4-14)属于负债类账户,用于核算企业因购买材料、商品和接受劳务供应等经营活动应支付的款项。贷方登记企业因购买材料等原因发生的应付未付的货款数额,借方登记企业实际支付的货款数额;期末余额在贷方,表示企业尚未支付的货款数额。该账户应当按照不同的债权人进行明细核算。

借方	应付账款	贷方
已偿还的应付款项	应付未付的款项	
	尚未偿还的款项	

图 4-14 "应付账款"账户

5."预付账款"账户

预付账款是指企业按照购货合同规定预付给供应单位的款项。"预付账款"账户(图 4-15)属于资产类账户。借方登记企业向供货商预付的货款,贷方登记企业收到所购物品应结转的预付货款,本科目期末借方余额,反映企业预付的款项;期末如为贷方余额,反映企业尚未补付的款项。该账户应按供应商的名称设置明细账,进行明细分类核算。

借方	预付账款	贷方
预付或补付的货款	冲销预付货款或多付的款项	
实际预付的货款	尚未补付的货款	

图 4-15 "预付账款"账户

6."应付票据"账户

"应付票据"账户(图 4-16)属于负债类账户,用来核算企业购买材料、商品和接受劳务供应等而开出、承兑的商业汇票的增减变动及其结存情况。其贷方登记企业开出、承兑的商业汇票款,借方登记到期实际支付的票据款,期末余额一般在贷方,表示尚未到期的应付票据款。在我国,应付票据是在采用商业汇票结算方式下发生的。

借方	应付票据	贷方
到期实际支付的票据款	因购买材料等原因开出的商业汇票	
	尚未到期的应付票据数额	

图 4-16 "应付票据"账户

商业汇票,是指收款人或付款人(或承兑申请人)签发,由承兑人承兑,并于到期日向收款人或被背书人支付款项的票据。商业汇票,按承兑人不同分为商业承兑汇票和银行承兑汇票。如承兑人是银行的票据,则为银行承兑汇票;如承兑人为购货单位的票据,则为商业承兑汇票。商业汇票按是否带息,分为带息票据和不带息票据。带息票据是指按票据上表明的利率,在票据票面金额上加上利息的票据,所以,到期承兑时,除支付票面金额外,还要支付利息。不带息票据是指票据到期时按面值支付,票据上无利息的规定。目前我国常用的是不带息票据。

应付票据的明细核算按照其收款人的姓名和收款单位设明细,并应设置"应付票据备查簿",详细登记每一笔应付票据的种类、号数、签发日期、到期日,票面金额、合同交易号、收款人姓名或收款人单位名称,以及付款日期和金额等。到期付款时,应在备查账簿内逐笔注销。

四、供应过程业务核算的会计处理

1. 钱货两清

钱货两清业务就是一手钱,一手货,钱出去,货进来。

【例4-7】企业购入甲、乙、丙三种材料，货款共计61 000元。其中：甲材料30t，每吨800元，共计24 000元；乙材料50t，每吨500元，共计25 000元；丙材料20t，每吨600元，共计12 000元。增值税税率为17%，计10 370元，全部货款已用银行存款支付。

这项经济业务发生后，引起：

(1)资产要素内部有增有减。一方面"原材料"增加61 000元，记入借方；另一方面"银行存款"减少61 000元，记入贷方；

(2)负债和资产两个要素同时减少。一方面"应交税费"减少10 370元，记入借方；另一方面，"银行存款"减少10 370元，记入贷方。

编制复合会计分录如下：

借：原材料——甲材料　　　　　　　　　　　　　　　　　　24 000
　　　　　——乙材料　　　　　　　　　　　　　　　　　　25 000
　　　　　——丙材料　　　　　　　　　　　　　　　　　　12 000
　　应交税费——应交增值税（进项税额）　　　　　　　　　10 370
　　贷：银行存款　　　　　　　　　　　　　　　　　　　　71 370

2. 货到款未付

【例4-8】企业从远航公司购入丁材料10t，单价1 500元，货款15 000元，增值税税率为17%，记2 550元，远航公司代垫运费550元。材料已验收入库，款项尚未支付。

这项经济业务发生后，引起：

(1)资产和负债两个要素同时增加。一方面"原材料"增加15 550元，记入借方；另一方面"应付账款"增加15 550元，记入贷方；

(2)负债要素内部有增有减。一方面"应交税费"减少2 550元，记入借方；另一方面，"应付账款"增加2 550元，记入贷方。

编制会计分录如下：

借：原材料——丁材料　　　　　　　　　　　　　　　　　　15 550
　　应交税费——应交增值税（进项税额）　　　　　　　　　 2 550
　　贷：应付账款——远航公司　　　　　　　　　　　　　　18 100

3. 款已付货未到

【例4-9】企业从兴达公司购进A材料800kg，增值税专用发票上注明的A材料单价250元，价款200 000元，增值税率为17%，计34 000元。材料装卸费为600元。所有款项均已通过银行转账支付。材料尚在运输途中。

这项经济业务发生后，引起：

(1)资产内部有增有减。一方面"在途物资"增加200 600元，记入借方；另一方面"银行存款"减少200 000元，记入贷方；

(2)负债和资产两个要素同时减少。一方面"应交税费"减少34 000元，记入借方；另一方面，"银行存款"减少34 000元，记入贷方。

编制会计分录如下：

借：在途物资——A材料　　　　　　　　　　　　　　　　　200 600
　　应交税费——应交增值税（进项税额）　　　　　　　　　34 000
　　贷：银行存款　　　　　　　　　　　　　　　　　　　　234 600

4. 以预付款购货

【例4-10】企业预从泰兴公司购入B材料,以银行存款预付泰兴公司购货款30 000元。

这项经济业务发生后,引起资产要素内部有增有减。一方面"预付账款"增加30 000元,记入借方;另一方面"银行存款"减少30 000元,记入贷方。编制会计分录如下:

借:预付账款——泰兴公司　　　　　　　　　　　　　　　　　30 000
　　贷:银行存款　　　　　　　　　　　　　　　　　　　　　　　　30 000

【例4-11】企业收到从泰兴公司购入B材料的增值税专用发票,单价800元,数量900kg,金额720 000元,增值税122 400元,已预付定金,尚欠部分款项,约定次日付款,货物运达企业并验收入库。

这项经济业务发生后,引起企业资产和负债两个要素发生变化。一方面,原材料入库720 000元,应借记"原材料"720 000元;同时,应交增值税122 400元,由卖方代收代缴,应借记"应交税费"账户;另一方面,由于预付定金,结算时应该把价税合计842 400元全部记在预付账款账户的贷方(此时"预付账款"账户出现贷方性质余额,表示应补付的金额)。因此,这笔经济业务编制会计分录如下:

借:原材料——B材料　　　　　　　　　　　　　　　　　　　720 000
　　应交税费——应交增值税(进项税额)　　　　　　　　　　122 400
　　贷:预付账款——泰兴公司　　　　　　　　　　　　　　　　　842 400

5. 材料采购成本计算

在计算采购成本时,材料的买价直接计入该种材料的采购成本。材料采购过程中发生的采购费用,有的是专为采购某种材料物资而发生的,有的是为采购几种材料物资而共同发生的。专为采购某种材料而发生的费用,应直接记入该种材料的采购成本;对于不能直接归属于某一种材料物资的采购费用,应选择适当的标准,在几种材料之间进行分摊,计入各种材料物资的采购成本。采购费用的分配标准,可以选择采购材料的质量、体积或买价等。

$$采购费用分配率 = \frac{采购费用总额}{某一分配标准总量或总额}$$

某种材料物资应分摊的采购费用 = 某种材料质量(或买价) × 采购费用分配率

材料单位成本 = 材料采购成本 ÷ 材料数量

【例4-12】企业以银行存款支付【例4-7】中甲、乙、丙三种材料的运杂费2 000元,按材料质量比例分配。

材料采购费用分配率 = 2 000 ÷ (30 + 50 + 20) = 20(元/t)

甲材料应分摊的采购费用 = 30 × 20 = 600(元)

乙材料应分摊的采购费用 = 50 × 20 = 1 000(元)

丙材料应分摊的采购费用 = 20 × 20 = 400(元)

这项经济业务发生后,引起资产要素内部有增有减。一方面"原材料"增加2 000元,记入借方;另一方面"银行存款"减少2 000元,记入贷方。编制会计分录如下:

借:原材料——甲材料　　　　　　　　　　　　　　　　　　　　600
　　　　　——乙材料　　　　　　　　　　　　　　　　　　　　1 000
　　　　　——丙材料　　　　　　　　　　　　　　　　　　　　　400
　　贷:银行存款　　　　　　　　　　　　　　　　　　　　　　　2 000

第四节 生产过程业务的核算

一、生产过程业务核算的内容

生产过程是企业重要的生产经营活动。生产过程既是产品的制造过程,又是物化劳动和活劳动的耗费过程。一方面,劳动者借助于劳动资料对劳动对象加工制造产品,以满足社会需要;另一方面,制造产品的过程中必然要发生各种耗费,如消耗各种材料,支付工人工资及福利,使用厂房、机器设备等劳动资料而发生折旧费、修理费等,这些耗费构成了生产费用。与此同时,企业为了销售商品等经营活动,还要发生广告费、借款利息、办公费等各项支出,这些耗费构成了期间费用。费用按是否计入成本可分为计入成本的费用和计入损益的费用。

1.计入成本的费用

计入成本的费用,又称生产费用,是指在生产领域发生的各项耗费,按照其与产品之间的关系,可以分为直接费用和间接费用。

1)直接费用

直接费用是指直接为生产产品或提供劳务而发生的费用,包括直接材料、直接人工和其他直接费用。直接费用直接计入"生产成本"账户。

(1)直接材料,是指直接用于产品生产、构成产品主要实体的原材料、主要材料以及有助于产品形成的辅助材料,包括直接耗用的原材料、辅助材料、外购配件、燃料、包装物等。

(2)直接人工,是指直接参加生产产品的工人工资、福利、奖金、津贴等支出。

(3)其他直接费用,是指直接用于产品生产的、不能归入直接材料和直接人工中的各种耗费,如能够直接计量的生产产品用电、用水的耗费。

2)间接费用

间接费用是指企业各生产单位(分厂、车间)为组织和管理生产所发生的共同费用,如生产车间为组织和管理生产发生的各项费用,包括车间管理人员的工资、福利、奖金、津贴等支出,车间固定资产的折旧费、保险费、车间办公费、水费、电费、电话费、修理费等支出。生产车间发生的间接费用,平时计入"制造费用"账户,月末将全月发生的制造费用按照一定的标准在不同产品中进行分配,结转计入"生产成本"账户。

生产费用按一定种类和数量的产品进行归集,就形成了产品的生产成本。因此,在产品生产过程中费用的发生、归集和分配,以及产品成本的形成,就构成了生产过程核算的主要工作内容。

2.计入损益的费用

计入损益的费用,又称期间费用,是指发生在非生产领域、不计入生产成本,而在发生的会计期间直接计入当期损益的费用,包括销售费用、管理费用和财务费用。

1)销售费用

销售费用是指企业在销售商品过程中发生的运杂费、包装费、展览费和广告费等费用,以及专设的销售机构经费。

2)管理费用

管理费用是指企业行政管理部门为组织和管理生产经营活动而发生的费用。

3)财务费用

财务费用是指企业为筹集生产经营资金而发生的利息支出、汇兑损益以及相关的手续费等各项费用。

二、生产过程业务核算账户的设置

与生产过程业务紧密相关的账户主要包括"生产成本"、"制造费用"、"应付职工薪酬"、"累计折旧"、"库存商品"等账户,但由于分配工资、计提折旧等业务都会牵涉其他部门,因此,在此一并介绍"管理费用"、"销售费用"、"财务费用"等与生产过程有一定关系的账户。

1."生产成本"账户

生产成本是生产单位为生产产品或提供劳务而发生的各项生产费用,包括各项直接费用和制造费用。

"生产成本"账户(图4-17)属于成本类账户,用于核算企业发生的各项直接生产成本和分配计入成本的制造费用。借方登记应计入产品生产成本的直接材料、直接人工以及月末分配计入产品生产成本的制造费用,贷方登记月末转出的完工入库产品的生产成本;期末余额在借方,表示尚未完工的在产品成本。该账户应按产品的种类设置明细分类账户,进行明细核算。

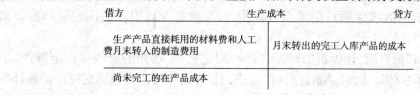

图4-17 "生产成本"账户

2."制造费用"账户

制造费用是产品制造企业为了生产产品和提供劳务而发生的各种间接费用。其主要内容包括车间管理人员的工资及提取的福利费、办公费、水电费等。

"制造费用"账户(图4-18)属于成本类账户,用来归集和分配企业生产车间为生产产品而发生的各项间接费用。借方登记实际发生的各项制造费用,贷方登记月末将制造费用分配计入"生产成本"账户的金额;本账户月末一般无余额。该账户按不同生产车间(分厂)及制造费用的项目设置明细账。

图4-18 "制造费用"账户

3."应付职工薪酬"账户

职工薪酬是指企业为获得职工提供的服务而给予的各种形式的报酬以及其他相关支出,包括职工工资、奖金、津贴和补贴、职工福利费等。

"应付职工薪酬"账户(图4-19)为负债类账户,贷方登记计入本期成本费用的职工薪酬,借方登记实际支付的各种职工薪酬;期末余额在贷方,表示应付但未付职工薪酬的结余数。

借方	应付职工薪酬	贷方
实际支付给职工的各种酬金	分配应支付给职工的各种酬金	
	尚未支付给职工的各种酬金	

图4-19 "应付职工薪酬"账户

本科目应当按照"职工工资"、"职工福利"、"社会保险费"、"住房公积金"、"工会经费"、"职工教育经费"等应付职工薪酬项目进行明细核算。

4."累计折旧"账户

固定资产在使用过程中会发生磨损、消耗，其价值会逐渐减少，这种价值的减少就是固定资产折旧。在管理上要求固定资产账户始终保持固定资产原始价值不变，为此需要设置"累计折旧"账户（图4-20）来反映提取的固定资产折旧。

借方	累计折旧	贷方
固定资产减少时冲销的折旧数	按规定计提的折旧数	
	现有固定资产折旧累计数	

图4-20 "累计折旧"账户

该账户是固定资产账户的调整账户（也叫抵减账户），其结构与固定资产账户相反，贷方登记按月计提的固定资产折旧额（累计折旧的增加额），借方登记出售、报废和毁损固定资产的已提折旧（累计折旧的减少额）；期末余额在贷方，反映企业已提取的固定资产折旧累计数额。

设置"累计折旧"账户后，计提折旧时，不减少"固定资产"账户的金额，"固定资产"账户始终反映固定资产的原值。同时，"累计折旧"账户的贷方余额可以反映固定资产的累计折旧数额。此外，"固定资产"账户的借方余额减去"累计折旧"账户的贷方余额可以得到固定资产的净值。

5."库存商品"账户

库存商品是指工业企业库存的各种完工的产品。

"库存商品"账户（图4-21）是资产类账户。借方登记已经完工入库产品的实际成本，贷方登记出库产品的实际成本；期末余额在借方，表示库存产品的实际成本。该账户按产成品的品种、规格和种类设置明细账。

借方	库存商品	贷方
完工入库产品的实际成本	发出产品的实际成本	
库存产品的实际成本		

图4-21 "库存商品"账户

6."管理费用"账户

管理费用是指企业行政管理部门为组织和管理生产经营活动而发生的各项费用。包括企业在筹建期间发生的开办费、董事会和行政管理部门在企业的经营管理中发生的或者应由企业统一负担的公司经费（包括行政管理部门职工工资及福利费、办公费和差旅费等）、工会经费、董事会费、聘请中介机构费、咨询费（含顾问费）、诉讼费、业务招待费、房产税、车船使用税、土地使用税、印花税、技术转让费、矿产资源补偿费、研究费用、排污费等。

"管理费用"账户（图4-22）是损益类（费用）账户。借方登记发生的各项管理费用，贷方登记转入"本年利润"账户的数额；本账户期末一般无余额。

7."销售费用"账户

企业为了销售产品发生的产品的包装费、广告费等费用，称之为销售费用。销售费用属于期间费用，要由本期收入补偿。

图 4-22 "管理费用"账户

"销售费用"账户(图 4-23)属于损益类(费用)账户,借方登记企业销售产品过程中实际发生的销售费用,贷方登记期末结转到"本年利润"账户借方的数额;本账户期末结转后无余额。

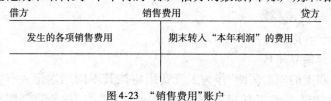

图 4-23 "销售费用"账户

8."财务费用"账户

本账户在企业资金筹集业务中已做介绍,此处不再赘述。

三、生产过程业务核算的会计处理

生产过程的主要经济业务包括:材料费用的归集与核算;人工费用的归集与核算;制造费用的归集、分配与核算;完工产品生产成本的核算等业务。

1. **材料费用的归集与核算**

企业在生产过程中,为了生产产品以及组织和管理企业的经营活动,必然会耗用企业的库存材料。企业耗用的库存材料,一方面使企业的库存材料减少,另一方面增加了企业的各项生产费用。企业发生的材料费用一般应按领用部门和用途进行归集,并按其用途分配计入产品成本或者期间费用。对生产车间直接用于某种产品生产的原材料,可直接计入该产品生产成本明细账中的"直接材料"成本项目;对集中产品共同耗用的原材料,应采用适当的方法,将材料费用在各种产品之间进行分配,分别计入各产品生产成本明细账中;对生产车间间接消耗的原材料,应计入"制造费用"账户;对企业行政管理部门用于其他方面的材料费用,应计入"管理费用"等账户

【例 4-13】企业仓库材料发出汇总表,如表 4-1 所示。

材料发出汇总表　　　　表 4-1

使用用途	A 材料		B 材料		合计(元)
	数量	金额(元)	数量	金额(元)	
产品耗用——甲产品	6 000	12 000	5 000	20 000	32 000
产品耗用——乙产品	4 000	8 000	5 000	20 000	28 000
车间一般耗用	4 000	8 000			8 000
管理部门耗用			1 250	5 000	5 000
销售部门耗用	500	1 000			1 000
合计	14 500	29 000	11 250	45 000	74 000

由表 4-1 可知,此项业务涉及"原材料"、"生产成本"、"制造费用"、"管理费用"和"销售费用"账户。一方面,使企业生产甲、乙两种产品的直接材料费用增加 60 000 元,间接材料费用增加 8 000 元,管理费用增加 5 000 元,销售费用增加 1 000 元,根据其使用用途的不同,应

分别记入"生产成本"、"制造费用"、"管理费用"和"销售费用"账户的借方;另一方面,使企业的库存材料减少74 000元,应记入"原材料"账户的贷方。应编制的会计分录如下:

借:生产成本——甲产品	32 000
——乙产品	28 000
制造费用	8 000
管理费用	5 000
销售费用	1 000
贷:原材料——A材料	29 000
——B材料	45 000

2. 人工费用的归集与核算

企业应支付给职工的职工薪酬,作为工资费用应按其不同用途记入有关成本、费用账户。通常情况下,车间生产人员的工资费用应记入"生产成本"账户;车间管理人员的工资应记入"制造费用"账户;企业行政管理人员的工资费用应记入"管理费用"账户;销售部门人员的工资费用应记入"销售费用"账户。人工费用的具体核算程序包括提取现金、发放工资、分配工资费用、提取福利费等环节。

【例4-14】企业编制的"工资结算汇总表"列明:生产甲产品的生产工人工资40 000元,生产乙产品的生产工人工资30 800元,车间管理人员工资15 000元,厂部管理人员工资20 200元,销售部门人员的工资12 000元。

这笔业务的发生,一方面使企业本期费用要素中的工资费用增加,应根据不同用途,分别记入"生产成本"、"制造费用"、"管理费用"、"销售费用"账户的借方;另一方面,上述工资在结算时,尚未支付,引起负债要素中的应付职工薪酬项目的增加,应记入"应付职工薪酬——工资"账户的贷方。应编制如下的会计分录:

借:生产成本——甲产品	40 000
——乙产品	30 800
制造费用	15 000
管理费用	20 200
销售费用	12 000
贷:应付职工薪酬——工资	118 000

【例4-15】承上例,假定该企业按工资总额的14%提取职工福利费。

根据规定,应付福利费计算如下:

按甲产品生产工人工资计提的福利费 = 40 000 × 14% = 5 600(元)
按乙产品生产工人工资计提的福利费 = 30 800 × 14% = 4 312(元)
按车间管理人员工资计提的福利费 = 15 000 × 14% = 2 100(元)
按厂部管理人员工资计提的福利费 = 20 200 × 14% = 2 828(元)
按销售部门人员工资计提的福利费 = 12 000 × 14% = 1 680(元)

职工福利费与工资核算相同,应根据不同用途分别记入"生产成本"、"制造费用"、"管理费用"、"销售费用"账户的借方;提取的福利费总额,应记入"应付职工薪酬——职工福利"账户的贷方。应编制如下的会计分录:

借:生产成本——甲产品	56 000
——乙产品	4 312

  制造费用 21 000
  管理费用 2 828
  销售费用 1 680
  贷:应付职工薪酬——职工福利费 16 520

【例4-16】企业开出现金支票,从银行提取现金118 000元,准备发放工资。

  这笔经济业务的发生,一方面使企业的库存现金增加,应记入"库存现金"账户的借方;另一方面使企业银行存款减少,应记入"银行存款"账户的贷方。应编制的会计分录如下:

  借:库存现金 118 000
   贷:银行存款 118 000

【例4-17】企业以现金支付工资118 000元。

  这笔经济业务的发生,一方面使企业的应付职工薪酬项目减少,应记入"应付职工薪酬——工资"账户的借方;另一方面使库存现金减少,应记入"库存现金"账户的贷方。应编制的会计分录如下:

  借:应付职工薪酬——工资 118 000
   贷:库存现金 118 000

3. 制造费用的归集、分配与核算

  在生产多种产品的企业,制造费用在发生时一般无法直接判定其应归属的成本核算对象,不能直接计入产品生产成本,而应先在"制造费用"账户进行归集汇总,期末再采用一定的分配标准和方法,分配计入相关产品的生产成本。制造费用是产品生产成本的重要组成部分,正确归集、分配制造费用,关系到产品生产成本计算的准确性。

1)计提固定资产折旧的核算

  固定资产是企业重要的劳动资料,具有单位价值大、价值逐步损耗的特点。企业取得固定资产是由于固定资产在未来能够给企业带来一定的经济利益,这种经济利益是来自于企业对固定资产服务潜能的利用。但是,这种服务潜能是有限的,随着固定资产在生产经济过程中的不断使用,这种服务潜能会逐渐衰退直至消逝。固定资产应通过提取折旧的方式,将其损耗的价值根据其用途的不同分别计入产品成本和期间费用:生产车间使用的固定资产的折旧记入"制造费用"账户的借方;行政管理部门使用固定资产的折旧记入"管理费用"账户的借方;销售部门使用固定资产的折旧记入"销售费用"账户的借方。同时,固定资产的折旧反映固定资产价值的减少,本应记入"固定资产"账户的贷方,但为了反映固定资产的原始价值指标,满足管理上的需要,不直接记入"固定资产"账户的贷方,而是专门设置了一个调整账户——"累计折旧"账户,用来反映固定资产因发生磨损而减少的价值。累计折旧增加意味着固定资产价值的减少,因此,将计提的折旧额记入"累计折旧"账户的贷方,表示固定资产价值的减少。

【例4-18】企业本月计提车间使用固定资产折旧额40 000元,厂部使用固定资产折旧额5 000元,销售部门使用固定资产折旧额1 000元。应编制如下会计分录:

  借:制造费用 40 000
   管理费用 5 000
   销售费用 1 000
   贷:累计折旧 46 000

2)支付其他费用的核算

【例4-19】企业用银行存款支付本月水电费14 000元,其中车间应负担11 000元,行政管理部门应负担2 000元,销售部门应负担1 000元。

这笔经济业务的发生,一方面使车间应负担的间接费用增加,应记入"制造费用"账户的借方,行政管理部门应负担的管理费用增加,应记入"管理费用"账户的借方,销售部门应负担的销售费用增加应记入"销售费用"账户的借方;另一方面使企业的银行存款减少,应记入"银行存款"账户的贷方。应编制的会计分录如下:

借:制造费用　　　　　　　　　　　　　　　　　　　　　　　　11 000
　　管理费用　　　　　　　　　　　　　　　　　　　　　　　　 2 000
　　销售费用　　　　　　　　　　　　　　　　　　　　　　　　 1 000
　　贷:银行存款　　　　　　　　　　　　　　　　　　　　　　14 000

【例4-20】企业用现金900元购买车间的办公用品。

这笔经济业务的发生,一方面使车间应负担的间接费用增加,应记入"制造费用"账户的借方;另一方面使企业的库存现金减少,应记入"库存现金"账户的贷方。应编制的会计分录如下:

借:制造费用　　　　　　　　　　　　　　　　　　　　　　　　　900
　　贷:库存现金　　　　　　　　　　　　　　　　　　　　　　　900

3)制造费用分配的核算

制造费用属于间接费用,月末应按照各种产品的生产工人工资比例、生产工人工时比例、产品产量比例等标准在各种产品之间进行分配,分别计入各产品生产成本。

根据费用项目与分配标准之间的依存关系,制造费用的分配标准一般有:产品生产工时、产品机器工时、生产工人工资、产品的产量等。企业可以根据自身管理的需要、产品的特点等选择合适的分配标准,做到科学、合理,使其能够比较确切地体现各承担对象对应分配的费用与收益的比例关系。但是,标准一经确定,就应遵循可比性原则的要求,不得随意变更。其计算公式如下:

制造费用分配率 = 制造费用总额 ÷ 各种产品耗用工时(机器工时、工资等)之和

某种产品应分配的制造费用 = 该产品耗用工时(机器工时、工资等) × 分配率

【例4-21】企业将在"制造费用"账户中归集的间接费用,按生产工时的比率分配计入甲、乙两种产品的成本。

承前例,本月归集的制造费用总额为77 000元,甲产品生产工时为40 000h,乙产品生产工时为30 000h,制造费用分配如下:

分配率 = 77 000 ÷ (40 000 + 30 000) = 1.1(元/h)

甲产品应分配的制造费用 = 40 000 × 1.1 = 44 000(元)

乙产品应分配的制造费用 = 30 000 × 1.1 = 33 000(元)

根据以上结果,编制"制造费用分配表",如表4-2所示。

制造费用分配表　　　　　　　　　　　　　　　　表4-2

产品名称	分配标准(工时)	分配率	分配金额(元)
甲产品	40 000		44 000
乙产品	30 000		33 000
合计	70 000	1.1	77 000

根据表4-2,编制结转制造费用的会计分录如下:

借:生产成本——甲产品　　　　　　　　　　　　　　　　　　44 000
　　　　　　——乙产品　　　　　　　　　　　　　　　　　　33 000
　　贷:制造费用　　　　　　　　　　　　　　　　　　　　　77 000

经分配结转后,"制造费用"账户无余额。"制造费用"明细分类账户如表4-3所示。

制造费用明细账(单位:元) 表4-3

年		凭证号数	摘要	借方						贷方	余额
月	日			材料	工资	福利费	折旧费	水电费	其他		
略	略	略	车间耗用材料	8 000							8 000
			车间管理人员工资		15 000						23 000
			计提福利费			21 000					25 100
			车间设备计提折旧				40 000				65 100
			车间水电费					11 000			76 100
			办公费用						900		77 000
			结转制造费用							77 000	0
			本月发生额与余额	8 000	15 000	21 000	40 000	11 000	900	77 000	0

4. 完工产品入库的核算

在将制造费用分配由各种产品负担后,"生产成本"账户的借方归集了各种产品所发生的直接材料、直接人工和制造费用的全部内容。产品完工后需验收入库,至此产品的生产过程结束,应将产品所发生的全部费用从"生产成本"账户结转到"库存商品"账户。

【例4-22】企业投产甲产品500件,全部完工,投产乙产品400件,均未完工。甲产品和乙产品成本明细账如表4-4和表4-5所示,结转甲产品的生产成本。

生产成本明细账(单位:元) 表4-4

产品名称:甲产品

年		凭证号数	摘要	借方				贷方	余额
月	日			直接材料	直接人工	制造费用	合计		
略	略	略	期初余额	6 800	3 420	7 000	17 220		17 220
			领用材料	32 000			32 000		49 220
			计算工资		40 000		40 000		89 220
			计提福利费		9 800		9 800		99 020
			结转制造费用			44 000	44 000		143 020
			结转完工产品成本					143 020	0
			本月发生额与余额	38 800	53 220	51 000	143 020	143 020	0

生产成本明细账(单位:元) 表4-5

产品名称:乙产品

年		凭证号数	摘要	借方				贷方	余额
月	日			直接材料	直接人工	制造费用	合计		
略	略	略	领用材料	28 000			28 000		28 000
			计算工资		30 800		30 800		58 800
			计提福利费		4 312		4 312		63 112
			结转制造费用			33 000	33 000		96 112
			本月发生额与余额	28 000	35 112	33 000	96 112		96 112

当甲产品全部加工完毕验收入库时,在甲产品的生产成本明细账中所归集的生产费用就是完工甲产品的总的生产成本。甲产品的生产过程已经完成,因此需要将其"生产成本"结转入"库存商品"。乙产品月末没有完工,下月继续生产,因此,乙产品成本明细账中的 96 112 元,即为月末在产品成本,无须进行账务处理。编制如下会计分录:

借:库存商品——甲产品　　　　　　　　　　　　　　　143 020
　　贷:生产成本——甲产品　　　　　　　　　　　　　　　143 020

第五节　销售过程业务的核算

一、销售过程业务核算的内容

销售过程是企业生产经营活动的最后阶段。在这个阶段,制造企业要将生产过程中生产的产品销售出去,收回货币资金,以保证企业再生产活动的顺利进行。

企业的销售过程,就是将已验收入库的合格产品,按照销售合同规定的条件送交订货单位或组织发运,并按照销售价格和结算制度规定,办理结算手续,及时收取货款、确认收入实现的过程。

在销售过程中,企业一方面取得了销售产品的收入,另一方面还会发生一些销售费用,如销售产品的运输费、装卸费、包装费和广告费等。企业还应当根据国家有关税法的规定,计算缴纳企业销售活动应负担的税金及附加。企业销售产品取得的收入,扣除因销售产品而发生的实际成本、企业销售活动应负担的税金及附加,即为企业的主营业务利润,这是企业营业利润的主要构成部分。除此以外,企业还可能发生一些其他经济业务,取得其他业务收入和发生其他业务成本。

因此,销售过程业务核算的内容,主要包括确定和记录产品销售收入,即因为销售产品而发生的实际成本和销售费用,计算企业销售活动应负担的营业税金及附加,反映企业与购货单位所发生的货款结算情况,考核销售计划的执行情况,监督营业税金及附加的及时缴纳等。通过销售过程业务的核算,促使企业努力增加收入、节约费用,实现尽可能多的营业利润。

二、销售过程业务核算的账户设置

1. "主营业务收入"账户

"主营业务收入"账户(图 4-24)属于损益(收入)类账户,主要核算企业从事某种生产、经营活动所取得的营业收入。贷方登记企业销售商品,提供劳务而取得的收入,借方登记销售退回和在期末接转入本年利润的数额。期末结转后无余额。该账户按销售产品的类别设置明细账。

借方	主营业务收入	贷方
期末转入"本年利润"账户		本期实现的销售收入

图 4-24　"主营业务收入"账户

2. "主营业务成本"账户

"主营业务成本"账户(图 4-25)属于损益(费用)类账户,用来核算企业销售产品等日常活动而发生的成本。它的借方登记从"库存商品"账户结转的已销售产品的实际生产成本;贷方登记期末转入"本年利润"账户的数额,结转后应无余额。该账户也应按产品类别设置明细分类账户。

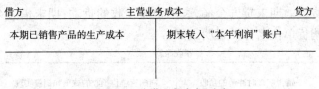

借方	主营业务成本	贷方
本期已销售产品的生产成本	期末转入"本年利润"账户	

图4-25 "主营业务成本"账户

3."营业税金及附加"账户

企业在取得主营业务收入时,应按税法规定的税率计算并缴纳各种营业税金及附加,如消费税、城市维护建设税、教育费附加等。

"营业税金及附加"账户(图4-26)属于损益类(费用)账户,用来核算企业营业税金及附加,包括消费税、城市维护建设税和教育费附加等。借方登记按规定税率计算出的应缴纳的税金及附加,贷方登记月末结转到"本年利润"账户借方的数额,本账户结转后无余额。该账户按经营业务类别、品种设置明细账。

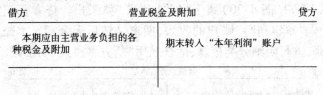

借方	营业税金及附加	贷方
本期应由主营业务负担的各种税金及附加	期末转入"本年利润"账户	

图4-26 "营业税金及附加"账户

4."应收账款"账户

"应收账款"账户(图4-27)属于资产类账户,用来核算企业因销售产品或提供劳务而应向购货单位收取的款项。借方登记应向购货单位收取的销货款,贷方登记已收回的款项。期末余额通常在借方,表示尚未收回的账款。本账户应按照债务人、购货单位或接受劳务单位设置明细账,进行明细分类核算,适合采用"三栏式"明细账。

借方	应收账款	贷方
因赊销而发生的应收账款	已收回的应收账款	
应收而未收回的应收账款		

图4-27 "应收账款"账户

5."应收票据"账户

"应收票据"账户(图4-28)属于资产类账户,用来核算企业因销售商品、提供劳务等而收到的商业汇票,包括银行承兑汇票和商业承兑汇票。借方登记实际收到的商业汇票的票面金额;贷方登记商业汇票到期收到的金额;月末借方余额,表示企业持有的商业汇票的票面金额。本账户应当按照开出、承兑商业汇票的单位进行明细核算,适合采用"三栏式"明细账。

借方	应收票据	贷方
实际收到的商业汇票	商业汇票到期收到的金额	
企业持有的汇票金额		

图4-28 "应收票据"账户

6."预收账款"账户

"预收账款"账户(图4-29)属于负债类账户,用来核算企业按照合同规定预收购货单位的款项。其贷方登记向购货单位预收的款项和销售实现时购货单位补付的款项,借方登记销售实现时冲销的预收货款。期末贷方余额,表示企业预收的货款;期末借方余额,表示企业应收货款。该账户应按购货单位名称设置明细账。

借方	预收账款	贷方
销售实现时冲销的预收货款		向购货单位预收的款项和销售实现时购货单位补付的款项
企业应收货款		企业预收的款项

图4-29 "预收账款"账户

7."其他业务收入"账户

其他业务收入是指企业除商品销售以外的其他销售及其他业务所取得的收入。它包括材料销售、技术转让、代购代销、固定资产出租、包装物出租、运输等非工业性劳务收入。

"其他业务收入"账户(图4-30)属于损益(收入)类账户。贷方登记实现的其他业务收入,借方登记期末转入"本年利润"账户的收入,期末结转后无余额。本账户应按其他业务的收入种类设置明细账,进行明细分类核算,适合采用"贷方多栏式"明细账。

借方	其他业务收入	贷方
期末转入本年利润的金额		本期实现的其他业务收入

图4-30 "其他业务收入"账户

8."其他业务成本"账户

"其他业务成本"账户(图4-31)属于损益(费用)类账户,用来核算企业其他销售或其他业务发生的支出,包括销售成本和发生的相关费用。借方登记发生的其他业务成本,贷方登记期末转入"本年利润"账户的支出,期末结转后该账户无余额。本账户应按其他业务成本的种类设置明细账,进行明细分类核算,适合采用"借方多栏式"明细账。

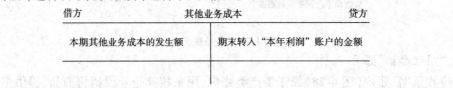

借方	其他业务成本	贷方
本期其他业务成本的发生额		期末转入"本年利润"账户的金额

图4-31 "其他业务成本"账户

三、销售过程业务核算的会计处理

1. 营业收入的核算

企业的营业收入,包括主营业务收入和其他业务收入。主营业务收入是指企业主要经营业务所取得的收入,如制造业企业的产品销售收入、商品流通企业的商品销售收入等,占企业销售收入总额的绝大部分;其他业务收入是指除主营业务收入以外的收入,如销售材料、出租固定资产、转让无形资产等取得的收入,占企业销售收入总额的很小部分。

在企业的销售过程中,通常情况下,销售商品取得的收入应在销售成立时予以确认,并按实际交易金额计价入账。但在实际中,商品交易的形式是多种多样的,交易过程有时也纷繁复杂,且企业实现销售收入的同时应代收代缴购货方应缴纳的税费。因此企业实现的销售收入应记入"主营业务收入"(或"其他业务收入")与"应交税费"账户的贷方,而借方账户根据不同的商品交易方式记入不同的账户:如果以现款交易实现销售收入,则借记"银行存款"账户;如果以赊销的方式实现销售收入,则借记"应收账款"账户;如果以票据交易的方式实现销售收入,则借记"应收票据"账户;如果销货方预收部分款项,则应采用"预收账款"账户对货款进行结算。

下面以某企业20××年12月份发生的经济业务为例,说明销售过程的核算。

【例4-23】企业向宏达公司销售甲产品300件,每件售价420元,共计货款126 000元,增值税税率17%,计21 420元,价税合计147 420元,产品已发出,货款收到存入银行。

这笔经济业务的发生,一方面使企业的银行存款增加147 420元,应记入"银行存款"账户的借方;另一方面也使企业当期实现的主营业务收入增加126 000元,应交增值税销项税额增加21 420元,应记入"主营业务收入"账户的贷方和"应交税费——应交增值税"账户的贷方。应编制的会计分录如下:

借:银行存款　　　　　　　　　　　　　　　　　　　　　　　　147 420
　　贷:主营业务收入——甲产品　　　　　　　　　　　　　　　　126 000
　　　　应交税费——应交增值税(销售税额)　　　　　　　　　　 21 420

【例4-24】企业销售给鑫源公司乙产品200件,单价580元,共计货款116 000元,增值税税率17%,计19 720元,价税合计135 720元,收到货款80 000元,存入银行,其余款项尚未收到。

企业销售了产品虽未收到全部货款,但已取得了向买方收取货款的权利,根据权责发生制原则,应确认主营业务收入。这笔经济业务的发生,一方面使企业的债权增加55 720元,应记入"应收账款"账户的借方,银行存款增加了80 000元,应记入"银行存款"账户的借方;另一方面使企业当期实现的商品销售收入增加116 000元,增值税销项税额增加19 720元,应分别记入"主营业务收入"账户的贷方和"应交税费—应交增值税"账户的贷方。应编制的会计分录如下:

借:银行存款　　　　　　　　　　　　　　　　　　　　　　　　 80 000
　　应收账款——鑫源公司　　　　　　　　　　　　　　　　　　 55 720
　　贷:主营业务收入——乙产品　　　　　　　　　　　　　　　　116 000
　　　　应交税费——应交增值税(销售税额)　　　　　　　　　　 19 720

【例4-25】企业向泰源公司销售甲产品200件,单价420元,共计货款84 000元,增值税税率17%,产品已发出,收到对方签发并承兑的银行汇票一张,票面金额为98 280元。

这笔经济业务的发生,一方面使企业资产要素中的应收票据项目增加了98 280元,应记入"应收票据"账户的借方;另一方面也使企业当期实现的主营业务收入增加84 000元,应交增值税销项税额增加14 280元,应分别记入"主营业务收入"账户的贷方和"应交增值税"账户的贷方。应编制的会计分录如下:

借:应收票据——泰源公司　　　　　　　　　　　　　　　　　　 98 280
　　贷:主营业务收入——甲产品　　　　　　　　　　　　　　　　 84 000
　　　　应交税费——应交增值税(销售税额)　　　　　　　　　　 14 280

【例4-26】企业将库存不需要的D材料出售,增值税专用发票上注明价款22 000元,增值税税率17%,款项已存入银行。

这笔经济业务的发生,一方面使企业因销售一批不需用的材料获得收入,实现了其他业务收入22 000元,应记入"其他业务收入"账户的贷方,增值税销项税额增加3 740元,应记入"应交税费——应交增值税"账户的贷方;另一方面银行存款增加25 740元,应记入"银行存款"账户的借方。应编制如下的会计分录:

  借:银行存款   25 740
    贷:其他业务收入——D材料   22 000
      应交税费——应交增值税(销售税额)   3 740

【例4-27】企业预收远航公司购买乙产品的定金30 000元,款项已通过银行支付。

这笔经济业务的发生,一方面使企业资产要素中的银行存款增加30 000元,应记入"银行存款"账户的借方;另一方面使企业负债要素中的预收账款增加30 000元,应记入"预收账款"账户的贷方。应编制如下会计分录:

  借:银行存款   30 000
    贷:预收账款——远航公司   30 000

【例4-28】承前例,企业预收远航公司款项10日后,向远航公司发出乙产品100件,单价580元,增值税税率17%,双方协议约定其余货款于次日结清。

这笔经济业务的发生,引起收入和负债两个要素同时变动。一方面,发出购货方预定的货物,使企业负债要素中的预收账款项目处于结算状态,应将全部金额67 860元记入"预收账款"账户的借方;另一方面,使企业收入要素中的主营业务收入项目增加58 000元,负债要素中的应交税费——应交增值税项目增加9 860元,应分别记入"主营业务收入"账户的贷方和"应交税费——应交增值税"账户的贷方。应编制如下会计分录:

  借:预收账款——远航公司   67 860
    贷:主营业务收入——乙产品   58 000
      应交税费——应交增值税(销项税额)   9 860

【例4-29】企业收到银行收账通知,鑫源公司支付前欠货款55 720元。

这笔经济业务的发生,一方面使企业资产要素中的银行存款增加55 720元,应记入"银行存款"账户的借方;另一方面使企业资产要素中的应收账款减少了55 720元,应记入"应收账款"账户的贷方。因此,这笔经济业务应编制如下会计分录:

  借:银行存款   55 720
    贷:应收账款——鑫源公司   55 720

【例4-30】企业应收泰源公司银行承兑汇票到期,办理收款手续,收到款项98 280元。

这笔经济业务的发生,一方面使企业资产要素中的银行存款增加98 280元,应记入"银行存款"账户的借方;另一方面使企业资产要素中的应收票据减少了98 280元,应记入"应收票据"账户的贷方。因此,这笔经济业务应编制如下会计分录:

  借:银行存款   98 280
    贷:应收票据——泰源公司   98 280

【例4-31】企业收到远航公司购货预付款不足部分款项37 860元,存入银行。

这笔经济业务发生后引起资产要素和负债要素同时发生变动。一方面,补收货款,使企业资产要素中的银行存款增加37 860元,应记入"银行存款"账户的借方;另一方面,发生预收款项的业务应由"预收账款"账户结算全部购货款项,企业补收的预收账款不足款项37 860元,应记入"预收账款"账户的贷方。因此,这笔经济业务应编制如下会计分录:

借:银行存款   37 860
　　贷:预收账款——远航公司   37 860

2. 营业成本的核算

企业在销售商品、提供劳务取得收入的同时,要计算并结转主营业务成本,与当期的主营业务收入进行配比;在销售材料、出租固定资产、转让无形资产等取得收入的同时,要计算并结转其他业务成本,与当期的其他业务收入进行配比,以便正确计算营业利润。

【例4-32】12月31日,企业结转本月已销的甲、乙两种产品的实际生产成本,本月共销售甲产品500件,单位成本280元,共计140 000元;销售乙产品300件,单位成本306元,共计91 800元。

这笔经济业务的发生,一方面使资产要素中的库存商品项目减少了231 800(140 000 + 91 800)元,应记入"库存商品"账户的贷方;另一方面因销售商品引起费用要素中的主营业务成本项目增加了231 800元,应记入"主营业务成本"账户的借方。因此,该笔经济业务应编制如下会计分录:

借:主营业务成本——甲产品   140 000
　　　　　　　　——乙产品   91 800
　　贷:库存商品——甲产品   140 000
　　　　　　　——乙产品   91 800

【例4-33】企业所出售的库存不需要的D材料的成本为12 000元,结转其成本。

这笔经济业务的发生,一方面使企业因销售一批不需用的材料获得收入,实现了其他业务收入的同时,应结转D材料的成本,使其他业务成本增加12 000元;另一方面也使库存的D材料减少了12 000元。应编制如下会计分录:

借:其他业务成本   12 000
　　贷:原材料——D材料   12 000

3. 营业税金及附加的核算

企业在销售商品的过程中实现了销售收入,应按照税法的规定向国家税务机关缴纳各种税费,主要包括消费税、营业税、城市维护建设税(简称"城建税")、资源税和教育费附加等。这些税金及附加一般应根据企业当月的销售额或税额,按照规定的税率在当月月末计算而在下月初缴纳,因而在计算时,一方面增加了企业的一项费用支出,应记入"营业税金及附加"账户的借方,另一方面形成企业的一项负债,应记入"应交税费"账户的贷方。

【例4-34】12月31日,经计算甲产品应缴纳的消费税为71 000元(假设甲产品为应税消费品),同时计算得出本月应缴纳的城市维护建设税为800元,教育费附加为380元。

这笔经济业务的发生,一方面使企业的营业税金及附加增加了72 180元,应记入"营业税金及附加"账户的借方;另一方面由于税金计算出来后尚未交纳,构成了企业的一项负债,应将应交消费税记入"应交税费——应交消费税"账户的贷方,将应交城市维护建设税记入"应交税费——应交城市维护建设税"账户的贷方,将应交教育费附加记入"应交税费——应交教育费附加"账户的贷方。应编制如下会计分录:

借:营业税金及附加   72 180
　　贷:应交税费——应交消费税   71 000
　　　　　　　——应交城市维护建设税   800
　　　　　　　——应交教育费附加   380

4. 销售费用的核算

销售费用是企业为销售产品而发生的相关费用,如包装费、运输费、装卸费、保险费、展览费、广告费等。

【例4-35】 12月20日,企业以银行存款支付本月产品广告费10 000元。

这笔经济业务的发生,一方面使企业的销售费用增加了10 000元,应记入"销售费用"账户的借方;另一方面使银行存款减少了10 000元,应记入"银行存款"账户的贷方,应编制的会计分录如下:

借:销售费用——广告费　　　　　　　　　　　　　　　　10 000
　　贷:银行存款　　　　　　　　　　　　　　　　　　　　　　　10 000

【例4-36】 12月24日,企业财务科开出转账支票500元,支付由本企业负担的销售甲产品给泰源公司的运杂费。

这笔经济业务的发生,一方面使企业的销售费用增加了500元,应记入"销售费用"账户的借方;另一方面使企业的银行存款减少了500元,应记入"银行存款"账户的贷方。因此,这笔经济业务应编制如下会计分录:

借:销售费用——运杂费　　　　　　　　　　　　　　　　　500
　　贷:银行存款　　　　　　　　　　　　　　　　　　　　　　　　500

第六节　财务成果业务的核算

一、财务成果业务核算的内容

财务成果又称利润,指企业在一定会计期间的经营成果,它是企业在一定会计期间内实现的收入减去费用后的净额。

进行财务成果核算的一个重要任务,就是正确计算企业在一定会计期间内的盈亏。而正确计算盈亏的关键在于正确计算每一个会计期间的收入与费用。广义的收入,不仅包括营业收入,还包括营业外收入、投资收益和计入当期损益的公允价值变动净收益;广义的费用,不仅包括为取得营业收入而发生的各种耗费,还包括营业外支出、所得税费用和资产减值损失。因此,企业在一定会计期间的净利润(或净亏损)是由以下几个部分构成的,其关系式分别如下。

1. 营业利润

营业利润 = 营业收入 − 营业成本 − 营业税金及附加 − 销售费用 − 管理费用 − 财务费用 − 资产减值损失 + 公允价值变动收益 + 投资收益

其中:　营业收入 = 主营业务收入 + 其他业务收入
　　　　营业成本 = 主营业务成本 + 其他业务成本

2. 利润总额

利润总额 = 营业利润 + 营业外收入 − 营业外支出

3. 净利润

净利润 = 利润总额 − 所得税费用

企业实现的净利润,要按照国家有关规定进行分配,提取法定盈余公积金、任意盈余公积金,向投资者分配利润(或弥补亏损)等。因此,确定企业实现的净利润和对净利润进行分配,构成了企业财务成果业务核算的主要工作内容。

二、利润形成的核算

1. 设置和运用的主要账户

为了核算和监督企业利润的形成情况,在会计核算中相应地设置"本年利润"、"营业外收入"、"营业外支出"、"投资收益"、"所得税费用"等账户。

1)"本年利润"账户

"本年利润"账户(图4-32)核算企业在本年度自年初始到本期末止实现的累计利润(或累计亏损)总额。该账户贷方登记本期主营业务和其他业务所取得的收入,借方登记结转的本期主营业务和其他业务的成本、费用、税金、支出,贷方余额为累计利润。期末结转利润时,企业应将"主营业务收入"、"其他业务收入"、"营业外收入"、"投资收益"的贷方余额转入"本年利润"的贷方;将"主营业务成本"、"管理费用"、"财务费用"、"销售费用"、"其他业务支出"、"营业税金及附加"、"营业外支出"、"所得税"、"投资收益"的借方余额转入"本年利润"账户的借方。年度终了,企业应将本年收入和支出相抵后结出的本年实现的利润总额或亏损总额,全部转入"利润分配"账户,结转后本科目应无余额。

借方	本年利润	贷方
转入费用、成本类账户借方余额		转入收入类账户贷方余额
本期发生的亏损		本期实现的利润

图4-32 "本年利润"账户

2)"营业外收入"账户

"营业外收入"账户(图4-33)的性质是损益类账户,其贷方登记各项利得的发生即增加,借方登记期末转入"本年利润"账户的金额。经过结转之后,期末无余额。该账户可按照各项利得的项目设置明细分类账户。

借方	营业外收入	贷方
期末转入"本年利润"账户数额		本期发生的各项营业外收入

图4-33 "营业外收入"账户

3)"营业外支出"账户

"营业外支出"账户(图4-34)的性质是损益类账户,企业应计入当期利润的各种损失和各项公益性捐赠支出均在本科目核算。借方登记各项损失的发生和营业外支出的增加额,贷方登记期末转入"本年利润"账户的金额;经过结转之后,期末无余额。该账户可按照各项损失和营业外支出的项目设置明细分类账户。

借方	营业外支出	贷方
本期发生的各项营业外支出		期末转入"本年利润"账户数额

图4-34 "营业外支出"账户

4)"投资收益"账户

"投资收益"账户(图4-35)属于损益类账户,用来核算和监督企业对外投资实现的收益或发生的损失及其结转情况。其贷方登记实现的投资收益和期末转入"本年利润"账户的投资损失数额,借方登记发生的投资损失和期末转入"本年利润"账户的投资收益数额,期末结转后该账户无余额,该账户应按对外投资的种类设置明细账,进行明细分类核算。

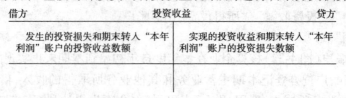

图4-35 "投资收益"账户

5)"所得税费用"账户

所得税费用是指企业经营利润应交纳的所得税。"所得税费用"账户(图4-36)属于损益类账户,用来核算企业确认的应从当期利润总额中扣除的所得税费用。借方登记企业按税法规定的应纳税所得额计算的应纳所得税额;贷方登记企业会计期末转入"本年利润"账户借方的所得税额;结转后本账户应无余额。

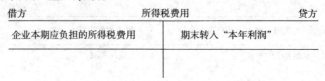

图4-36 "所得税费用"账户

2. 利润形成的会计处理

仍以该企业20××年12月份发生的经济业务为例,说明利润形成的核算。

【例4-37】12月28日,企业收到某单位的违约罚款收入6 000元,存入银行。

该笔经济业务中,企业收到的违约罚款收入属于营业外收入。此项业务涉及"营业外收入"和"银行存款"两个账户,一方面使企业的银行存款增加了3 000元,应记入"银行存款"账户的借方;另一方面使企业的营业外收入增加了3 000元,应记入"营业外收入"账户的贷方。应编制如下的会计分录:

借:银行存款　　　　　　　　　　　　　　　　　　　　　　　　　　6 000
　　贷:营业外收入——罚没利得　　　　　　　　　　　　　　　　　　6 000

【例4-38】12月28日,企业开出转账支票一张,捐赠给市福利院5 000元。

这笔经济业务中,捐赠给市福利院的款项属于营业外支出,应通过"营业外支出"账户核算。此项业务涉及"营业外支出"和"银行存款"另个账户,一方面使企业的对外捐赠增加了5 000元,应记入"营业外支出"账户的借方;另一方面减少了企业的银行存款5 000元,应记入"银行存款"账户的贷方。应编制如下的会计分录:

借:营业外支出——公益性捐赠支出　　　　　　　　　　　　　　　　5 000
　　贷:银行存款　　　　　　　　　　　　　　　　　　　　　　　　　5 000

【例4-39】12月31日,企业收到银行通知,收到对外投资分得的股利112 000元,已收妥入账。

这笔经济业务中,被投资单位分来的股利或利润属于企业对外投资所得的收益,应通过

"投资收益"账户核算。此项业务涉及"银行存款"和"投资收益"两个账户,一方面使企业的银行存款增加112 000元,应记入"银行存款"账户的借方;另一方面使投资收益增加112 000元,应记入"投资收益"账户的贷方。应编制如下的会计分录:

 借:银行存款   112 000
  贷:投资收益——对外投资收益   112 000

期末结账前,将前几笔经济业务中涉及的损益类账户的发生额进行整理,如表4-6所示。

损益类账户发生额汇总表(单位:元)   表4-6

账户名称	借方发生额	贷方发生额	账户名称	借方发生额	贷方发生额
主营业务收入		384 000	营业税金及附加	72 180	
其他业务收入		22 000	管理费用	35 028	
投资收益		112 000	财务费用	1 000	
营业外收入		6 000	销售费用	37 180	
主营业务成本	231 800		营业外支出	5 000	
其他业务成本	12 000		合计	394 188	524 000

【例4-40】12月31日,企业将各项损益收入类账户的本期发生额转入"本年利润"账户。

这笔经济业务的发生,一方面将各项收入予以结转,应记入损益收入类账户的借方;另一方面由于收入的转入使得本年利润增加,应记入"本年利润"账户的贷方。应编制的会计分录如下:

 借:主营业务收入   384 000
   其他业务收入   22 000
   投资收益   112 000
   营业外收入   6 000
  贷:本年利润   524 000

【例4-41】12月31日,企业将各项损益费用类账户的本期发生额转入"本年利润"账户。

这笔经济业务的发生,一方面将各项费用转出,应记入损益费用类账户的贷方;另一方面由于费用的转入使得本年利润减少,应记入"本年利润"账户的借方。应编制的会计分录如下:

 借:本年利润   394 188
  贷:主营业务成本   231 800
   其他业务成本   12 000
   营业税金及附加   72 180
   管理费用   35 028
   财务费用   1 000
   销售费用   37 180
   营业外支出   5 000

【例4-42】企业按25%的所得税税率计算应交所得税。根据"本年利润"账户的借方、贷方发生额计算利润总额。

    利润总额 = 524 000 − 394 188 = 129 812(元)
    应交所得税 = 129 812 × 25% = 32 453(元)

这笔经济业务的发生,一方面使企业的所得税费用增加,应记入"所得税费用"账户的借

方;另一方面应交所得税的债务增加,应记入"应交税费——应交所得税"账户的贷方。应编制的会计分录如下:

  借:所得税费用   32 453
    贷:应交税费——应交所得税   32 453

【例4-43】12月31日,企业将"所得税费用"账户的发生额转入"本年利润"账户。

这笔经济业务的发生,一方面使企业的所得税费用通过结转而减少,应记入"所得税费用"账户的贷方;另一方面应记入"本年利润"账户的借方。应编制的会计分录如下:

  借:本年利润   32 453
    贷:所得税费用   32 453

经上述结转,本期所有的收入和费用全部汇集在"本年利润"账户,通过该账户的贷方余额可确定本期的净利润为 129 812 - 32 453 = 97 359(元)。

三、利润分配的核算

1. 利润分配的顺序

利润分配就是企业根据国家的法律,由董事会或类似权力机构提请股东大会或类似批准机构批准的,对企业可供分配利润指定其特定用途和分配给投资者的行为。利润分配的过程和结果不仅关系到每个股东的权益是否得到保障,而且还关系到企业的未来发展问题。因此,必须做好企业的利润分配工作,正确地对利润分配的具体内容进行会计核算。

企业可供分配的利润是当期实现的净利润,加上年初未分配利润(或减去年初未弥补亏损)后的余额。可供分配的利润一般按下列顺序分配:

(1)提取法定盈余公积。根据有关法律规定,法定盈余公积应按税后净利润的10%提取,作为企业未来发展和生产经营的后备资金。法定盈余公积累计金额超过企业注册资本的50%时,可以不再提取。

(2)提取任意盈余公积。任意盈余公积一般按照股东大会决议提取。

(3)应付现金股利或利润。企业按照利润分配方案分配给股东的现金股利,也包括非股份有限公司分配给投资者的利润。

(4)转作股本的股利。按照利润分配方案以分派股票股利的形式转作股本的股利,也包括非股份有限公司以利润转增的资本。

可供分配利润经上述分配后,为未分配利润,未分配利润可留待以后年度进行分配。企业如发生亏损,可按规定用以后年度利润进行弥补。

2. 设置和运用的主要账户

为了核算和监督企业税后利润(即净利润)的分配以及亏损的弥补情况,在会计核算中相应地设置"利润分配"、"盈余公积"和"应付股利"等账户。

1)"利润分配"账户

"利润分配"账户(图4-37)核算企业利润的分配(或亏损的弥补)和历年分配(或弥补)后的结余额。该账户借方登记利润的分配额;贷方登记年终结转的全年利润及弥补的亏损额;年末余额为历年积存的未分配利润(或未弥补亏损)。

该账户一般应设置"未分配利润"、"提取盈余公积"、"应付利润(或应付股利)"等明细账户。

企业当期实现的全部利润(或亏损)体现在"本年利润"账户中,为了核算和反映企业利润分配的过程和结果,应设置"利润分配"账户,该账户是"本年利润"账户的调整账户(也称抵减账户),其结构与"本年利润"相反。分配利润时记入该账户借方,通过"本年利润"账户贷方余额与"利润分配"账户借方余额对比,可以了解未分配利润的情况。

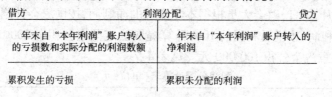

借方	利润分配	贷方
年末自"本年利润"账户转入的亏损数和实际分配的利润数额		年末自"本年利润"账户转入的净利润
累积发生的亏损		累积未分配的利润

图 4-37 "利润分配"账户

2)"盈余公积"账户

该账户核算企业按净利润的一定比例提取的盈余公积。盈余公积依据用途不同可以分为法定公益金和一般盈余公积金,一般盈余公积包括法定盈余公积和任意盈余公积。法定盈余公积专门用于企业职工福利设施的准备,一旦职工福利设施完工,就应将法定公益金转入一般盈余公积中的任意盈余公积。一般盈余公积金可以用于弥补以后年度发生的亏损,也可以转增资本。企业提取的盈余公积金按用途设置明细科目核算。

"盈余公积"账户(图4-38)的性质是所有者权益类账户,用来核算和监督企业提取的盈余公积。贷方登记提取的盈余公积的数额,借方登记盈余公积减少(转增资本或亏损)数额;期末余额在贷方,表示提取的盈余公积结余数。

借方	盈余公积	贷方
用盈余公积弥补亏损、转增资本		从净利润中提取的盈余公积
		盈余公积的结余数

图 4-38 "盈利公积"账户

3)"应付利润(股利)"账户

"应付利润(股利)"账户(图4-39)的性质是负债类账户,用来核算企业向投资者分配的利润。贷方登记按规定分配给投资者的利润,借方登记已支付给投资者的利润;期末余额在贷方,表示企业尚未支付给投资者的利润。

借方	应付利润(股利)	贷方
支付给投资者的现金股利或利润		期末计算按规定分配给投资者的利润
		尚未支付给投资者的利润

图 4-39 "应付利润(股利)"账户

3. 利润分配的会计处理

仍以该企业20××年12月份发生的经济业务为例,说明利润分配的核算。

【例4-44】12月31日,企业将全年实现的净利润自"本年利润"账户结转至"利润分配——未分配利润"账户。经查账,本年利润明细账账户11月末贷方余额1 902 641元。

11月末本年利润贷方余额1 902 641元,说明1~11月实现的净利润是1 495 480元。12月实现的净利润为97 359元。则全年净利润 = 1 902 641 + 97 359 = 2 000 000(元)。这里计算出来的净利润正好等于"本年利润"账户12月末贷方余额。

根据上述分析,该笔经济业务发生后,一方面,到年末,为了结转"本年利润"账户的核算工作,应将本年利润账户余额2 000 000元转出,应记入"本年利润"账户的借方;另一方面,转入本年利润使利润分配——未分配利润增加了2 000 000元,应记入"利润分配——未分配利润"

账户的贷方。因此,应编制如下会计分录:

借:本年利润 2 000 000
　　贷:利润分配——未分配利润 2 000 000

【例4-45】12月31日,财会人员根据本年实现的净利润,按国家会计制度有关规定及董事会决议,计算分配利润,按税后利润的10%计算提取法定盈余公积金200 000元,按照净利润的5%计算提取任意盈余公积100 000元。见表4-7。

利润分配计算表(单位:元)　　　　　　　　　　表4-7

项目	提取比例	金额
一、净利润		2 000 000
二、提取盈余公积		300 000
其中:		
提取法定盈余公积	10%	200 000
提取任意盈余公积	5%	100 000
三、可供投资者分配的利润		1 700 000

该笔经济业务发生后,一方面,使公司可供分配的利润减少了300 000元,应借记"利润分配"账户;另一方面,使公司法定盈余公积增加了200 000元,使任意盈余公积增加了100 000元,应贷记"盈余公积"账户300 000元。因此,该经济业务应作如下会计分录:

借:利润分配——提取法定盈余公积 200 000
　　　　　　——提取任意盈余公积 100 000
　　贷:盈余公积——法定盈余公积金 200 000
　　　　　　　　——任意盈余公积金 100 000

【例4-46】12月31日,根据董事会决议,按全年净利润扣除提取的法定盈余公积和任意盈余公积以后的40%,向投资者分配利润680 000元。

该笔经济业务发生后,一方面,使企业利润分配数额增加680 000元,应记入"利润分配"账户的借方;另一方面,应付未付的利润使企业的负债增加,应记入"应付股利"账户的贷方。因此,该经济业务应作如下会计分录:

借:利润分配——应付现金股利或利润 680 000
　　贷:应付股利——吴长江 680 000

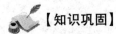【知识巩固】

资料:通达公司2013年3月份发生下列经济业务。

(1)3月1日,收到大明公司从银行划转款项48 000元,此款项为该公司所欠本公司的货款。

(2)3月2日,从银行支付本公司所欠泰达公司的购货款26 000元。

(3)3月3日,从奥博公司购入甲材料400t,单价500元,200 000元,计增值税税率17%,增值税进项税额34 000元,价税合计234 000元,货款从银行支付,材料尚未运到。

(4)3月5日,从三元公司购入乙材料800t,单价100元,计80 000元,增值税税率17%,增值税进项税额13 600元,价税合计93 600元,材料尚未入库,货款尚未支付。

(5)3月6日,甲材料、乙材料送到,且验收入库。

(6)3月7日,收到投资者投入的设备一台,市场价格为80 000元。

76

(7)3月8日,以银行存款上交2月份各项应交税费46 100元。

(8)3月10日,各部门生产A产品领用甲材料300t,价值150 000元,乙材料200t,价值20 000元,B产品领用甲材料100t,价值50 000元,乙材料600t,价值60 000元。车间管理部门领用乙材料30t,价值3 000元,行政管理部门领用甲材料10t,价值5 000元。

(9)3月11日,以银行存款支付三元公司购货款93 600元。

(10)3月12日,销售A产品200台,每台售价3 000元,计600 000元,增值税税率17%,应收增值税销项税额102 000元,价税合计702 000元,款项已收,存入银行。

(11)3月15日,从银行提取现金350 000元,准备发放工资。

(12)3月16日,购买行政部门办公用品450元,以现金支付。

(13)3月19日,销售给大明公司B产品30台,每台售价1 200元,计360 000元,增值税税率17%,应收增值税销项税额61 200元,价税合计421 200元,货款尚未收到。

(14)3月20日,以银行存款支付上笔销售业务的运杂费2 500元。

(15)3月21日,职工张明因公外出预支2 000元,开出现金支票付讫。

(16)3月22日,计提本月固定资产折旧10 000元,其中:车间计提折旧4 800元,公司管理部门计提折旧5 200元。

(17)3月22日,按合同规定,由银行存款归还短期借款150 000元。

(18)3月23日,以银行存款支付广告费20 000元。

(19)3月25日,职工张明出差回来,报销差旅费1 600元,退回现金400元。

(20)3月25日,收到大明公司付来货款421 200元,收到奥博公司付来货款16 500元,货款由银行转入。

(21)3月26日,以银行存款支付短期借款利息3 500元。

(22)3月31日,结转本月职工工资,A产品生产工人125 000元,B产品生产工人100 000元,车间管理人员45 000元,行政管理人员80 000元。

(23)3月31日,按本月职工工资总额的14%计提职工福利费。

(24)3月31日,以现金350 000元,支付本月工资。

(25)3月31日,用银行存款支付车间的办公费及水电费2 500元。

(26)3月31日,分配本月制造费用61 600元,其中A产品负担34 200元,B产品负担27 400元。

(27)3月31日,本月完工A产品210台,单位成本1 600元,完工B产品400台,单位成本600元。

(28)3月31日,结转本月销售A产品200台的实际成本,单位成本1 600元,计320 000元,销售B产品300台的实际成本,单位成本600元,计180 000元。

(29)3月31日,计提本月应交营业税金及附加19 600元。

(30)3月31日,结转本月主营业务收入960 000元。

(31)3月31日,结转本月主营业务成本500 000元,营业税金及附加19 600元,销售费用22 500元,管理费用103 450元,财务费用3 500元。

(32)3月31日,计算本月应交所得税77 737.5元,结转本月所得税77 737.5元。

要求:根据上述业务编制会计分录。

第五章 会计凭证

【学习目标】

填制和审核会计凭证是整个会计核算的起点,是保证会计核算结果真实、可靠、合法的基础。通过本章的学习,学生应该正确理解会计凭证的作用和种类,重点掌握原始凭证、记账凭证的填制和审核技术,了解会计凭证的传递和保管。

第一节 会计凭证概述

一、会计凭证及其种类

所谓会计凭证,是指记录经济业务,明确经济责任,作为记账依据的书面文件。会计凭证按其填制的程序和用途不同,可以分为原始凭证和记账凭证两种,由于企业发生的经济业务多种多样,因而会计凭证在其作用、性质、格式、内容及填制程序等方面,都有各自的特征。

1. 原始凭证

原始凭证是在经济业务发生或完成时取得或填制的,是用来证明经济业务发生或完成情况的最初的书面证明,是记账的根本或原始依据。因此,原始凭证也叫原始单据。

按照《会计法》的要求,一切经济业务发生时都必须如实填制原始凭证,以证实经济业务的发生或完成情况。企事业单位中使用的原始凭证的种类很多,例如购销业务活动中的发票,财产物资收发业务中的出库单、入库单,库存现金收付款业务中的收据、借据,银行结算业务中的各种转账结算凭证等,凡是不能证明经济业务发生和完成情况的各种书面证明,如购料申请单、购销合同、银行对账单等,均不能作为原始凭证据以记账。

(1)原始凭证按其来源不同,分为外来原始凭证和自制原始凭证两种。

①外来原始凭证是指在经济业务发生或完成时,从外单位或个人取得的单据。如供货单位开出的增值税专用发票,其格式如图 5-1 所示,银行结算凭证,收款单位或个人开出的收据,出差人员取得的车票、船票、机票、住宿费单、铁路托运单、运杂费收据等。凡外来原始凭证必须盖有单位的公章或财税机关的统一检章方为有效单据。

②自制原始凭证是指在经济业务发生或完成时,由单位业务经办部门的有关人员填制的单据。如原材料成本计算表(格式见表 5-1)、收料单、产品入库单、领料单、产品出库单、工资结算单、差旅费报销单、制造费用分配表、固定资产折旧计算表等。自制原始凭证需提供给外单位的一联,也应加盖本单位的公章。

(2)原始凭证按其填制手续不同,分为一次凭证、累计凭证和汇总凭证三种。

①一次凭证是指一次只记录一项经济业务或同时记录若干项同类经济业务的原始凭证。如收料单、领料单、制造费用分配表等。一次凭证只需填写一次即完成全部填制手续,作为记账的原始依据。

河北省增值税专用发票

1300011204　　　　　　　　　　　　　　　　　　　　NO. 01593478

全国统一发票监制章
国家税务总局监制

开票日期：2013年12月5日

购货单位	名　　　称：华润标准件厂 纳税人识别号：130403080117 地　址、电　话：石家庄市世纪大道28号 开户行及账号：工行世纪大道办事处	密码区	石家庄市汉光机械厂 发票专用章

货物或应税劳务名称	规格型号	单位	数量	单价	金额	税率	税额
复印机	W2	台	1	80000	80000.00	17%	13600.00
合　　计					￥80000.00		￥13600.00

价税合计（大写）	玖万叁仟陆佰零拾零元零角零分	(小写) ￥93,600.00

销货单位	名　　　称：汉光机械厂 纳税人识别号：21108603078 地　址、电　话：石家庄市和平路　199　号 开户行及账号：工行和办　130403081107	备注	

收款人：李××　　　复核：张××　　　开票人：王××　　　销货单位：(章)

图 5-1　增值税专用发票

原材料成本计算表

表 5-1

2013 年 6 月 25 日

材料类别		月初数			本月购入			合计		
		数量	单价	金额(元)	数量	单价	金额(元)	数量	单价	金额(元)
原材料	铁板	10	2 110	21 100	100	2 000	200 000	110	2 010	221 100
	钢管	5	12 950	64 750	10	13 100	131 000	15	13 050	195 750
	钢板	20	6 200	124 000	20	6 100	122 000	40	6 150	246 000
	套件	10	981	9 810	800	900	720 000	810	901	729 810
	仪表	50	910	45 500	500	800	400 000	550	810	445 500
合计				265 160			1 573 000			1 838 160

会计主管：李××　　　　　　　　　　　　　　　　　　　制单：刘××

②累计凭证是指在一定时期内连续记录若干项同类经济业务的原始凭证，如自制原始凭证中的限额领料单，其格式如表5-2所示。累计凭证的填制手续不是一次完成的，而是随着经济业务的陆续发生分次填写的，只有完成全部填制手续后，才能作为原始凭证据以记账。

从表5-2可以看出，企业对某个用料部门规定了某种材料在一不定期时期（能常为一个月）内的领用限额。每次领料时，在限额料单上逐笔登记，并随时结出限额结余，到月末时，结出本月实际耗用总量和限额结余，送交财务部门，作为会计核算的依据。这样不仅可以预先控制领料，而且可以减少凭证的数量，简化凭证填制的手续。

③汇总凭证是指根据一定时期若干份记录同类经济业务的原始凭证加以汇总编制而成的一种原始凭证。如将记录全月领料业务的领料单加以汇总后编制的发料凭证汇总表，其格式如表5-3所示。

限 额 领 料 单

表5-2

领料单位:加工车间　　　　　　　　　　　　　　　　　　　　　　　编　　　号:限领1
用　　途:生产铜电车线　　　　　　　2013年6月　　　　　　　　　　发料仓库:1号库

材料类别	材料编号	材料名称及规格	计量单位	全月领用限额	实际领用			备注
					数量	单位成本	金额	
原材料	1 107	铜电解质	t	40	40	5 000	200 000	

日期	请领		实发			退回			限额结余
	数量	领料单位负责人签章	数量	发料人	领料人签章	数量	收料人签章	退料人签章	
6月2日	8	高××	8	李××	李××				32
6月12日	10	高××	10	李××	李××				22
6月20日	12	高××	12	李××	李××				10
6月28日	10	高××	10	李××	李××				0
合计			40						

生产计划部门负责人:张××　　　　供应部门负责人:王××　　　　　仓库负责人:李××

发料凭证汇总表

表5-3

年　月　　　　　　　　　　　　　　　　　　　　　　　　　　　　　　　　单位:元

应借科目	应贷科目 金额	生产成本	制造费用	管理费用	在建工程	合计
原材料	原材料及主要材料	13 000	2 000	1 000	4 000	20 000
	辅助材料	2 000	1 000	2 000	5 000	10 000
	修理用备件	4 000	1 000	1 000	4 000	10 000
	燃料	1 000	6 000	2 000		9 000
合计		20 000	10 000	6 000	13 000	49 000

制表:刘××

一张汇总凭证只能汇总同类经济业务,不能汇总两类或两类以上不同类型的经济业务。

2.记账凭证

记账凭证是指会计人员根据审核无误的原始凭证填制的,用来确定经济业务应借应贷会计科目及金额的书面证明,是登记账簿的直接依据。

由于原始凭证来自不同的单位,种类繁多,数量庞大,格式和内容不统一以及原始凭证中只是记录经济业务的实际情况,并未反映使用的会计科目和记账方向,直接根据原始凭证记账容易发生错误,所以在记账前,应认真审核原始凭证,并根据审核无误的原始凭证,按照记账规则,将确定应借、应贷会计科目名称和金额填制到记账凭证中,并据以记账。原始凭证作为记账凭证的附件粘贴在记账凭证之后,这样,不仅可以妥善保管原始凭证,简化记账工作,减少差错,而且便于对账和查账,提高记账工作的质量。

(1)记账凭证按其适用的业务范围不同,分为专用记账凭证和通用记账凭证。其中,专用记账凭证又分为收款凭证、付款凭证和转账凭证。

①收款凭证是用来记录和反映库存现金、银行存款等货币资金收款业务的凭证,它是根据库存现金和银行存款收款业务的原始凭证填制的。其格式和内容如表5-4所示。

收 款 凭 证   表5-4

借方科目:银行存款　　　　　　　　　2013年6月15日　　　　　　　　　　　　收字第10号

摘要	贷方科目		记账符号	金 额									
	总账科目	明细科目		亿	千	百	十	万	千	百	十	元	角	分
销售产品	主营业务收入	甲产品						3	8	0	0	0	0	0
	主营业务收入	乙产品					1	2	5	0	0	0	0	0
	应交税费	应交增值税						2	7	1	0	0	0	0
附单据 贰张	合计					¥	1	9	0	7	1	0	0	0

会计主管:李×× 　　　记账:张×× 　　　出纳:李×× 　　　审核:王×× 　　　制单:刘××

②付款凭证,是指专门用于记录库存现金和银行存款付款业务的会计凭证。付款凭证是根据库存现金和银行存款付款业务的原始凭证填制的,是出纳人员支付款项的依据,也是登记总账、库存现金日记账、银行存款日记账及有关明细账的依据。其格式和内容如表5-5所示。

付 款 凭 证   表5-5

贷方科目:库存现金　　　　　　　　　2013年6月25日　　　　　　　　　　　　付字第20号

摘要	借方科目		记账符号	金 额									
	总账科目	明细科目		亿	千	百	十	万	千	百	十	元	角	分
报销差旅费	管理费用	差旅费								9	0	0	0	0
附单据 壹张	合计								¥	9	0	0	0	0

会计主管:李×× 　　　记账:张×× 　　　出纳:李×× 　　　审核:王×× 　　　制单:刘××

③转账凭证,是指专门用于记录不涉及库存现金和银行存款收付款业务的会计凭证。它是根据相关转账业务的原始凭证填制的,是登记总账和有关明细账的依据。其格式和内容如表5-6所示。

转 账 凭 证   表5-6

2013年6月30日　　　　　　　　　　　　　　　　　　　　　　　　　　　　　　转字第10号

摘要	会计科目		记账符号	借 方 金 额										贷 方 金 额									
	总账科目	明细科目		百	十	万	千	百	十	元	角	分	百	十	万	千	百	十	元	角	分
分配材料	生产成本	甲				2	8	0	0	0	0	0									
	生产成本	乙				4	2	0	0	0	0	0									
	制造费用	材料					1	0	0	0	0	0									
	原材料	圆钢													7	1	0	0	0	0	0
附单据 张	合计				¥	7	1	0	0	0	0	0		¥	7	1	0	0	0	0	0

会计主管:李×× 　　　记账:张×× 　　　审核:王×× 　　　制单:刘××

在实际工作中,经济业务数量较少的企事业单位,为了简单,可以不分收款、付款和转账业务,统一使用同一种格式的记账凭证来记录和反映所发生的各种经济业务,这种记账凭证称为通用记账凭证。其格式和内容如表5-7所示。

通 用 记 账 凭 证

表 5-7
出纳编号：银收 12
2013 年 6 月 25 日　　　　　凭证编号：29

摘要	会计科目		记账符号	借方金额									贷方金额								
	总账科目	明细科目		百	十	万	千	百	十	元	角	分	百	十	万	千	百	十	元	角	分
销售产品款存银行	银行存款				1	9	0	7	1	0	0	0									
	主营业务 收入	甲产品													3	8	0	0	0	0	0
	主营业务 收入	乙产品												1	2	5	0	0	0	0	0
	应交税费	应交增值税														2	7	7	1	0	0
附单据　　张	合计			¥	1	9	0	7	1	0	0	0		1	9	0	7	1	0	0	0

会计主管：李××　　记账：张××　　出纳：李××　　审核：王××　　制单：刘××

（2）记账凭证按其经济业务的反映方式不同，分为单式记账凭证和复式记账凭证两种。

①单式记账凭证也称为单科目凭证，要求把某项经济业务所涉及的会计科目，分别登记在两张或两张以上的记账凭证中，每张记账凭证上只登记一个会计科目，其对方科目只供参考，不按凭证记账。

使用单式记账凭证，便于分工记账和编制科目汇总表。但由于一张凭证不能反映一项经济业务的全貌以及账户的对应关系，所以出现差错后不易查找。

②复式记账凭证也称为多科目记账凭证，要求将某项经济业务所涉及的全部会计科目，集中登记在一张记账凭证中，上述三种专用记账凭证和通用记账凭证都是复式记账凭证，使用复式记账凭证，有利于了解经济业务的全貌，便于查账，减少了记账凭证的数量；不足之处在于不便于分工记账和编制科目汇总表。上述收款凭证、付款凭证和转账凭证均为复式记账凭证。

原始凭证和记账凭证之间存在着密切的联系。原始凭证是记账凭证的基础，是编制记账凭证的依据，是记账凭证的附件；记账凭证是对原始凭证的内容进行整理而编制的，是对原始凭证内容的概括和说明；当某些账户所属的明细账户较多时，原始凭证是登记明细账户的依据，两者关系密切，不可分割。会计凭证的分类如图 5-2 所示。

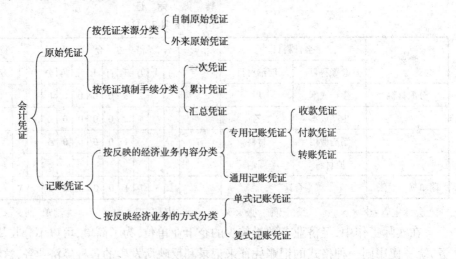

图 5-2　会计凭证的分类

二、填制与审核会计凭证的意义

　　填制与审核会计凭证,是进行会计核算,实行会计监督的一种专门方法。一切会计记录都必须有真凭实据,使会计资料具有客观性,这是会计核算必须遵循的原则,也是会计核算区别于其他经济管理活动的一个重要特点。所以,填制与审核会计凭证就成为会计核算工作的起点。任何经济业务的发生,都必须由经办经济业务的有关人员填制或取得会计凭证,记录经济业务的日期、内容、数量和金额,并由有关人员在凭证上签名盖章,对会计凭证的真实性和正确性负完全责任,只有经过审核无误的会计凭证,才能据以收付款项,动用财产物资,才能作为登记账簿的依据,其意义如下:

　　(1)可以正确、及时地记录经济业务发生或完成的情况,为记账、算账提供原始依据。各经济单位日常发生的每一项经济业务,如资金的取得与运用、生产过程中的各种耗费、财务成果的取得和分配等,既有货币资金的收付,又有财产物资的收发,这些经济业务都需要按其发生的时间、地点、内容和完成的情况,正确及时地填制会计凭证,否则就不可能登记账簿,也不可能提供及时、准确、可靠的其他会计资料。因此,正确填制与审核会计凭证,不仅具有核算和监督经济活动的作用,而且对保证整个会计资料的真实可靠、提高会计工作的质量有着相当重要的意义。

　　(2)可以发挥会计监督的作用,检查经济业务的真实性、正确性和合法性。各经济单位发生的各项经济业务,在会计凭证中都如实地做了记录,经济业务是否真实、正确、合法、合规,都会在会计凭证中得到反映。记账前,必须对会计凭证进行严格的审核,通过审核会计凭证,可以检查各项经济业务是否符合国家的政策、法律、法规和制度,是否符合企业单位的计划和预算,是否给企业单位带来良好的经济效益,有无铺张浪费、贪污盗窃等损害企业财产的行为发生,有无违法乱纪、损害公共利益的行为发生,以达到严肃财经纪律、发挥会计监督作用、加强经济管理、维护市场经济秩序、提高经济效益的目的。

　　(3)可以明确经济责任,加强岗位责任制。由于每一项经济业务的发生,都要由经办人员填制或取得会计凭证,并由有关部门和人员在会计凭证上签章,这样就可以促使经办部门和人员对经济业务的真实性、合法性负责,增强责任感;即使发生问题,也易于弄清情况,分清责任,做出正确的裁决。通过会计凭证的传递,将经办部门人员联系在一起,使之可以互相促进、互相监督、互相牵制。

第二节　填制和审核原始凭证

一、原始凭证的基本内容

　　由于原始凭证记录的经济业务内容多种多样,取得的途径也是多方面的,因此原始凭证的格式和内容也不尽相同。但无论哪一种凭证,都必须具备以下基本内容,这些基本内容称为原始凭证要素。

　　(1)原始凭证的名称,如"增值税专用发票"、"领料单"等。
　　(2)原始凭证的日期和编号。
　　(3)接收凭证单位或个人的名称。
　　(4)经济业务内容摘要。

(5)经济业务中实物的名称、数量、单价和金额。

(6)填制单位名称或填制人姓名。

(7)经办人签名或盖章。

原始凭证除必须具备上述基本内容外,还应该符合一定的附加条件。从外单位取得的原始凭证必须盖有填制单位的公章。这里所说的"公章",是指具有法律效力和特定用途,能够证明单位身份和性质的印鉴,包括业务公章、财务专用章、发票专用章、结算专用章等。不同的行业、单位对票据上的单位公章有不同的要求:从个人那里取得的原始凭证,必须有填制人员的签名或盖章;自制原始凭证必须有经办单位负责人或指定人员的签名或盖章;对外开出的原始凭证,必须加盖本单位公章。

有的原始凭证为了满足计划、业务、统计等职能部门经济管理的需要,还需要列入计划、定额、合同号码等项目,这样可以更加充分地发挥原始凭证的作用。对于在国民经济一定范围内经常发生的同类经济业务,应由主管部门制定统一的凭证格式。例如,我国从1994年1月1日起对企业生产、销售商品和提供劳动普遍征收增值税,必须使用增值税专用发票,由各专业银行统一制定的各种结算凭证,由航空、铁路、公路及航运等部门统一印制的运单、客票等。印制统一的原始凭证,既可以加强对凭证和企业、事业单位经济活动的管理,又可以节约印制费用。

经上级有关部门批准的经济业务,应当将批准文件作为原始凭证附件。如果批准文件需要单独归档,则应当在凭证上注明文件的批准机关名称、日期和文号,以便确认经济业务的审批情况和查阅。

二、原始凭证的填制要求

由于原始凭证是经济业务发生的原始证明,是具有法律效力的书面证明文件,因此,原始凭证的填制必须符合一定的规范。其要求如下:

(1)遵纪守法。经济业务的内容必须符合国家有关政策、法令、规章、制度的要求,凡不符合以上要求的,不得列入原始凭证。

(2)记录真实。原始凭证上记录的日期、经济业务内容和数字金额,必须与经济业务发生的实际情况完全相符,不得歪曲经济业务真相、弄虚作假。对于实物数量、单价和金额的计算,要准确无误,不得匡算或估计。

(3)内容完整。原始凭证中规定的各项目,必须填写齐全,不能遗漏和简略,需要填一式数联的原始凭证,必须用复写纸套写,各联的内容必须完全相同,联次也不得缺少;业务经办人员必须在原始凭证上签名或盖章,对凭证的真实性和正确性负责。

(4)书写清楚。原始凭证填写要认真,文字和数字要清楚,字迹必须工整、清晰,易于辨认。数量、单价和金额的计算必须正确,大小写金额要相符。原始凭证不得随便涂改、刮擦或挖补。有关货币资金收支的原始凭证,如果书写错误,应按规定手续注销、留存,重新填写,并在错误凭证上加盖"作废"戳记,连同存根一同保存,不得撕毁,以免错收、错付,或被不法分子窃取库现金。

(5)编制及时。每笔经济业务发生或完成时,经办人员必须按照有关制度的规定,及时填制或取得原始凭证,并按照规定的程序及时送交会计部门审核、记账,以防止因时过境迁、记忆模糊而出现差错,难以查清。

实务工作中,填制原始证还应遵守以下技术要求:

(1)阿拉伯数字应逐个写清楚,不可连笔书写。阿拉伯数字合计金额的最高位数字前面应写人民币符号"￥",在人民币符号"￥"与阿拉伯数字之间,不得留有空白。以元为单位的金额一律填写到角分,无角分的,角位和分位填写"0",不得空格。

(2)汉字大写金额数字,应符合规定要求,使用既容易辨认,又不容易涂改的正楷字书写,如壹、贰、叁、肆、伍、陆、柒、捌、玖、拾、佰、仟、万、亿、元、角、分、零、整等。不得用一、二(两)、三、四、五、六、七、八、九、十、块、毛、令(0)等字样代替。大写金额前应有"人民币"字样,紧贴"人民币"后书写金额。中间不得留有空白。

(3)阿拉伯金额数字中间有"0"或连续有几个"0"时,汉字大写金额时只写一个零字即可,如5006元,汉字大写金额应为"人民币伍仟零陆元整"。

(4)凡是规定填写大写金额的各种原始凭证,如银行结算凭证、支票、发票、运单、提货单、各种库存现金收支凭证等,都必须在填写小写金额的同时填写大写金额。

(5)支票、汇票等重要票据出票日期必须使用中文大写:零、壹、贰、叁、肆、伍、陆、柒、捌、玖、拾。月份中1月和2月前加零,如零壹月、零贰月;11和12月前加壹,如壹拾壹月、壹拾贰月;10月前加零和壹,如零壹拾月;日期中,1~9日前加零,如5日,应写成零伍日;11~19日前加壹拾,如11日,写成壹拾壹日,10日必须写成零壹拾日,20日、30日前加零,写成零贰拾日、零叁拾日;如2010年2月10日应该写成贰零壹零年零贰月壹拾日。

1. 一次凭证的填制方法

一次凭证的填制手续是在经济业务发生或完成时由业务经办人员一次填制完成的。一般只反映一项经济业务,或者同时反映若干同类性质的经济业务,一次凭证有些是自制原始凭证,如收料单、领料单、制造费用分配表、工资结算单等,有些是外来原始凭证,如增值税专用发票、铁路托运单、运杂费收据、各种银行结算凭证等。

现以收料单和制造费用分配表为例,说明原始凭证的填制方法。

收料单是企业购进材料验收入库时,由仓库保管人员填制的一次性自制原始凭证。企业外购材料,都必须履行验收入库手续,由仓库保管人员根据供应单位开来的发票账单,严格审查验收,对运达的材料质量、数量、规格、型号等认真审核,并按实收数量认真填写收料单。收料单一式三联。一联随发票一起送交财会部门记账,会计据以作为材料增加核算的依据;一联留仓库,据以登记材料物资明细账(卡);一联交采购人员存查,其具体格式及填制方法如表5-8所示。

收 料 单   表5-8

供货单位:××钢厂   凭证编号:0085
发票编号:0758   2013年6月15日   收料仓库:5号库

材料类别	材料编号	材料名称及规格	计量单位	数量		金额(元)				备注
				应收	实收	单价	买价	运输	合计	
型钢	102021	30mm圆钢	kg	2 000	2 000	6.00	1 200	500	12 500	
合计				2 000	2 000		1 200	500	12 500	

仓库保管员:田××   记账:张××   收料:孙××

制造费用分配表是由会计人员在月末计算产品制造成本时,根据制造费用账户借方发生额和确定的分配标准,经过分配计算后填制的一次性原始凭证。它是作为月末分配结转制造费用的记账依据,一般按生产部门或车间分别填制。其具体格式和填制方法如表5-9所示。

制造费用分配表 表5-9

生产车间:一车间　　　　　　　　　　2013年6月30日

产品名称	分配标准(机器工时)	分配率	应分配制造费用(元)
甲产品	80 380	—	43 107.79
乙产品	177 530.40	—	95 208.51
合计	257 910.40	0.536 3	138 316.30

会计主管:张×× 　　记账:王×× 　　审核:李×× 　　制单:程××

外来原始凭证是一次凭证,是由其单位或个人填制的,其具体方法与上述基本相同。

2. 累计凭证的填制方法

累计凭证是一定时期内不断地重复反映同类经济业务的完成情况,由经办人员于每次经济业务完成后在同一张凭证上重复填制而成的。下面通过"限额领料单"的填制实例来说明累计凭证的填制方法,样式见表5-10。

限额领料单 表5-10

领料单位:加工车间　　　　　　　　　　　　　　　　　　　　编号:限领01
用途:生产铜电车线　　　　　　2013年6月　　　　　　　发料仓库:1号库

材料类别	材料编号	材料名称及规格	计量单位	全月领用限额	实际领用			备注
					数量	单位成本	金额	
原材料	1107	铜电解质	t	40	40	5 000	200 000	

日期	请领		实发			退回			限额结余
	数量	领料单位负责人签章	数量	发料人	领料人签章	数量	收料人签章	退料人签章	
6.2	8	高××	8	李××	李××				32
6.12	10	高××	10	李××	李××				22
6.20	12	高××	12	李××	李××				10
6.28	10	高××	10	李××	李××				0
合计			40						

生产计划部门负责人:张×× 　　供应部门负责人:王×× 　　仓库负责人:李××

限额领料单是生产计划部门根据下达的生产任务和材料消耗定额对各用料单位确定一个时期(一般为一个月)内的领料限额,然后将领料限额签发在限额领料单中,用料单位持限额领料单在有效期内,连续多次使用。直到限额用完为止,才完成全部填制手续。

限额领料单一般一料一单,一式两联,其中一联交仓库据以发料,一联交用料单位据以领料。用料单位领料时,在限额领料单内注明请领数量,经负责人签章批准后,持往仓库领料。仓库发料时,根据材料的品名和规格在限额内发料,同时将实发数量及限额结余填写在限额领料单内,并由领、发料双方在单内签章。月末,在限额领料单内结出实发数量和金额转交财会部门,据以归集材料费用,并进行材料减少核算。

使用限额领料单领料,全月不能超过生产计划部门所下达的全月领用限额。如果因生产任务增加需要追加限额时,应经生产计划批准,办理追加限额的手续。如果是由于材料浪费或其他原因超限额用料而急需追加限额时,应由用料单位向生产计划部门提出追回限额申请,经批准后办理限额手续,如果用料单位使用另一种材料代替限额领料单内所列材料时,应另填一张领料单,同时减少限额领料单内的限额结余。

三、原始凭证的审核

为了保证会计资料的真实、准确、完整及符合会计制度的规定,充分发挥会计监督的作用,必须对原始凭证审核无误,才能作为记账的依据。

《中华人民共和国会计法》第十四条规定:"会计机构、会计人员对不真实、不合法的原始凭证有权不予接受,并向单位负责人报告;对记载不准确、不完整的原始凭证予以退回,并要求按照国家统一的会计制度的规定更正、补充。"这条规定为会计人员审核原始凭证提供了法律上的依据。就是说,对原始凭证的审核,主要从审核原始凭证的真实性、合法性、准确性和完整性四个方面进行。

1. 审核原始凭证的真实性

所谓原始凭证的真实性,是指原始凭证所记载的经济业务是否与实际发生的经济业务情况相符合,包括与经济业务相关的当事人单位和当事人是否真实,经济业务发生的时间、地点和填制凭证的日期是否准确,经济业务的内容及其数量方面(包括实物数量,计量单位、单价、金额)是否与实际情况相符,原始凭证真伪等。

2. 审核原始凭证的合法性

所谓原始凭证的合法性,是指原始凭证所记载的经济业务是否合理合法,是否符合国家有关政策、法令、规章和制度的规定,是否符合计划、预算的规定,有无违法乱律的行为,有无弄虚作假、营私舞弊、伪造涂改凭证的现象,各项费用支出是否符合开支范围及开支标准的规定,是否符合增收节支、增产节约、提高经济效益的原则,有无铺张浪费的现象等。

3. 审核原始凭证的准确性

所谓原始凭证的准确性,是指原始凭证的摘要是否填写清楚、日期是否真实、实物数量、单价及金额是否正确,小计、合计及数字大写和小写有无错误,有无刮擦、挖补、涂改和伪原始凭证等情况。外来原始凭证金额不得修改,如有错误,要求出具单位重新开具。

4. 审核原始凭证的完整性

所谓原始凭证的完整性,是指原始凭证是否具备合法凭证所必需的基本内容,这些内容填写是否齐全,有无遗漏的项目,原始凭证的填制手续是否完备,有关单位和经办人员是否签章,是否经过主管人员审核批准,须经政府有关部门或领导批准的经济业务,其审批手续是否按规定履行等。

原始凭证的审核,是一项十分细致而又严肃的工作,必须按照制度要求、坚持原则、严格审核,以确保会计资料的真实、合法、准确和有效;要做到这一点,会计人员就必须熟悉与各种经济业务有关的政策、法令、规章、制度和计划、预算的规定,全面了解和掌握本单位的业务。数字不准确以及填写不清楚的原始凭证,应当退还给有关业务单位或个人,并令其补办手续或进行更正,对于违反有关法令、规章、制度、计划和预算的一切收支,会计人员有权拒绝付款和报销,并向本单位领导报告;如果发现伪造或涂改凭证、弄虚作假、虚报冒领等严重违法乱纪行为,会计人员应扣留原始凭证,并及时向领导汇报,请求严肃处理。

第三节 填制和审核记账凭证

一、记账凭证的基本内容

如前所述,记账凭证种类繁多,格式不一,但其主要作用都在于对原始凭证进行分类、整

理,按照复式记账的要求,运用会计科目,编制会计分录,据以登记账簿。因此,各种记账凭证必须具备以下基本内容:

(1)填制单位的名称(限于单位内部印刷的记账凭证);

(2)记账凭证的名称(如收款记账凭证,付款记账凭证,转账记凭证或通用记账凭证等);

(3)填制凭证的日期,通常用年月日表示;

(4)记账凭证的编号;

(5)经济业务的内容摘要;

(6)经济业务应借、应贷的会计科目(包括一、二级和明细科目)的名称和金额;

(7)所附原始凭证的张数(大写);

(8)制单、审核、记账及会计主管人员的签名或盖章。收付款的记账凭证还应由出纳人员签名或盖章。

二、记账凭证的填制要求

各种记账凭证都必须按照规定的格式和内容及时、正确地填制。填制时要注意格式统一、内容完整、科目运用正确、对应关系清晰、摘要简练、书写清楚工整。具体要求如下:

(1)必须根据审核无误的原始凭证填制记账凭证,会计人员填制记账凭证时,必须依据审核无误的原始凭证所记录的经济业务,经过分析、归类及整理后填制。更正错账的记账凭证中所附单据处应写明"见×年×月×日×号错误凭证";办理结账业务,如结转制造费用,结账损益类账户的记账凭证,应编制自制原始凭证。

(2)准确填写记账凭证的日期。一般的记账凭证,应填写编制凭证当时的日期,但报销差旅费的记账凭证应填写报销当日的日期;库存现金收付款业务的记账凭证应填写库存现金收付当日的日期;银行存款收款业务的记账凭证应填写收到银行进账单或银行回执戳记日期,当实际收到银行进账单的日期与银行戳记日期相隔较远,或次月收到上月银行进账单时,可按财会人员实际办理转账业务的日期填写;银行存款业务的记账凭证,一般以财会人员开出银行存款凭证的日期或承付的日期填写;财会人员自制的计提和分配费用等转账凭证,应当填写当月最后一天的日期。

(3)正确对记账凭证编号。记账凭证在一个月内应当连续编号,目的是为了分清记账凭证的先后顺序,便于登记账簿,以便日后对凭证查核,并防止散失。编号的方法,可以将全部记账凭证作为一类统一编号,每月从第一号记账凭证起,按经济业务发生的先后顺序依次编号;也可以分别按库存现金收入、银行存款收入、库存现金付出、银行存款付出、转账业务分类编号;例如,现收字第×号、现付字第×号、银收字第×号、转字第×号等。但无论按何种方法编号,均应分月按自然数1、2、3……顺序编号,不得跳号或重号。如果一笔经济业务需要编制多张记账凭证时,可采用"分数编号法",并将原使凭证附在最后一张记账凭证后面,在未附凭证的记账凭证上注明单据附在第×号记账凭证上,前面的整数表示业务的顺序号,分数的分母表示本笔经济业务编制了几张记账凭证,分数的分子表示是其第几张凭证。如一笔经济业务需要编制4张转账记账凭证,该笔经济业务的顺序号是50,则第一张的编号为转字第50 3/4 号,第四张的编号为转字第50 4/4 号。

(4)认真填写摘要。记账凭证的摘要栏是对经济业务内容所做的简要说明,也是登记账簿的重要依据。因此,填写摘要时必须针对不同性质经济业务的特点,考虑到登记账簿的需要,正确、认真地填写,不可漏填或错填。填写摘要时,一要认真准确,二要简明扼要,三要书写

工整。具体要求如下:

①货币资金的收付款项,应写明收付款的对象、结算种类、支票号码(后四位)和款项的主要内容。

②财产、物资增减事项,应写明货物名称、计量单位、规格、数量、收付单位简称。品种过多时,可略为类别。

③往来款项,要写明对方单位和款项内容。

④财产损失、待处理财产损益,应写明对象、时间和内容。

⑤调整账目事项,应写明被调整账目的记账凭证日期、编号及调整原因。

(5)一张记账凭证只能反映同一类经济业务,以便使会计科目的对应关系清晰明确。应先写借方科目,后写贷方科目。

(6)会计科目、子目、细目必须按照会计制度统一规定的会计科目填写,不得简化或只写科目的编号。

(7)金额栏数字的填写必须规范、准确,与所附原始凭证的金额相等。

(8)记账凭证按次逐项填写,不得跳行,如果在最后一笔数字与合计数之间有空行,则应在金额栏画斜线或ㄅ(俗称闪电号)形线注销。

(9)记账凭证的附件张数(大写)必须注明,以便查核。如果原始凭证需另行保管时,应在附件栏内加以注明。

(10)记账凭证填写完毕,应进行复核检查,并按借贷记账法的记账规则进行试算平衡,有关人员均要签名盖章。出纳人员根据收款凭证收款,或根据付款凭证付款时,要在凭证上加盖"收讫"或"付讫"的戳记,以免重付,防止差错。

三、记账凭证的填制方法

对每项经济业务,都要根据审核无误的原始凭证,采用复式记账的方法,按照各种记账凭证的格式,遵循填制记账凭证的基本要求,正确地填制记账凭证。下面分别说明各种记账凭证的填制方法。

1.收款凭证的填制方法

收款凭证是用来记录货币资金收款业务的记账凭证,是根据审核无误的有关库存现金和银行存款收款业务的原始凭证填制的。其具体格式和内容见表5-11。

收 款 凭 证 表5-11

借方科目:银行存款　　　2013 年 6 月 15 日　　　收字第 10 号

摘要	贷方科目		记账符号	金　额									
	总账科目	明细科目		亿	千	百	十	万	千	百	十	元	角	分
销售产品	主营业务收入	甲产品						3	8	0	0	0	0	0
	主营业务收入	乙产品					1	2	5	0	0	0	0	0
	应交税费	应交增值税						2	7	7	1	0	0	0
附单据 贰张	合计			¥			1	9	0	7	1	0	0	0

会计主管:李××　　记账:张××　　出纳:李××　　审核:王××　　制单:刘××

在借贷记账法下,收款凭证的设置科目是借方科目。在收款凭证右上方所列的"借方科目"后应填列"库存现金"或"银行存款"科目;收款凭证上方的年、月、日应按编制凭证的日期填写;右上方为记账凭证编号,应按顺序编写,即分别自"银收字第 1 号"、"现收字第 1 号"顺序编写,不得漏号、重号、错号,每月从1号起编号,直至最后1张。"摘要"栏应填写经济业务内容的简要说明,在凭证内所反映的"贷方科目"中应填写与收入库存现金和银行存款相对应的总账科目和明细科目。各贷方科目的金额应填入与本科目同一行的"金额"栏中,"合计"行的金额表求借方科目"银行存款"或"库存现金"的金额。"记账符号"栏应注明记入分类账或日记账的页码,或以"√"代替,表示记账。附件张数应按所附的原始凭证实际张数计算填列。

2. 付款凭证的填制方法

付款凭证是用来记录货币资金付款业务的记账凭证,这是根据审核无误的有关库存现金和银行存款付款业务的原始凭证填制的。其格式和内容见表5-12。

表5-12

付 款 凭 证

贷方科目:库存现金　　　　　　2013年6月25日　　　　　　付字第20号

摘要	借方科目		记账符号	金　额									
	总账科目	明细科目		亿	千	百	十	万	千	百	十	元	角	分
报销差旅费	管理费用	差旅费								9	0	0	0	0
附单据 壹张	合计								¥	9	0	0	0	0

会计主管:李××　　记账:张××　　出纳:李××　　审核:王××　　制单:刘××

在借贷记账法下,付款凭证的设置科目是贷方科目。在付款凭证左上方所列的"贷方科目"后应填写"库存现金"或"银行存款"科目,在付款凭证内所反映的借方科目中,应填列与付出库存现金或银行存款相对应的总账科目和明细科目;其余各项目的填写方法与收款凭证基本相同。

应当注意的是,对于库存现金和银行存款之间以及各种货币资金之间相互划转的业务,应该如何填制凭证呢?为了避免重复记账或漏记账,在实际工作中,可按以下方法填列:只填制一张付款凭证,不再填制收款凭证,记账时,根据"借方科目"和"贷方科目"分别登记;例如:将库存现金存入银行,根据该经济业务的原始凭证,只填制一张库存现金付款凭证,不再填制银行存款收款凭证;相反,从银行提取库存现金时,根据有关原始凭证,只填制一张银行存款付款凭证,不再填制库存现金收款凭证。这种方法不仅可以减少记账凭证的编制数量,而且可以避免重复记账。

3. 转账凭证的填制方法

转账凭证是用来记录与货币资金收入无关的经济业务的记账凭证,它是根据不涉及库存现金和银行存款收付的有关经济业务的原始凭证填制的,其具体格式和内容见表5-13。

表5-13

转 账 凭 证

2013年6月30日　　　　　　　　　　　　转字第10号

摘要	会计科目		记账符号	借　方　金　额									贷　方　金　额								
	总账科目	明细科目		百	十	万	千	百	十	元	角	分	百	十	万	千	百	十	元	角	分
分配材料	生产成本	甲				2	8	0	0	0	0	0									
	生产成本	乙				4	2	0	0	0	0	0									
	制造费用	材料					1	0	0	0	0	0									
	原材料	圆钢													7	1	0	0	0	0	0
附单据　张	合计			¥		7	1	0	0	0	0	0	¥		7	1	0	0	0	0	0

会计主管:李××　　记账:张××　　审核:王××　　制单:刘××

在借贷记账法下,转账凭证将经济业务所涉及的会计科目全填列在凭证内。"会计科目"栏应分别填列应借、应贷的一级科目和明细科目,借方科目在先,贷方科目在后,相应的金额栏内填列应借科目的"借方金额"和应贷科目的"贷方金额"。"借方金额"合计数与"贷方金额"合计数相等。其余各项目的填列方法与收付款凭证基本相同。

4. 通用记账凭证的填制方法

通用记账凭证是用来记录各项经济业务的记账凭证,它是根据审核无误的原始凭证填制的。其填制方法与转账凭证的填制方法雷同,这里不再重复。其具体格式和内容见表5-14。

通 用 记 账 凭 证   表5-14

出纳编号:银收12

2013年6月25日   凭证编号:29

摘要	会计科目		记账符号	借 方 金 额									贷 方 金 额								
	总账科目	明细科目		百	十	万	千	百	十	元	角	分	百	十	万	千	百	十	元	角	分
销售产品款存银行	银行存款				1	9	0	7	1	0	0	0									
	主营业务收入	甲产品													3	8	0	0	0	0	0
	主营业务收入	乙产品												1	2	5	0	0	0	0	0
	应交税费	应交增值税														2	7	7	1	0	0
附单据 张	合计			¥	1	9	0	7	1	0	0	0		1	9	0	7	1	0	0	0

会计主管:李××   记账:张××   出纳:李××   审核:王××   制单:刘××

5. 单式记账凭证的填制方法

单式记账凭证又叫单科目记账凭证,它是由会计人员根据审核无误的原始凭证编制的。

单式记账凭证按照一项经济业务所涉及的每个会计科目单独编制一张记账凭证,每一张记账凭证中只登记一个会计科目。单式记账凭证为单独反映每项经济业务所涉及的会计科目及对应关系,又分设"借项记账凭证"和"贷项记账凭证"。在实际工作中,已很少有单位采用这种方法编制记账凭证,在此不再阐述。

四、记账凭证的审核

为了正确登记账簿和监督经济业务,除了编制记账凭证的人员应当认真负责、正确填制、加强自审以外,同时还应建立专人审核制度。因此,记账凭证填制后,在据以记账之前,必须由会计主管人员或其他指定人员对记账进行严格审核。审核的内容是:

(1)记账凭证是否附有原始凭证,所附原始凭证的张数与记账凭证中填列的附件张数是否相符,所附原始凭证记录的经济业务内容与记账凭证内容是否相符,两者金额合计是否相等。

(2)记账凭证中所使用的会计科目是否正确,二级或明细科是否齐全,科目对应关系是否清楚。

(3)记账凭证中的借、贷方金额合计是否相等,一级科目金额是否与其所属的明细科目金额合计数相等。

(4)记账凭证中的摘要填写是否清楚,是否正确归纳了经济业务的实际内容。

记账凭证中有关项目是否填制有错误,如果不符合要求,则需要由填制人员重新填制,但如果凭证已记账装订,并登记账簿,必须按规定的方法进行更正,只有经过审核无误的记账凭证,才可以据以登记入账。

第四节 会计凭证的传递和保管

一、会计凭证的传递

会计凭证的传递，是指从会计凭证取得或填制时起到归档保管时止，在单位内部有关部门和人员之间的传递。

各种会计凭证，它们所记录的经济业务不尽相同，需要办理的业务手续和所需要的时间也不尽相同，应当为每种会计凭证规定合理的传递程序和在各个环节停留及传递的时间。会计凭证的传递是企业会计制度的一个重要组成部分，应当在企业会计制度中做出明确的规定。

会计凭证的传递主要包括两个方面的内容。即凭证传递路线和在各个环节停留及传递的时间。明确规定凭证传递的路线和时间，不仅可以及时地反映和监督经济业务的发生和完成情况，而且可以促使经济业务部门的人员及时、正确地完成经济业务和办理凭证手续，从而加强经营岗位责任制。例如，对材料收入业务的凭证传递，应明确规定材料运达企业后需要多长时间验收入库，由谁负责审核，又由谁在何时编制记账凭证和登记账簿，由谁负责整理及保管凭证等。这样，就可以把材料收入业务从验收入库到登记入账的全部工作在本单位内部进行分工协作，共同完成。同时，还可以考核经办业务有关部门和人员是否按照规定的会计手续办事。

科学而合理的凭证传递程序，应当能适应经济业务的特点，结合企业内部机构的设置和人员分工情况，满足各个工作环节加强经营管理的需要，恰当地规定各种会计凭证的联数和所流动的环节，做到既要使各有关部门和人员能利用凭证了解经济业务情况，并按照规定手续进行处理和审核，又要避免凭证传递过程不必要的环节影响传递速度。这就要求会计凭证沿着最迅速、最合理的轨道传递，使会计凭证在传递过程中只经过必要的部门和人员，并且明确规定凭证在每个部门和业务环节停留的最长的时间，并指定专人负责按照规定的顺序和时间监督凭证传递，做到凭证传递满足需要、手续完备、层次清楚、责任明确、传递及时。

二、会计凭证的保管

会计凭证的保管，是指会计凭证登记入账后的整理、装订和归档存查。会计凭证是经济业务发生和完成的书面证明，是登记账簿的依据，也是事后查账的重要依据，是重要的经济档案和历史资料。所以对会计凭证的保管，既要做到保证会计凭证的安全和完整无缺，又要便于凭证的事后调阅和查找。其具体要求包括以下几个方面。

（1）记账凭证在未装订成册之前，一般都分散在有关会计人员手中使用或存放。在此期间内，所有使用记账凭证的会计人员都应保管好原始凭证和记账凭证。记账人员在完成过账工作后，应及时把记账凭证交给负责记账凭证汇总的人员。

（2）每月终了，要将本月各种记账凭证加以整理，装订成册。装订之前，应检查所附原始凭证是否齐全、有无遗漏，记账凭证有无缺号，每本记账凭证应汇总一次。编制科目汇总表或汇总记账凭证，附在第1号凭证的前面，然后按顺序依次排列装订成册。装订册数的多少，取决于会计凭证张数的多少，但每月至少装订一册，以便于查阅。对装订成册的会计凭证要加具封面。封面上应注明单位的名称、会计凭证的名称、所属的年度和月份、起讫日期、起讫号数、总册数、本册是第几册等。为了防止任意拆装，在装订线上要加贴签，并由会计主管人员、单位负责人、装订人盖章。会计凭证封面的格式如图 5-3 所示。

目　录	
卷号	
2010 年度	
12 月份	
共 2 册	
第 1 册	

图 5-3　会计凭证封面格式

（3）如果某张记账凭证所附原始凭证数量过多，或者对本月同种原始凭证已经编制原始凭证汇总表的原始凭证，以及需要随时查阅的文件、收据等，可以单独装订保管，如收料单、发料单、合同、契约、押金收据等。但应编制目录，并在原记账凭证上注明"另行保管"，以便查核。

（4）装订成册的会计凭证，应及时存档，集中保管，并指定专人负责，认真保管 15 年。企业会计和建设单位会计的会计凭证保管期限为 15 年，其中，涉及外事和改造的会计凭证要永久保留。建设银行会计凭证保管期限为 25 年。查阅时，必须履行借阅手续。会计凭证的保管期限、借阅手续、销毁程序等，必须严格执行《会计档案管理办法》的规定，任何人无权随意销毁。

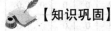

【知识巩固】

一、实训企业概况

企业名称：某标准件厂（一般纳税人）

地　　址：石家庄市世纪大道 28 号

法人代表：张××

经营范围：生产销售标准件

注册资金：500 万

开户银行：石家庄市工商银行世纪大道办事处

账　　号：130403080117

纳税人登记号：21108631978

二、训练要求

（1）根据业务描述填制原始凭证。

（2）两人一组互相审核已填制的原始凭证，根据审核无误的原始凭证填制记账凭证。（记账凭证在训练耗材另行提供）

（3）审核记账凭证。

三、某标准件厂 2013 年 3 月发生的经济业务

各项经济业务凭证如图 5-4 ~ 图 5-8、表 5-15 ~ 表 5-20 所示。

（1）1 日，提取备用金 5 000 元。

（2）5 日，以库存现金 500 元购买办公用品，企业管理部门已领用。

（3）12 日，职工王××报销差旅费 2 530 元，并交回多余现金 70 元，结清预借款。

中国工商银行 现金支票存根 支票号码：No.12501 签发日期：　年　月　日	中国工商银行　现金支票　支票号码：No.12501
收款人：_____ 金　额：_____ 用　途：_____ 单位主管　　会计	签发日期（大写）：　　年　月　日　　开户行名称： 收款人：　　　　　　　　　　　　　　出票人账号： 人民币 （大写）　　　　　　　　　　　　¥_____ 用途：_____ 上列款项请从 我账户内支付 出票人签章　　　　　复核　　　　　记账

图 5-4　现金支票

河北省石家庄市货物销售统一发票

发　票　联

客户名称：某标准件厂　　　　2013年03月05日　　　　No.0805139

货号	品名及规格	单位	数量	单价	金额						
					万	千	百	十	元	角	分
	A4复印纸	包	10	20			2	0	0	0	0
	记录本	本	30	10			3	0	0	0	0
合计金额（大写）	×万×仟伍佰零拾零元零角零分				¥		5	0	0	0	0

收款企业：××市百货公司　　　　收款人：岳××　　　　开票人：王××

图 5-5　河北省石家庄货物销售统一发票

某标准件厂出差报销单　　　　　　　　　　　　　表 5-15

2013 年 3 月 12 日

姓　名	王××	工作部门	行政科	出差日期	8月23—29日
出差事由	外出联系业务	出差地点	哈尔滨	往返天数	7天
发生费用	交通费	住宿费	伙食补贴	其他	合计
	1 250.00	800.00	280.00	200.00	2 530.00
合　计	1 250.00	800.00	280.00	200.00	2 530.00
	人民币(大写)贰仟伍百叁拾元整				
预借金额	2 600.00	应退金额	70.00	应补金额	

批准人：张××　　审核人：张××　　部门主管：李××　　出差人：王××

（4）15 日，收到××公司前欠货款 170 090 元，××公司开户行：建设银行三马路分理处，账号：25891245。

中国建设银行进账单（收账通知） 表5-16

收款人	全称		付款人	全称											此联是收款人开户行交给收款人的收款通知
	账号			账号											
	开户银行			开户银行											
人民币（大写）					千	百	十	万	千	百	十	元	角	分	
票据种类															
票据张数															
单位主管 会计 复核 记账				收款人开户行盖章											

年　月　日　　　　　　　　　　　　第　号

（5）17日，销售部采购员刘××预借差旅费3 000元去天津参加商品展览会，预计出差5天，单位负责人：张××。

某标准件厂借款单（记账） 表5-17
年　月　日

借款单位		姓名		出差地点		
				天数		
事由			借款金额	（大写）		￥
单位负责人签章		借款人签章		注意事项	必须由借款人本人填写。必须由单位负责人签章。出差返回后七日内结算。	
授权人批示			审核意见			

（6）20日，从银行购买有关凭证：现金支票2本，20元/本，转账支票2本，20元/本，托收凭证2本，10元/本，用现金支付。

中国工商银行空白凭证领用单（代缴费回单） 表5-18

购买单位：　　　　　　　　　　年　月　日　　　　　　　　　账号：

每本页数	凭证种类			数量	单价	金额
	起止号码		名称			
	起号	止号				
合计						
人民币（大写）：						

(7)22日,销售部采购员刘××出差回来,报销差旅费3 160元。

某标准件厂出差报销单

表5-19

年　　月　　日

姓　　名		工作部门		出差日期	
出差事由		出差地点		往返天数	
发生费用	交通费	住宿费	伙食补贴	其他	合计
	800.00	960.00	300.00	1 100.00	3 160.00
合　计	800.00	960.00	330.00	1 100.00	3 160.00
	人民币(大写)叁仟壹佰陆拾元整				
预借金额	3 000.00	应退金额		应补金额	160.00

批准人:张×× 　　审核人:孙×× 　　部门主管:李×× 　　出差人:刘××

(8)25日,交存现金2 000元,100元12张,50元6张,10元30张,5元40张。

中国工商银行现金交款单(回单)

表5-20

年　　月　　日

款项来源		收款单位											
解款部门		账号		开户银行									
人民币(大写):				亿	千	百	十	万	千	百	十	元	角	分
券别	张数	券别	张数	券别	张数	券别	张数	(银行盖章)					
一百元		五元		五角		五分							
五十元		二元		二角		二分		收款					
十元		一元		一角		一分		复核					

(9)28日,业务员王××报销招待费,取得服务业定额发票三张。

图5-6　服务业定额发票(一)

图 5-7 服务业定额发票(二)

图 5-8 服务业定额发票(三)

第六章 会计账簿

【学习目标】

会计账簿的设置和登记是会计核算的一个重要环节。通过本章的学习,学生应明确会计账簿的作用和分类,掌握登记账簿的规则、熟练掌握各种账簿的设置和登记方法、错账的更正技术以及对账结账的方法。

第一节 会计账簿概述

一、会计账簿的概念

如前所述,会计凭证包括原始凭证和记账凭证,其中,原始凭证是用来证明经济业务已经发生或完成情况的书面证明,是登记账簿的根本依据;记账凭证是对审核无误的原始凭证进行归类整理后确定应借应贷方向、会计科目及金额的书面证明,是登记账簿的直接依据。所以,填制和审核会计凭证,是加工处理信息的第一个环节,第二个环节就是设置和登记会计账簿。所谓账簿,就是指由具有一定格式的账页组成,以会计凭证为依据,用以连续、系统、全面地记录各项经济业务的簿籍。

账簿和账户既有联系又有区别,账簿和账户所反映的经济业务内容是一致的,账户只是在账簿中按规定的会计科目设置的户头,而账簿是连续、系统、全面地进行分类记录、积累和储存会计信息资料的载体,簿籍是账簿的外表形式,账户记录才是账簿的内容。

二、会计账簿的作用

在整个会计核算体系中,账簿处于中间环节,对于会计凭证和会计报表具有承前启后的作用。会计凭证所记载的经济业务,需要通过账簿加以归类记录;而会计报表所提供的各项指标,需要依据账簿记录才能计算填列,会计账簿记录是编制会计报表的直接依据。所以,科学地设置和正确地登记账簿,对于完成会计工作有着重要作用。

1. 及时提供系统、完整的会计核算资料

通过设置和登记账簿,可以把记录在会计凭证上大量的、分散的会计核算资料,按不同账户进行分类记录、汇总和整理,使之系统化,从而完整地提供各项资产、负债和所有者权益的增减变动及结余情况,正确地计算和反映收入、费用和利润的形成及分配情况,以满足经营管理的需要。

2. 全面反映财产物资的增减变化

通过设置和登记账簿,能够连续、系统地反映各项财产物资的增减变化及结存情况;通过账实核对,可以检查账实是否相符,从而有利于保证各项财产物资的安全完整,促进资金的合理使用。

3. 为考核经营成果和进行活动分析提供依据

通过设置和登记账簿，能够详细提供经营成果的资料以及进行经济活动分析的其他有关资料，据此可以找出差距和潜力，提出改进措施，不断提高经济效益。

4. 为编制会计报表提供依据

为总结一定时期会计核算工作的结果，必须按期进行结账和对账工作，核对无误的账簿的记录是编制会计表的直接依据。

三、会计账簿的设置原则

会计账簿的设置包括确定的种类、设计账页的格式和内容及规定账簿的登记方法等，每个单位都应根据自身业务的特点和经营管理的需要，设置一定种类和数量的账簿，一般来说，设置会计账簿应遵循以下几项原则：

1. 满足需求

各单位应当按照国家统一规定和本单位经济业务及经营管理的需要设置账簿，以满足单位外部各有关方面了解本单位财务状况和经营成果的需求，满足单位内部加强经营管理的需求。

2. 讲求科学

账簿体系要科学严密、层次分明。账簿之间既相互独立又相互补充，既相互衔接又相互制约，清晰地反映账簿之间的关系，以便提供完整、系统的会计资料。

3. 适当简化

账簿设置应在保证会计记录系统完整的前提下力求简化。反对账簿重叠，过于烦琐，以节约人力物力，提高工作效率。账簿格式的设计，要为核算经济业务的内容和核算指标服务，力求简明实用。避免烦琐重复。

四、会计账簿的种类

每个单位设置的账簿是多种多样，功能各异，结构不同的。为便于了解和运用各种账簿，应按不同的标准进行分类。会计账簿可作如下分类，如图6-1所示。

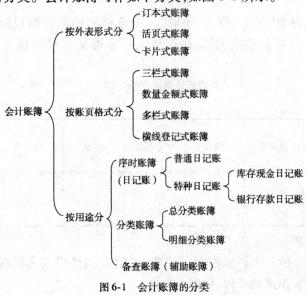

图6-1 会计账簿的分类

1.按外表形式分类

会计账簿按外表形式,分为订本式账簿、活页式账簿和卡式账簿。

1)订本式账簿

订本式账簿是将印有顺序编号的若干账页固定装订成册的账簿。其优点是可以防止账页散失和账页被抽换,比较安全;缺点是由于账页已被固定装订,并有编号,不能随实际业务的增减变动需要而增减。所以,有些账簿(如往来账等)必须为每一账户预留若干空白账页,如预留账页不够用,则会影响账户的连续记录,预留账页过多又会造成浪费。同一本账在同一时间只能由一人登记,因而不便于分工记账。订本式账簿一般用于具有统驭性的重要账簿,如总分类账、库存现金日记账和银行存款日记账等。

2)活页式账簿

活页式账簿是将若干零散账页暂时装订在活页账夹内的账簿。其优点是可以根据实际业务的需要适当增减账页,使用灵活,并便于分工记账;缺点是账页容易散失和抽换。所以,在采用活页式账簿时,必须将空白账页连续编写分号。在会计期末,加写目录并按实际使用账页连续编写总号,固定装订成册后归档保管。活页式账簿一般适用于一些明细账。如原材料明细账、库存商品明细账。

3)卡片式账簿

卡片式账簿是由具有不同于一般账页格式的卡线表格式的账页所组成的账簿,它一般是由分散的卡片所组成的,每一张卡片用正面和背面两种不同的格式来记录同一项财产物资的使用等情况。在使用中可不加装订,存放在卡片盒或卡片夹中,使用时可以随时取放,实际上它是一种特殊的活页式账簿。卡片式账簿除了具有一般活页式账簿的特点外,还可以跨年度使用,不需要每年更换新账。卡片式账簿多用于记录内容比较复杂的财产明细账,如固定资产卡片账。

2.按账页格式分类

会计账簿按账页格式,可分为三栏式账簿、数量金额式账簿、多栏式账簿和横线登记式账簿等。

1)三栏式账簿

三栏式账簿是由设置"借方、贷方、余额"三个金额栏的账页组成的账簿。三栏式账簿的账页格式是最基本的账页格式,其他账页格式都是据此增减栏目演变而来的,如表6-1所示。

明细分类账(三栏式)　　　　　　表6-1

会计科目　　　　　　　　　　　　　　　　　　　　　　　　　　第　页

年		凭证号	摘要	对方科目	借方	贷方	借或贷	余额
月	日							

2)数量金额式账簿

数量金额式账簿也称三大栏式账簿,是"借方、贷方、余额"三大栏内分别设置"数量、单价、金额"等小栏的账页组成的账簿,如表6-2所示。

明细分类账（数量金额式）　　　　　　　　　表 6-2

第　页

年		凭证号	摘要	收入（借方）			发出（贷方）			结存		
月	日			数量	单价	金额	数量	单价	金额	数量	单价	金额

3) 多栏式账簿

多栏式账簿是由在借方金额栏、贷方金额栏或借贷双方金额栏内再设置多个明细金额栏的账页组成的账簿，如表 6-3～表 6-5 所示。

明细分类账（多栏式）　　　　　　　　　表 6-3

第　页

年		凭证号	摘要	借方					贷方					余额
月	日							合计					合计	

明细分类账（多栏式）　　　　　　　　　表 6-4

第　页

年		凭证号	摘要	借方							合计	贷方	余额
月	日												

明细分类账（多栏式）　　　　　　　　　表 6-5

第　页

年		凭证号	摘要	借方	贷方							合计	余额
月	日												

4) 横线登记式账簿

横线时登记式账簿是在账页的同一横行内登记同一项经济业务的来龙去脉的账簿。一般适用于要求按每笔金额结算的应收、应付款项的明细核算，表略。

3. 按用途分类

会计账簿按其用途，分为序时账簿、分类账簿和备查账簿。

1) 序时账簿

序时账簿，也称日记账，是对各项经济业务按其发生时间的先后顺序，逐日逐笔进行及时登记的账簿。序时账簿按其所记录的内容不同，分为普通日记账和特种日记账。

(1) 普通日记账。普通日记是根据各种经济业务取得原始凭据，直接以会计分录的格式进行序时登记的账簿。它具有会计凭证的作用，是过入分类账的依据。因此，普通日记账也称分录簿。又由于其只有"借方、贷方"两个金额栏，故也称为两栏式日记账。

中西会计的会计分录载体不同，我国会计采用记账凭证，而西方会计则采用普通日记账，如表 6-6 所示。

普通日记账

表6-6
第 页

年		凭证号	摘要	会计科目	借方金额	贷方金额	过账
月	日						
				制造费用	1 000		✓
				银行存款		1 000	✓
				银行存款	900		✓
				库存现金		900	✓
				主营业务成本	6 000		✓
				库存商品		6 000	✓

（2）特种日记账。特种日记账是在普通日记账的基础上发展而来的，它是专门登记某一类经济业务的日记账，如库存现金日记账、银行存款日记账、购货日记账、销货日记账等。在会计实务中，通常只对库存现金和银行存款设置日记账，进行序时核算，以加强对货币资金的管理。如表6-7、表6-8所示。

库存现金日记账（三栏式）

表6-7
第 页

20××年		凭证		摘要	对方科目	借方	贷方	余额
月	日	种类	编号					
1	1			上年结余				1 500
	4	银付	1	提取现金	银行存款	2 000		
	4	现付	1	借支差旅费	其他应收款		1 000	
	4	现付	2	购买办公用品	管理费用		220	
				本日合计		2 000	1 220	2 280
				…		…	…	…
				本日合计		…	…	…
				本月合计		…	…	…

银行存款日记账（三栏式）

表6-8
第 页

20××年		凭证编号	结算方式		摘要	对方科目	借方	贷方	余额
月	日		种类	号码					
6	1				承前页				56 800
	3	银付1	现	234	提取现金	库存现金		3 000	
	3	银收1	转	315	甲公司投资	实收资本	300 000		
	3	银收2		518	收到货款	应收账款	30 000		
	3	银付2	转	518	缴纳税金	应交税费		2 640	
					本日合计		330 000	5 640	381 160
					…		…	…	…
					本日合计		…	…	…
					本月合计		…	…	…

2)分类账簿

分类账簿是对各项经济业务进行分类登记的账簿。分类账簿按其反映内容的详细程度不同,又分为总分类账簿和明细分类账簿。

(1)总分类账簿(简称总账)。总分类账簿是根据总分类科目开设的账户,用来分类登记全部经济业务,提供总括核算资料的分类账簿,其格式见表6-9所示。

总分类账簿(三栏式)　　　　　　　　　　　表6-9

会计科目　　　　　　　　　　　　　　　　　　　　　　　　　　　　　　　　　　第　页

年		凭证号码	对方科目	摘要	借方	贷方	借或贷	余额
月	日							

(2)明细分类账簿(简称明细账)。明细分类账簿是根据总分类科目设置,并按其所属二级科目或明细科目开设的账户,用来登记某一类经济业务,提供明细核算资料的分类账簿。如前表6-1~表6-5均为明细账。

在实际工作中,经济业务比较简单、总分类科目为数不多的单位,为了简化记账工作,可以设置兼有序时账簿和分类账簿作用的联合账簿。日记总账就是典型的联合账簿。

3)备查账簿

备查账簿又称辅助账簿,是对序时账簿和分类账簿等主要账簿进行补充登记、提供备查资料的账簿,如应收票据备查账簿、租入固定资产登记簿、受托加工材料登记簿、代销商品登记簿、登记合同执行情况登记簿等。备查账簿的内容千差万别,其账页也没有固定格式,可根据实际需要灵活确定。备查账簿与主要账簿之间不存在严密的依存、钩稽关系,每个单位可根据实际需要确定是否设置备查账簿。

第二节　会计账簿的基本内容、启用与登账规则

一、会计账簿的基本内容

各种账簿所记录的经济内容不同,账簿的格式又多种多样,不同账簿的格式所包括的具体内容也不尽一致,但各种主要账簿应具备以下基本内容:

(1)封面。主要用于表明账簿的名称,如现金日记账、银行日记账、总分类账、应收账款明细账等。

(2)扉页。主要用于载明经管人员一览表,其应填列的内容主要有:经管人员、移交人和移交日期;接管人和接管日期。

(3)账页。账页是用来记录具体经济业务的载体,其格式因记录经济业务的内容的不同而有所不同,但每张账页上应载明的主要内容有:账户的名称(即会计科目);记账日期栏;记账凭证种类和号数栏;摘要栏(经济业务内容的简要说明);借方、贷方金额及余额的方向、金额栏;总页次和分页次等。

二、会计账簿的启用

为了保证账簿的合规性和账簿资料的完整性,明确记账责任,各种账簿的登记都要由专人负责。

(1)启用账簿时,必须在账簿扉页上填列"账簿启用及经管人员一览表"说细填写有关项目后加盖单位公章,并由会计主管人员和记账人员签章。同时,按"会计科目表"中的科目排列顺序填写"账户记录"。

(2)更换记账人员时,应在会计主管人员的监督下办理交接手续,并在交接记录内填写有关项目后,由交接双方和会计主管人员签章。

三、会计账簿的登账规则

1.过账方法

会计人员应根据审核无误的会计凭证及时登记账簿,然后在记账凭证最后一列"记账符号"栏内画过账符号"√"或签章,有的还需要注明过入账簿的页数(如:科目汇总表),表示已经过账,防止重记、漏记,也便于查阅、核对、分清责任。

2.记账数字

为了使账簿记录清晰并防止篡改,必须用蓝黑或黑色墨水钢笔(以后简称黑色数字)记账,不得使用圆珠笔(银行的复写账簿除外)或铅笔记账。

红色金额数字在会计工作中表示负数,是黑色金额的抵减数字,所以要慎用红字,红色墨水钢笔记账只限在下列情况下使用:

(1)采用红字更正法冲销错账记录;

(2)使用红线画线注销或画线结账;

(3)在不设方栏或贷方栏式明细账中,采用红墨字登记法,用红字减少发生额;

(4)在没有注明余额方向的三栏式明细账中,登记负数余额;

(5)会计制度中规定使用红字登记的其他记录。

3.基本栏目

1)日期栏

登记记账凭证的填制日期。年栏,可填写两位数字;月栏,只在每页第一行、办理月结和变更月份时填写;日期与上行相同时可以不予填写。

2)凭证号栏

一般登记记账凭证的分号,如"收×、转×"等。如果采用通用记账凭证,直接登记凭证号。如果采用汇总方式登记总账,则可以写"科汇×"或"汇收×汇付×、汇转×"。

3)摘要栏

(1)红字居中书写(或使用红色专用章)的有"上年结转"或"承前页"、"本月合计"、"累计"、"本年合计"、"过次页"、"结转下年"等。

(2)摘要文字可紧靠左线、紧贴底线工整书写,字高约占行高的二分之一。

(3)摘要内容并不是一律抄记账凭证的摘要写法,要根据不同的账簿、不同的记账依据,填写简明清楚的业务摘要。

4)对方科目栏

填写该笔会计分录中所登记科目的反向科目名称。如"借:银行存款","贷:应收账款",

则"银行存款"的对方科目是"应收账款",而"应收账款"的对方科目是"银行存款"。

5)金额栏

借贷发生额栏根据记账凭证的方向正确登记。余额栏中的"借或贷"和"余额"应同时登记(没有余额方向栏的账页除外),缺一不可。凡需要结余额的账户,结出余额后,应在"借或贷"栏中注明"借"或"贷"字样。没有余额的账户,在"借"或"贷"栏内注明"平"字,并在"余额"栏中用"—0"表示。

4. 连续登记

记账必须逐行逐页连续登记,不得跳行隔页登记。如发生跳行、隔页,应当将空行、空页画线注销,或者注明"此行空白"、"此页空白"字样,并由记账人员签名或者盖章。不得任意撕毁或抽取账页,以防舞弊。

每页登记完毕时,应结转下页,即在最后一行的摘要栏注明"过次页"(或红色专用章),并在次页第一行的摘要栏要用红笔注明"承前页"(或红色专用章),同时将前页的余额结转到次页。

对需要结计"本月发生额"的账户,本页最后一行发生额数,应是自月初起至本页止的累计数。

对需要结计"本年累计发生额"的账户,本页最后一行发生额合计数,应是自年初起至本页止的累计数。

5. 错账更正

发现错账,不得随意涂改,不许挖补刮擦或用化学药水涂改字迹,而只能按规定的方法更正错账。更正错账的方法有画线更正法、红字更正法和补充登记法。

第三节 会计账簿的格式和记账方法

一、日记账的格式和登记方法

为了加强对货币资金的管理,各单位一般应设置库存现金日记账和银行存款日记账两本特种日记账,以序时地反映其收入、支出和每日的结存情况,有外币业务的企业,应分别设置人民币和各种外币日记账。

库存现金日记账和银行存款日记账是由出纳员根据审核后的收、付款凭证逐日逐笔登记的,所以这两本账也称出纳账。出纳账采用订本式账簿,其账页格式有三栏式和多栏式,可根据本单位管理上的需要选择使用。

出纳账一般采用"借方"、"贷方"和"金额"三栏格式。为了清晰地反映收付款业务的对应关系,在金额栏有"对方科目"栏。银行存款日记账"摘要"栏后还应有"结算凭证种类号数"栏,以便与开户银行对账。

库存现金日记账(表6-10)是根据库存现金收款凭证、库存现金付款凭证以及从银行提取库存现金的银行付款凭证登记的。登记库存现金日记账要做到日清月结,即当日业务终了,必须结出当天余额,并与库存现金库存数相核对(不必每笔业务都要结出余额,第日结出余额即可,即"日清"),每月业务终了,要将期末余额与库存现金总账的月末余额相核对,即"月结"。

银行存款日记账(表6-11)是根据银行存款收款凭证、银行存款付款凭证以及将库存现金存入银行的库存现金付款凭证登记的。登记方法与库存现金日记基本相同,但对于结算凭证编号栏中的结算凭证种类,应根据收付款凭证所附的银行结算凭证登记,并可以简写为"现支"(现金支票)、"转支"(转账支票)、"电汇"(电汇凭证)、"现存"(现金存款单)、"进账单"(转账存款的进账单)、"委收"(委托银行收款)等。结算凭证号数,根据银行结算凭证的编号登记。每月业务终了,要将期末余额与开户银行对账单的月末余额相核对,还要与银行存款总账的月末余额相核对。

库存现金日记账(三栏式)　　　　　　　　　　　　　表 6-10

第 1 页

20××年		凭证		摘要	对方科目	借方	贷方	余额
月	日	种类	编号					
1	1			上年结余				1 500
	4	银付	1	提取现金	银行存款	2 000		
	4	现付	1	借支差旅费	其他应收款		1 000	
	4	现付	2	购买办公用品	管理费用		220	
				本日小计		2 000	1 220	2 280
				…		…	…	…
				本日小计		…	…	…
				本月合计				

银行存款日记账(三栏式)　　　　　　　　　　　　　表 6-11

第 6 页

20××年		凭证编号	结算方式		摘要	对方科目	借方	贷方	余额
月	日		种类	号码					
6	1				承前页				56 800
	3	银付1	现	234	提取现金	库存现金		3 000	
	3	银收1	转	315	甲公司投资	实收资本	300 000		
	3	银收2		518	收到货款	应收账款	30 000		
	3	银付2	转	518	缴纳税金	应交税费		2 640	
					本日合计		330 000	5 640	381 160
					…		…	…	…
					本日合计		…	…	…
					本月合计		…	…	…

二、分类账的格式和登记方法

1.总分类账的格式和登记方法

为了全面、总括地反映经济活动和财务收支情况,并为编制会计报表提供资料,各单位都要设置总分类账。总分类账采用订本式账簿,按照会计科目的编号顺序设立账户,并根据往年记录适当估计本年度内各种经济业务发生的笔数,为每个账户预留若干账页。

总分类账一般采用三栏式账簿。在采用汇总记账凭证记账程序时,为了清晰地反映经济业务的对应关系,要设置"对方科目"栏。

总分类账由总账会计负责登记,其登记依据和方法,取决于所采用的记账程序,总分类账既可以直接依据记账凭证逐登记,也可以将记账凭证汇总后登记。

2. 明细分类账的格式和登记方法

为了满足经营管理的需要,各单位应在设置总分类账的基础上,按照二级科目或明细科目开设明细分类账,提供有关经济业务的详细资料。明细分类账一般采用活页式账簿,比较重要的明细分类账也可以采用订本式账簿,特殊业务还可以采用卡片式账簿。

明细分类账的格式多种多样,有三样式、数量金额式、多栏式和横线登记式等,以满足复杂多样的明细分类账核算。

1) 三栏式明细分类账

三栏式明细分类账的格式是在账页内设借方、贷方和余额三个金额栏。这种格式用于只进行金额核算、不进行数量核算的债权、债务类科目的明细分类核算,如"应收账款"、"应付账款"等账户的明细核算。

2) 数量金额式明细分类账

数量金额式明细分类账的格式是在账页内设借方、贷方和余额三大栏,在三大栏内各设"数量、单价、金额"等几个小栏目。这种格式适用于既要进行金额核算,又要进行实物数量核算的各种财产类科目,如"原材料"、"库存商品"等账户的明细核算。

3) 多栏式明细分类账

多栏式明细分类账的格式,是根据经济业务的特点和经营管理的需要,在同一账页内按该明细科目的有关明细项目分设专栏,集中反映各明细项目核算资料。专栏的多少,可按具体科目的实际需要进行设置。多栏式账页格式又可细分为:借方多栏式、贷方多栏式、借贷两方多栏式。多栏式明细分类账适用于只记金额,同时又需要了解其构成项目的详细资料,如费用、成本、收入和利润等科目的明细账。

由于多栏式明细分类账所记载的经济业务大多发生在借或贷的某一方,所以,为了简化账页格式,可不按借、贷、余三部分设置金额栏,而是在发生经济业务较多的一方,按会计科目的明细项目分设专栏,在发生经济业务很少的一方则不设金额栏,记账时采用红黑字登记法。所谓红黑字登记法,就是在只记借或贷一个方向发生额的多栏式明细分类账上,用黑字登记该方发生额,而用红字登记反方发生额的记账方法。

明细分类账除了以上三种基本格式外,还可以根据不同的核算内容和管理要求采用其他格式。如固定资产明细账采用卡片格式(或采用"固定资产及折旧明细账"),应付职工薪酬明细账可用工资单副联代替,"在途物资"、"其他应收款——备用金"等账户的明细核算,可采用横线登记式。还有一种对比式明细账,其特点是在一张账页内,通过相关数字的对比,可以显示出对比的结果。对比式明细账适用于固定资产清理等账户的明细核算。"固定资产及累计折旧明细账"就是一种对比式明细账。

三、总分类账和明细分类账的平行登记

登记总分类账和明细分类账的原始依据相同,核算内容相同,但核算指标的详细程度不同。总分类账户对所属的明细分类账户起着统驭和控制的作用,明细分类账户对其从属的总分类账户起着补充和说明的作用。所以,总分类账户又称为统驭账户,明细分类账户又称为被统驭账户或从属账户。统驭账户和从属账户所提供的核算资料相互补充,既提供总括核算指标,又提供详细核算指标,从不同的角度反映相同的经济业务。

1. 平行登记的方法

总分类账与明细分类账在反映会计核算指标上具有统驭和从属的关系，在登记账簿的方法上却具有平行的关系。所谓平行的关系，是指总分类账和明细分类账的记账依据相同，都是以会计凭证为依据；它们的记账程序相同，都是根据会计凭证分别在总分类账和明细分类账必须进行平行登记；它们的记账结果应核对相符。所以，总分类和明细分类账必须进行平行登记。平行登记，就是将每项经济业务，根据会计凭证的记载，既在总分类账中登记，又在其所属的明细分类账中登记，在这两类不同账户中所登记的方向一致、金额相等、结果相符。通过平行登记，总分类账和明细分类账的记录才能形成统驭和从属的关系。

2. 平行登记的要点

1）同期间

对每项经济业务，应在同一会计期间内依据相同的会计凭证，既记入有关的总分类账户，又记入其所属的明细分类账户。

同期间登记并不是同时间登记，在实际工作中，一般应在每日及时登记明细分类账，定期登记总分类账。

2）同方向

每项经济业务记入总分类账和明细分类账的方向要相同，如果记入总账的借方，也要相应地记入所属的明细账的借方；如果记入总账的贷方，也要相应地记入所属的明细账的贷方。

有些明细账只设置一个方向的发生额栏目，可以用红字在该栏内登记反向记录。在这种特殊的情况下，应根据实际的记账方向而不应根据在明细栏标明的借贷方向来确定。

3）同金额

每项经济业务记入总分类账的金额必须与记入所属各有关明细分类账的金额之和相等。总账记入的是总括数字，明细账记入的是明细数字。在设立二级账的情况下，总账、二级账和明细账都应进行平行登记。

利用平行登记的结果相等这种关系，可以检查总账、二级账和明细账记录的完整性和正确性，这也是会计核算工作中内部牵制制度的一个组成部分。

3. 平行登记的检查

在会计期末，为了检查有关总分类账与其所属的明细分类账的记录是否正确，应按不同账户分别编制"明细分类账户本期发生额及余额表"，并与其从属的总分类账户相核对。一般来说，平行登记的结果是：总分类账户的本期发生额等于所属明细分类账户的本期发生额合计；总分类账户的期末余额等于所属的明细分类账户的期末余额合计。

"明细分类账户本期发生额及余额表"是根据各明细分类账户的本期记录编制的。共有两种格式：数量金额的格式；只有金额的格式。以上两种格式的表格与数量金额式明细账和三栏式明细账的账页格式分别对应。编表时可按以下顺序进行：

（1）填写各明细账户的名称。

（2）填入各明细账户的期初余期余额、本期发生额、期末余额。

（3）计算出金额栏合计数。

编表后，可以根据该表进行总分类账和明细分类账的核对。如果核对相符，说明平行登记的结果是正确无误的；如果记账的有差错，必须查明原因进行更正。

4. 平行登记法工作实例

现以"原材料"和"应付账款"两个账户为例，说明总账与其所属明细账的平行登记方法。

1) 工作内容

(1) 2013 年 1 月 1 日，××灯具厂"原材料"和"应付账款"账户的期初余额：

原材料总账　　　　　　　　　　　　　　　　　　20 000 元
明细账：螺栓　　100kg　　　单价 50 元　　　　5 000 元
明细账：灯泡　　15 000 只　　单价 1 元　　　　15 000 元
应付账款总账　　　　　　　　　　　　　　　　　16 500 元
明细账：××螺栓厂　　　　　　　　　　　　　　12 000 元
明细账：××灯泡厂　　　　　　　　　　　　　　4 500 元

(2) 1 月份发生的有关经济业务如下（此处仅说明总账与明细账的平行登记，故暂不考虑税金）：

① 购入螺栓 8kg，每千克 50 元；灯泡 600 只，每只 1 元。以库存现金支付货款 1 000 元，材料已验收入库。

② 以银行存款偿还前欠××螺栓厂货款 1 000 元、××灯泡厂货款 2 000 元。

③ 购入螺栓 20kg，每千克 50 元；灯泡 4 000 只，每只 1 元。共计货款 5 000 元。其中螺栓是从××螺栓厂购买，货款尚未支付；灯泡是从××灯泡厂购买，货款已用银行存款支付，材料已验收入库。

④ 以银行存款偿还前欠××螺栓厂货款 2 000 元、欠××灯泡厂货款 2 500 元。

2) 工作要求

(1) 设账。根据工作内容(1)开设"原材料"和"应付账款"总分类账户及所属各明细分类账户，填入期初余额。

(2) 编制会计分录并记账。根据会计分录登记"原材料"和"应付账款"总分类账户及所属各明细分类账户，填入期初余额。

(3) 结账和对账。月末，结出各账户的本期发生额和期末余额。编制"原材料"和"应会账款"明细分类账户本期发生额及余额表，并分别与"原材料"和"应付账款"总分类账户的本期发生额及期末余额进行核对。

3) 工作流程

(1) 设账（见表 6-12 ～ 表 6-17 中上年结转一行借贷方向及余额）。

总 分 类 账　　　　　　　　　　　　　　　　　　　　　表 6-12

账户名称：原材料　　　　　　　　　　　　　　　　　　　单位：元

2013 年		凭证号	摘要	借方	贷方	借或贷	余额
月	日						
1	1		上年结转			借	20 000
		略	略	①购入材料	1 000		借	21 000
				③购入材料	5 000		借	26 000
1	31		本月合计	6 000		借	26 000

(2) 根据工作内容(2)编制会计凭证分录如下（可以要求学生编制记账凭证）：

① 借：原材料——螺栓　　　　　　　　　　　　　　　　400
　　　　　　——灯泡　　　　　　　　　　　　　　　　600
　　贷：库存现金　　　　　　　　　　　　　　　　　　1 000

原材料明细分类账

表6-13

账户名称:螺栓　　　　　　　　　　　　　　　　　　　　　　　　　计量单位:kg

2013年		凭证号	摘要	借方			贷方			余额		
月	日			数量	单价	金额	数量	单价	金额	数量	单价	金额
1	1		上年结转							100	50	5 000
		略	略	①购入	8	50	400				108	50	5 400
				③购入	20	50	1 000				128	50	6 400
1	31		本月合计	28	50	1 400				128	50	6 400

原材料明细分类账

表6-14

账户名称:灯泡　　　　　　　　　　　　　　　　　　　　　　　　　计量单位:只

2013年		凭证号	摘要	借方			贷方			余额		
月	日			数量	单价	金额	数量	单价	金额	数量	单价	金额
1	1		上年结转							15 000	1	15 000
		略	略	①购入	600	1	600				15 600	1	15 000
				③购入	4 000	1	4 000				19 600	1	196 000
1	31		本月合计	4 600	1	4 600				19 600	1	196 000

总 分 类 账

表6-15

账户名称:应付账款　　　　　　　　　　　　　　　　　　　　　　　　单位:元

2013年		凭证号	摘要	借方	贷方	借或贷	余额
月	日						
1	1		上年结转			贷	16 500
		略	略	②偿还货款	3 000		贷	13 500
				③购料		1 000	贷	1 4500
				④偿还货款	4 500		贷	10 000
1	31		本月合计	7 500	1 000	贷	10 000

应付账款明细分类账

表6-16

账户名称:××螺栓厂　　　　　　　　　　　　　　　　　　　　　　　单位:元

2013年		凭证号	摘要	借方	贷方	借或贷	余额
月	日						
1	1		上年结转			贷	12 000
		略	略	②偿还货款	1 000		贷	11 000
				③购料		1 000	贷	12 000
				④偿还货款	2 000		贷	10 000
1	31		本月合计	3 000		贷	10 000

②借:应付账款——××螺栓厂　　　　　　　　　　　　　　　　　　1 000
　　　　　　　　——××灯泡厂　　　　　　　　　　　　　　　　　　2 000
　贷:银行存款　　　　　　　　　　　　　　　　　　　　　　　　　　3 000

应付账款明细分类账

表 6-17

账户名称：××灯泡厂　　　　　　　　　　　　　　　　　　　　　　单位：元

2013年		凭证号	摘要	借方	贷方	借或贷	余额
月	日						
1	1		上年结转			贷	4 500
		略	②偿还货款	2 000		贷	2 500
		略	④偿还货款	2 500		贷	0
1	31		本月合计	4 500		贷	0

③借：原材料——螺栓　　　　　　　　　　　　　　　　　　　　　　1 000
　　　　　　——灯泡　　　　　　　　　　　　　　　　　　　　　　4 000
　　贷：银行存款　　　　　　　　　　　　　　　　　　　　　　　　5 000
④借：应付账款——××螺栓厂　　　　　　　　　　　　　　　　　　2 000
　　　　　　　——××灯泡厂　　　　　　　　　　　　　　　　　　2 500
　　贷：银行存款　　　　　　　　　　　　　　　　　　　　　　　　4 500

(3) 根据以上会计分录登记有关账簿(见表 6-12～表 6-17 上年结转以下各栏记录)。

(4) 月末，结出各账户的本期发生额和期末余额(见表 6-18、表 6-19 本月合计一栏)，并编制"明细分类账户本期发生额及余额表"，核对平行登记的结果是否正确，如表 6-18 和表 6-19 所示。

原材料明细分类账户本期发生额及余额表

表 6-18

2013 年 1 月　　　　　　　　　　　　　　　　　　　　　　　　　　　单位：元

明细账	计量单位	单价	期初余额		本期发生额				期末余额	
					收入		发出			
			数量	金额	数量	金额	数量	金额	数量	金额
螺栓	千克	50	100	5 000	28	1 400			128	6 400
灯泡	只	1	15 000	15 000	4 600	4 600			19 600	19 600
合计	—	—	—	20 000	—	6 000	—		—	2 600

原材料明细分类账户本期发生额及余额表

表 6-19

2013 年 1 月　　　　　　　　　　　　　　　　　　　　　　　　　　　单位：元

明细账	期初余额		本期发生额		期末余额	
	借方	贷方	借方	贷方	借方	贷方
××螺栓厂		12 000	3 000	1 000		10 000
××灯泡厂		4 500	4 500			
合计		16 500	7 500	1 000		10 000

四、查找和更正错账技术

由于各种原因，记账错误是难以完全杜绝的。为了保证账簿记录正确无误，需要根据会计核算的特点，探寻常见错账的产生原因及规律，总结出有效的查错方法，以便能够及时地查找错账，并按规定的方法予以更正。

1. 查找错账的方法

1) 产生错账的两种情况

(1)影响借贷平衡的错账。通常有倒码、错位、反方等。
①倒码就是相邻数字颠倒,如56错记65;
②错位就是多记或少记位数,如200错记成2 000或2 000错记成200;
③反方就是记错借贷方向,如将借方发生额错记到贷方,出现一方重记,而另一方未记;
④借贷两方一方记账,另一方漏记。
以上错账在试算平衡时能够发现。
(2)不影响借贷平衡的错账。主要有:重记整笔业务;漏记整笔业务;串户,即把甲账户发生额错入乙账户中;整笔业务借贷方向记反;几种错误交织,差数相互抵消。以上错账在试算平衡时不易被发现。

2)全面查账法

实际工作中,错账往往不止一笔一数,特别是在日久未对账时,账目不平衡,常常是由很多错误造成的。在这种情况下,可采用全面查账法查找错账。全面查账法有以下几种:

(1)顺查法。顺查法是按照记账程序,从原始凭证开始,逐笔查到试算表的一种查账方法。首先,检查记账凭证和所附的原始凭证记录的各项内容是否相符、计算上有无差错等;然后,将记账凭证和所附的原始凭证同有关总账、日记账、明细账逐笔查对。最后,检查试算表是否抄错。

(2)逆查法。逆查法是从试算表追溯到原始凭证,其检查顺序与记账顺序相反。首先,检查本期发生额及余额的计算有无差错;然后,逐笔核对账簿记录是否与记账凭证相符。

3)个别抽查法

(1)差额法。差额法适用于查找总账与所属明细账之间产生的漏记或重记错误。总账与所属明细账试算出现差额,可能是因漏记或重记产生的。如果是漏记,则哪个数额小,漏记就在哪方;如果是重记,则哪方数额大,重记就在哪方。

(2)除2法。除2法适用于查找反方错误。记账如果出现反方记录,即一笔业务借贷发生额记入同一方向,使得一方的合计数增大,而另一方的合计数减少,其差额正好是应记正确数字的两倍。将差额除以2,所得商数可能就是记错的数字。例如,差数为36,则36÷2=18。可以查找是否有一笔18元的业务,借贷金额记在同一方向了。但需注意,如果是单方面漏记账,则差数即为漏记的金额,这也是有可能的。

(3)除9法。除9法适用于查找倒码、错位的错账,因数字倒码或错位造成的正误差数都是9的倍数。

①发生倒码错误可以借助于"邻位数字颠倒便查表"去查实。如表6-20所示。

邻位数字颠倒便查表 表6-20

大数颠倒成小数								差额	小数颠倒成大数							
89	78	67	56	45	34	23	12	01	9	10	21	32	43	54	65	76	87	98
	79	68	57	46	35	24	13	02	18	20	31	42	53	64	75	86	97	
		69	58	47	36	25	14	03	27	30	41	52	63	74	85	96		
			59	48	37	26	15	04	36	40	51	62	73	84	95			
				49	38	27	16	05	45	50	61	72	83	94				
					39	28	17	06	54	60	71	82	93					
						29	18	07	63	70	81	92						
							19	08	72	80	91							
								09	81	90								

②发生错位错误,可将正误的差数除以9或9的倍数,即可得到正确数或错误数。为此,应注意两点:一是如果错移一位,则差数除以9;如果错移二位,则差数除以99,以此类推。二是小数错位成大数时,其商数是正确数;当大数错成小数时,其商数是错误数。

例如,将380错记为38,其差数342除以9得38,38就是错误数。如果将68错记为6 800,其差额6 732除以99得68,68就是正确数。

查找错账时,对于已经查过的数字,分别标上正确或错误记号,并把错账的账页号码、记账日期、凭证字号、业务内容及差错情况进行详细记录,在查清错账后,要及时更正错账。

2. 更正错账的技术方法

产生错账的原因和具体情况不同,更正错账的方法也不同,更正错账的方法一般有画线更正法,红字更正法和补充登记法。

1)画线更正法

如果记账凭证正确,只是由于过账时发生差错,而使账簿记录出现错误,应采用画线更正法进行更正。一般做法是:

(1)在错误记录上画一条红线注销。文字错误可以只注销错字,但数字错误必须将整个数字全部注销。被注销的记录仍要清晰可辨,以备查考。

(2)记账人员在注销处加盖个人印章,以明确责任。

(3)登记正确的记录。

画线更正法举例如下:

【例6-1】会计王××对账时发现有一笔经济的发生额为8 400元,过账时误记为4 800元,而记账凭证正确,则画红线更正如下:

8 400

4 800 王××(更正人红色印章,表明责任)(4 800上应有画线)

2)红字更正法

红字更正法也称红字冲账法,一般有两种做法:

(1)全部冲销。

如果记账凭证中的科目错误或借贷方向错误,并已过账,应采用红字更正法进行全部冲销。具体做法是:

①填制一张与错误记账凭证内容相同的红字金额记账凭证,并据以入账,冲销错误记录。在红字金额记账凭证的摘要栏注明"注销×月×日第×号凭证"。

②用黑色数填制一张正确的记账凭证并据以入账,更正错账记录。在黑色数字记账凭证的摘要栏注明"更正×月×日第×号凭证"。

【例6-2】车间修理办公用具时领用材料共计500元。编制记账凭证时,将借方科目误写为"管理费用"并已登记入账。

错误凭证中的分录如下:

借:管理费用　　　　　　　　　　　　　　　　　　　　　　　　　500

　　贷:原材料　　　　　　　　　　　　　　　　　　　　　　　　　500

更正凭证中的分录如下:

①用红字金额全部冲销错误记录。

借:管理费用　　　　　　　　　　　　　　　　　　　　　　　　　500

贷:原材料　　　　　　　　　　　　　　　　　　　　　　　　　　　　　　　　　500

②重新编制正确分录。
借:制造费用　　　　　　　　　　　　　　　　　　　　　　　　　　　　　　　500
　　贷:原材料　　　　　　　　　　　　　　　　　　　　　　　　　　　　　　　500

(注:因非彩色印刷,故用☐表示红字。)

将以上更正分录过账后,错账就得到了更正,如图6-2所示。

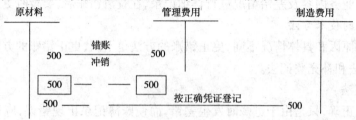

图 6-2　更正分录过账

工作指导: 以上类型的错账只能采用红字冲销、黑字重新登记的办法进行更正,而不宜采用"借:制造费用,贷:管理费用"的借贷转销的办法来更正。因为:①账户余额虽然得到更正,但虚增了发生额;②转销分录的账户对应关系得不到正常解释,容易使人产生误解。

(2)部分冲销。

如果记账凭证中的科目、方向都没有错误,只是错误金额大于应记金额。并已过账,应采用红字更正法冲销多记部分金额。具体做法是:填制一张会计科目和方向与错误凭证相同,但金额是多记差额的红字金额记账凭证并据以入账,冲销多记的金额。在红字金额记账凭证的摘要栏注明"注销×月×日第×号凭证多记金额"。

【例6-3】 在途材验收入库,结转材料实际采购成本,共计8 000元,并已登记入账。
错误凭证中的分录如下:
借:原材料　　　　　　　　　　　　　　　　　　　　　　　　　　　　　　80 000
　　贷:在途物资　　　　　　　　　　　　　　　　　　　　　　　　　　　　80 000
更正凭证中的分录如下:
借:原材料　　　　　　　　　　　　　　　　　　　　　　　　　　　　　　7 200
　　贷:在途物资　　　　　　　　　　　　　　　　　　　　　　　　　　　　7 200

将以上更正分录过账后,有关账户实际入账金额为8 000元,如图6-3所示。

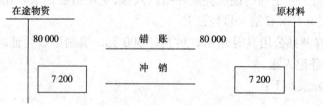

图 6-3　更正分录过账

工作指导: 红字更正法限在编制更正凭证时金额用红字,其余部分照常书写。

3)补充登记法

如果记账凭证中的科目、方向没有错误,只是错误金额小于应记金额并已过账,应采用补充登记法进行更正。具体做法是:填制一张会计科目和方向与错误凭证相同,但金额是少记差额的黑字金额记账凭证并据以入账,补记少记的金额。在补充登记凭证的摘要栏注明"补记×月×日第×号凭证少记金额"。

【例6-4】在途材料验收入库,结转材料实际采购成本,共计8 000元。编制记账凭证时,将金额误记为800元,并已登记入账。

错误分录如下:
借:原材料　　　　　　　　　　　　　　　　　　　　　　　　　800
　　贷:在途物资　　　　　　　　　　　　　　　　　　　　　　　　　800

更正下分录如下:
借:原材料　　　　　　　　　　　　　　　　　　　　　　　　　7 200
　　贷:在途物资　　　　　　　　　　　　　　　　　　　　　　　　7 200

将以下更正分录过账后,有关账户实际入账金额为8 000元,如图6-4所示。

图6-4　更正分录过账

工作指导:应用红字更正法和补充登记法,在编制的记账凭证中,附单据张数的位置填写"见×月×日第×号错误凭证";凭证编号是更正错账前为止的凭证编号顺次递增。

现将错账类型及相应的更正方法与步骤总结如表6-21所示。

错账类型及更正步骤　　　　　　　　　　表6-21

错账类型		更正方法	更正步骤
记账凭证正确,过账发生错误		画线更正法	画线注销错误记录
记账凭证错误并据以过账	科目等错误	全部冲销	填制红字金额凭证冲销错账; 填制正确记账凭证登记入账
	金额错误　金额多记	部分冲销	填制红字金额凭证冲销多记金额
	金额少记	填制黑字金额凭证补记少记金额	

第四节　对账和结账

一、对账

对账是指通过核对账簿本身,用以检查账簿是否正确的一种方法。账簿记录是否正确无误,并不完全取决于账簿本身,还要涉及记账的依据——会计凭证,以及记账的对象——实际情况。所以,对账包括账簿与会计凭证的核对、各种账簿之间的核对以及账簿与实际情况的核对。

在实际工作中,由于各种原因,难免会发生记账差错或账实不符等情况,归纳起来一般有两个主要原因:一是自然原因,如因财产物资的本身属性和自然条件变化所引起的溢余或短缺等。二是人为原因,如有关人员业务不熟、工作失职,甚至营私舞弊等原因引起的账实不符。为了保证账簿记录的真实、正确和完整,必须做好对账工作。对账不一定都在期末结账时进行,有些重要的数字或者集中核对工作量太大的业务,也可以在平时经常进行核对。但不论平时是否核对账簿记录,在结账时都必须进行一次全面的核对。对账的主要内容如下。

1. 账证核对

账证核对是指各种账簿的记录与有关会计凭证的核对。在实际工作中,由于凭证数量太多,要在结账时全部加以核对是不可能的。一般是在日常编制凭证和记账过程中通过复核来进行的,在期末结账时也可进行重点的抽查核对,账证核对相符是保证账账相符、账实相符的基础。

2. 账账核对

账账核对是指各种账簿之间有关数字的核对。主要内容包括以下几个方面。

1)总账借方与贷方的核对(总账试算平衡)

总分类账中全部账户的本期借方发生额合计与贷方发生额合计相等,全部账户的期末借方余额合计与期末贷方余额合计相等,应分别核对清楚。

2)总账与日记账的核对

总分类账中库存现金、银行存款账户的本期发生额合计和期末余额应与库存现金、银行存款日记账的相应数字核对相符。

3)总账与明细账的核对(平行登记的结果检查)

总分类账的本期发生额和期末余额应与所属明细账的本期发生额合计和期末余额合计核对相符。

4)各部门财产物资明细账的核对

会计部门有关财产物资明细账的余额,与财产物资保管部门或使用部门相应明细账的余额核对相符。

以上各种账簿之间的核对,可以直接核对,也可以通过编表间接核对。

3. 账实核对

账实核对是指各种财产物资和债权债务的账面余额与实存数额进行核对,主要包括以下内容。

1)账款核对

库存现金日记账的账面余额,应与库存现金实存数额核对相符。

2)账单核对

银行存款日记账的账面余额,应与财产物资的实存数额核对相符。

3)账人核对

各种应收款、应付款明细分类账的账面余额,应与有关债务人、债权人核对相符。

以上各种账实核对,一般是通过财产清查进行的。财产清查是会计核算的专门方法之一,其具体内容将在后面章节中详述。

二、结账

结账是在本期发生的经济业务全部入账的基础上,计算各账户本期发生额和余额,结束本期账簿记录的方法。

结账的内容和程序如下:

(1)将本期日常发生的经济业务全部入账。不能为赶编会计报表而提前结账,也不能先编报表后结账。如发现漏账、错账,应及时补记、更正。

(2)按照权责发生制的要求,编制期末账项调整的凭证,并据以入账。(账项调整的内容将在专业会计课中介绍。)

(3)按照配比原则的要求,编制结转已售产品成本等记账凭证,并据以入账。

(4)结转各费用(成本)类账户和收入类账户,编制结账凭证并据以入账,以确定本期财务状况、经营成果。

(5)计算所得税并结转;年末结转"本年利润"和"利润分配"账户。

(6)核对账目,保证账证相符、账账相符和账实相符。

(7)在本期全部经济业务登记入账并核对相符的基础上,分别按规定结出各种日记账、总分类账、明细分类账的本期发生额和期末余额,并画线结账。

会计期末采用画通栏红线的方法进行结账。画结账红线的目的是为了在繁多的账户记录中突出有关数额,并明确划清各期记录的界线。由于各种账户所提供的指标作用不同,结账方法的繁简也不相同。

(1)对于本月没有发生额的账户,不必进行月结(也不画结账红线)。

(2)对于重要的财产物资、债权债务明细账,应逐日逐笔登记,登记一笔立即结出余额,月末时只需在本月最后一笔记录下面画一条通栏红线,表示"本期记录到此结束"。

(3)对于库存现金日记账和银行存款日记账,应在本月最后一笔记录下面画一条通栏单红线,并在下一行的摘要栏中用红字居中书写"本月合计"(或盖"本月合计"章),同时在该行结出本月发生额合计及余额,然后在"本月合计"行下面再画一条通栏单红线。

(4)对于其他明细账,如应交税费明细账、成本类明细账和损益明细账,平时只登记发生额,月末结出发生额合计和月末余额即可,画线方法与上述相同。从月末开始,按月结出累计发生额,并在累计下画两条单红线。

(5)对于总账,如果用记账凭证核算程序,需逐日逐笔登记总账,平时可不结余额,月末结出发生额合计及余额,并画一条通栏红线。如果采用科目汇总表核算程序,汇总一次,登记一次,月末结出发生额合计及余额,并画一条通栏红线。年末结出"本年合计"。

(6)年末结账。在各账户的"本年合计"或本年最后一笔记录下面画通栏双红线,表示"年末封账",有余额的账户,要在摘要栏加盖"结转下年"戳记,并把余额结转到下年新账簿相应账户的余额栏。

第五节 账簿的更换和保管

一、账簿的更换

为了保持账簿资料的连续性,每年年末都要更换新账。总账、日记账和大部分的明细账,每年更换一次。年初,要将旧账各账户年末余额直接转记到新账簿各账户的第一行中,并在"摘要"栏中加盖"上年结转"戳记。上年旧账各账户最后一行"摘要"栏内加盖"结转下年"戳记。旧账余额过入新账时,无须编制记账凭证。对于数额变动较小、内容格式特殊的明细账,如固定资产明细账和备查账,可以连续使用多年,而不必每年更换新账。

二、账簿的保管

会计凭证、会计账簿和会计报表都是企业的会计档案和历史资料,必须妥善保管,不得销毁和丢失。

正在使用的账簿,应由经管账簿的会计人员负责保管。年末结账后,会计人员应将活页账簿的空白账页抽出,并在填写齐全的"账簿启用及经管人一览表"、"账户目录"前加上封面,固定装订成册,经统一编号后,与各种订本账一起归档保管。各种账簿的保管年限和销毁的审批程序,应按会计制度的规定严格执行。

【知识巩固】

一、单选题

1. 会计账簿的登记,必须以(　　)为依据,并符合有关法律、法规和国家统一的会计制度的规定。
   A. 会计凭证　　　　　　　　　B. 记账凭证
   C. 经过审核的记账凭证　　　　D. 经过审核的会计凭证

2. 现金日记账、银行存款日记账的保管期限为(　　)。
   A. 15 年　　　　B. 25 年　　　　C. 30 年　　　　D. 5 年

3. 会计机构负责人(会计主管人员)办理交接手续,由单位负责人监交,必要时需会同监交的有(　　)。
   A. 审计部门派人　　　　　　　B. 主管单位派人
   C. 财政部门派人　　　　　　　D. 税务部门派人

4. 会计档案由(　　)负责整理立卷归档。
   A. 档案管理部门　　　　　　　B. 专人
   C. 会计机构　　　　　　　　　D. 总经理

5. 已经登记入账的记账凭证在当年内发现错误的可以用(　　)进行更正。
   A. 画线法　　　　　　　　　　B. 双红线法
   C. 蓝字填制一张更正凭证　　　D. 红字注销法

6. 以下哪项不是账户的"金额要素"?(　　)
   A. 期初余额　　　　　　　　　B. 期末余额
   C. 本期发生额　　　　　　　　D. 本期减少额

7. 以下哪项不是总分类账户与明细分类账户的平行登记要点?(　　)
   A. 依据相同　　　　　　　　　B. 方向相同
   C. 金额相等　　　　　　　　　D. 账本相同

8. 卡片式账簿一般适用于下列哪类明细分类账?(　　)
   A. 现金　　　　　　　　　　　B. 银行存款
   C. 固定资产　　　　　　　　　D. 预提费用

9. 以下哪项不符合账簿平时管理的具体要求?(　　)
   A. 各种账簿应分工明确,指定专人管理
   B. 会计账簿只允许在财务室内随意翻阅查看
   C. 会计账簿除需要与外单位核对外,一般不能携带外出
   D. 账簿不能随意交与其他人员管理

二、多选题

1. 在会计账簿登记中,可以用红色墨水记账的有(　　)。

A. 更正会计科目和金额同时错误的记账凭证
   B. 更正会计科目正确,多记金额的记账凭证
   C. 登记减少数
   D. 未印有余额方向的,在余额栏内登记相反方向数额
2. 会计账簿登记规则包括( )。
   A. 记账必须有依据
   B. 按页次顺序连续记账
   C. 账簿记载的内容应与记账凭证一致,不得随便增减
   D. 结清余额

第七章 会计账务处理程序

【学习目标】

本章主要阐述在实践工作中常用的三种会计账务处理程序。通过本章的学习,应明确账务处理程序的意义,了解三种账务处理程序的操作过程、特点及其适用条件,重点掌握记账凭证账务处理程序和科目汇总表账务处理程序。

第一节 账务处理程序及种类

会计凭证、会计账簿和会计报表是组织会计核算的工具。而会计凭证、会计账簿和会计报表又不是彼此孤立的,它们以一定的形式结合,构成一个完整的工作体系,这就决定了各种会计记账程序。

所谓账务处理程序就是指会计凭证、会计账簿、会计报表和会计记账程序之间相互结合的方式,也称会计核算形式和会计核算组织程序。记账程序是指从填制和审核会计凭证到登记账簿以及根据账簿记录编制会计报表的顺序和过程。不同的记账程序规定了不同的填制会计凭证、登记账簿、编制会计报表的方法和步骤。

一、账务处理程序的意义和作用

1. 账务处理程序的意义

为了更好地反映和监督企业、行政以及事业等单位的经济活动,为经济管理提供系统的、全面的、综合的核算资料,必须相互联系地运用会计核算的专门方法,采用一定的组织程序、规定设置会计凭证、会计账簿及会计报表的种类和格式,规定各种会计凭证之间、各种会计账簿之间、各种会计报表之间的相互关系,规定其填制方法和登记程序。这是会计制度设计的一个重要内容,对于提高会计工作的质量和效率,正确及时地编制会计报表,提供全面、连续、系统、清晰的会计核算资料,满足企业内外会计信息使用者的需要具有重要意义。

采用一定的会计核算形式,通过规定会计凭证、会计账簿和会计报表之间的登记、传递程序,将各企业、行政以及事业等单位的会计核算工作有机地组织成为既有分工又有协作的整体,可以将各个会计核算岗位的工作连在一起。科学的记账程序,对于减少会计人员的工作量、节约人力和物力有着重要意义。

2. 账务处理程序的作用

每个会计主体都应按照会计准则和经营管理的要求,结合本单位的具体情况,设计适合本单位需要的记账程序。适用、合理的记账程序在会计核算工作中能起到下列作用:

(1)使整个会计循环能按部就班地运行,减少不必要的环节和手续,既能提高信息质量,又能提高效率,节约开支。

(2)使每一项经济业务都能及时正确地在账务处理程序的各个环节上反映出来,加工成信息后能够既无重复又无疏漏地反映到会计报表上来。

(3)使单位内外有关部门都能按照账务处理程序中规定的记账程序审查每项经济业务的来龙去脉,从而加强对基层单位的监督和管理。

二、设计账务处理程序的要求

合理、适用的账务处理程序,一般应符合以下三个要求:

(1)要适应本单位经济活动的特点、规模的大小和业务的繁简情况,有利于会计核算的分工,建立岗位责任制。

(2)要适应本单位、主管部门以及国家管理经济的需要,全面、系统、及时、正确地提供能够反映本单位经济活动情况的会计核算资料。

(3)要在保证核算资料正确、及时和完整的前提条件下,尽可能地简化会核算手续,提高会计工作效率,节约人力物力,节约核算费用。

三、账务处理程序的种类

我国会计准则并不硬性规定每个单位应采用何种账务处理程序,完全是由各单位自主选用或设计。因此,需要了解目前在会计工作实践中所应用的账务处理程序的种类、内容、优缺点及适用范围。根据前述要求,结合我国会计工作的实际情况,我国各经济单位通常采用的主要账务处理程序有以下三种:

(1)记账凭证账务处理程序。

(2)科目汇总表账务处理程序。

(3)汇总记账凭证账务处理程序。

以上三种账务处理程序有很多相同点,但也存在差异,其主要区别表现在各自登记总账的依据和方法不同。下面分别介绍三种账务处理程序的基本内容、特点及适用范围。

第二节 记账凭证账务处理程序及其应用

一、记账凭证账务处理程序的特点

这种账务处理程序直接根据记账凭证,逐笔登记总分类账,是最基本的会计核算形式。其他各种会计核算形式都是在此基础上,根据经济管理的需要发展而成的。

二、记账凭证账务处理程序的核算要求

采用记账凭证账务处理程序,一般应设置库存现金日记、银行存款日记、总分类账和明细分类账。库存现金、银行存款日记账和总分类账均采用三栏式;明细分类账可根据需要采用三栏式、数量金额式和多栏式;记账凭证可用一种通用记账凭证,适合全部业务,也可采用专用记账凭证,即收款凭证、付款凭证和转账凭证同时应用。在这种核算形式下,总分类账一般是按户设页。

三、记账凭证账务处理程序的核算步骤

记账凭证账务处理程序如图 7-1 所示。

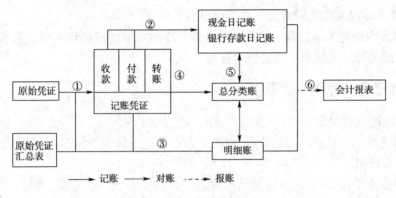

图 7-1 记账凭证账务处理程序

图 7-1 中：
①根据原始凭证(或原始凭证汇总表)填制记账凭证；
②根据收款凭证和付款凭证逐笔登记库存现金日记账和银行存款日记账；
③根据记账凭证和原始凭证(或原始凭证汇总表)逐笔登记各种明细账；
④根据记账凭证逐笔登记总账；
⑤月终，将库存现金日记账、银行存款日记账的余额及各种明细账余额的合计数，分别与总账中有关账户的余额核对相符；
⑥月终，根据账簿编制会计报表。

四、记账凭证账务处理程序的优缺点和适用范围

采用这种账务处理程序的优点是简单明了，在总账中可以全面反映各项经济业务的发生情况，便于分析和检查，对经济业务发生较少的科目，总账可代替明细账；这种账务处理程序的缺点是登记总账的工作量较大，也不便于会计分工。所以，这种账务处理程序一般适用于规模较小、经济业务较少的单位。

第三节 科目汇总表账务处理程序及其应用

一、科目汇总表账务处理程序的特点

这种账务处理程序的主要特点是定期编制科目汇总表，并据以登记总分类账。

二、科目汇总表账务处理程序的核算要求

采用这种账务处理程序，除了要设置通用格式或专用格式的记账凭证外，还要编制科目汇总表。账簿的设置与格式均与记账凭证账务处理程序相同。

科目汇总表的性质和作用与记账凭证汇总表相似，但两者的结构和编制方法不同。科目汇总表不分对应科目进行汇总，而是将所有科目的本期借方、贷方发生额汇总在一张科目汇总表内，然后据以登记总账。

三、科目汇总表账务处理程序的核算步骤

科目汇总表账务处理程序如图 7-2 所示。

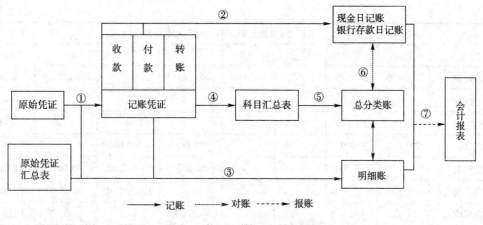

图 7-2 科目汇总表账务处理程序

图 7-2 中：
①根据原始凭证或原始凭证汇总表编制收款凭证、付款凭证和转账凭证；
②根据收款凭证和付款凭证登记库存现金日记账、银行存款日记账；
③根据原始凭证或原始凭证汇总表、记账凭证登记各种明细账；
④根据记账凭证,定期编制科目汇总表(亦称记账凭证汇总表)；
⑤根据科目汇总表,定期登记总账；
⑥月终,将库存现金日记账、银行存款日记账和各种明细账余额的合计数分别与总账核对；
⑦月终,根据总账和明细背资料编制会计报表。

四、科目汇总表账务处理程序的优缺点和适用范围

采用这种账务处理程序,由于通过定期汇总分次根据记账凭证汇总表登记总账,从而可以简化登记总账的工作,而且,记账凭证汇总表还能起到试算平衡的作用,有利于提高检查记账工作的准确性。但是,汇总的工作量比较繁重,而且记账凭证汇总表不能反映账户对应关系,所以不便于了解经济业务的来龙去脉。因此,这种账务处理程序适用于规模较大,经济业务较多的单位。

五、科目汇总表账务处理程序的应用技术

(1)根据原始凭证或原始凭证汇总表填制记账凭证。
(2)根据记账凭证登记库存现金日记账、银行存款日记账。
(3)根据原始凭证或凭证汇总表和记账凭证登记各种明细账。
(4)编制科目汇总表,其工作过程及结果如表 7-1 所示。

科 目 汇 总 表　　　　　　表 7-1
2013 年 12 月　　　　　　单位:元

会计科目	1~10日发生额		11~20日发生额		21~31日发生额		合　计	
	借方	贷方	借方	贷方	借方	贷方	借方	贷方
库存现金	23 000	18 900	36 500	20 000	10 000	8 000	69 500	46 900
银行存款	73 700	86 970	586 450	34 610	60 000	44 316	720 150	165 896

续上表

会计科目	1~10日发生额 借方	1~10日发生额 贷方	11~20日发生额 借方	11~20日发生额 贷方	21~31日发生额 借方	21~31日发生额 贷方	合计 借方	合计 贷方
应收账款	586 450			382 950	136 784.14		723 234.14	382 950
其他应收款		4 000						4 000
在途物资		229 840						229 840
原材料	229 840	9 000			325 008	1 650 000		1 659 000
应交税费		188 700			55 080	41 169.38	55 080	229 869.38
应付职工薪酬	805 520					918 292.80	805 520	918 292.80
主营业务收入		1 100 000				1 100 000		1 100 000
其他业务收入		10 000				10 000		10 000
管理费用	4 150		3 810		104 596.98		112 556.98	112 556.98
其他业务成本	9 000					9 000	9 000	9 000
预付账款			4 800				4 800	
短期账款				500 000				500 000
应付账款			306 000				306 000	
实收资本						600 000		600 000
生产成本					2 526 370.82	2 526 370.82	2 526 370.82	2 526 370.82
制造费用					162 071.18	162 071.18	162 071.18	162 071.18
累计折旧						51 500		51 500
财务费用					5 000	5 000	5 000	5 000
应付利息						5 000		5 000
库存商品					2 526 370.82	807 951.50	2 526 370.82	807 951.50
主营业务成本					807 951.50	807 951.50	807 951.50	807 951.50
营业税金及附加					13 362	13 362	13 362	13 362
营业外收入					1 000	1 000	1 000	1 000
本年利润					1 111 000	1 111 000	1 111 000	1 111 000
销售费用					1 900	1 900	1 900	1 900
营业外支出					50 000	50 000	50 000	50 000
所得税费用					27 807.38	27 807.38	27 807.38	27 807.38
利润分配					83 422.14	125 133.21	83 422.14	125 133.21
盈余公积						8 342.21		8 342.21
应付股利						33 368.86		33 368.86
合计	1 731 660	1 731 660	937 560	937 560	9 117 724.96	9 117 724.96	11 232 096.96	11 232 096.96

根据定期编制的科目汇总表登记总分类账。现以北京某金属制品有限公司发生的经济业务为例给予说明。为了减少篇幅,仅登记"银行存款"、"库存现金"、"应交税费"、"管理费用"、"原材料"、"应收账款"这几个经济业务量较多的账户,如表7-2~表7-7所示。

表 7-2

总 账

会计科目 __库存现金__

2013年		凭证号	摘要	借方	贷方	借或贷	核对号	金额
月	日							
12	1		承前页			借		45400.00
	10	科汇1	1~10日汇总	23000.00	18900.00			
	20	科汇2	11~20日汇总	36500.00	20000.00			
	31	科汇3	21~31日汇总	10000.00	8000.00			
	31		本月合计	69500.00	46900.00	借		68000.00

表 7-3

总 账

会计科目 __银行存款__

2013年		凭证号	摘要	借方	贷方	借或贷	核对号	金额
月	日							
12	1		承前页			借		1540000.00
	10	科汇1	1~10日汇总	73700.00	869710.00			
	20	科汇2	11~20日汇总	586450.00	346100.00			
	31	科汇3	21~31日汇总	600000.00	443600.00			
	31		本月合计	720150.00	1658960.00	借		708254.00

表7-4

总　账

会计科目　应交税费

2013年		凭证号	摘要	借方金额	贷方金额	借或贷	余额
月	日						
12	1		承前页			贷	
	10	科汇1	1~10日汇总		188700.00		
	31	科汇3	21~31日汇总	50800.00	41169.38		
	31		本月合计	50800.00	229869.38	贷	1947893.08

表7-5

总　账

会计科目　管理费用

2013年		凭证号	摘要	借方金额	贷方金额	借或贷	余额
月	日						
	10	科汇1	1~10日汇总	41500.00			
	20	科汇2	11~20日汇总	38100.00			
	31	科汇3	21~31日汇总	104596.98			
	31		本月合计	112556.98	112556.98	平	0.00

表 7-6

总 账

会计科目 盈余公积

2013年		凭证号	摘要	借方 金额											贷方 金额											借或贷	金额										
月	日			十亿	亿	千	百	万	十	千	百	十	元	角	分	十亿	亿	千	百	万	十	千	百	十	元	角	分		十亿	亿	千	百	万	十	千	百	十	元	角	分
12	1		上年结转																									贷					5	0	0	0	0	0	0	0
	31	科汇 3	21～31日汇总																	8	3	4	2	2	1		贷					5	8	3	4	2	2	1

表 7-7

总 账

会计科目 应付股利

2013年		凭证号	摘要	借方 金额											贷方 金额											借或贷	金额										
月	日			十亿	亿	千	百	万	十	千	百	十	元	角	分	十亿	亿	千	百	万	十	千	百	十	元	角	分		十亿	亿	千	百	万	十	千	百	十	元	角	分
12	31	科汇 3	21～31日汇总																	3	0	0	0	0	0	0	贷					3	0	0	0	0	0	0

第四节　汇总记账凭证账务处理程序及其应用

一、汇总记账凭证账务处理程序的特点

这种账务处理程序的主要特点是根据记账凭证编制汇总记账凭证,再根据汇总记账凭证登记总分类账。

二、汇总记账凭证账务处理程序的核算要求

采用这种账务处理程序时,不能采用通用记账,必须采用专用记账凭证,即收款凭证、付款凭证和转账凭证三种,除此以外,还要设置汇总收款凭证、汇总付款凭证和汇总转账凭证。三种汇总记账凭证分别根据收款、付款、转账三种记账凭证汇总填制。汇总记账凭证要定期填制,间隔天数视业务量多少而定,一般为5天或10天,每月汇总编制一张,月终结出合计数,据以登记总分类账。

汇总收款凭证和汇总付款凭证均以库存现金、银行存款账户为中心设置,因为这两个账户的收、付发生状况反映了库存现金存量和银行存款存量的变动情况,单位应及时掌握。具体来说,汇总收款凭证应根据库存现金和银行存款的收款凭证,以这两个账户的借方分别设置,并按与这两个账户对应的贷方账户归类汇总;汇总付款凭证则方向相反;库存现金和银行存款之间相互划转的业务,则视同汇总付款凭证处理;汇总转账凭证一般按有关账户的贷方分别设置,并以对方科目的借方账户归类汇总。因此,汇总转账凭证只能是一贷一借或一贷多借,而不能相反。这样既反映了经营过程中各种存量的变动情况,又与单位资金运动的方向相一致。采用这种账务处理程序,账簿的设置与格式均与记账凭证账务处理程序相同。

三、汇总记账凭证账务处理程序的核算步骤

汇总记账凭证账务处理程序如图7-3所示。

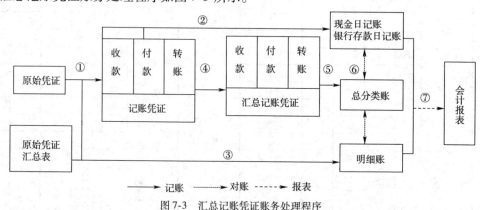

图7-3　汇总记账凭证账务处理程序

图7-3中:
①根据原始凭证或原始凭证汇总表填制收款凭证、付款凭证和转账凭证;
②根据收款凭证、付款凭证逐笔登记库存现金日记账和银行存款日记账;
③根据记账凭证和原始凭证或原始凭证汇总表,逐笔登记各种明细账;
④根据收款凭证、付款凭证和转账凭证,定期编制汇总收款凭证、汇总付款凭证和汇总转账凭证;

⑤根据汇总收款凭证、汇总付款凭证和汇总转账凭证登记总账;
⑥月终,将库存现金日记账、银行存款日记账和各种明细账的合计数分别与总账核对;
⑦月终,根据总账和明细账有关资料编制会计报表。

四、汇总记账凭证财务处理程序的优缺点和适用范围

采用这种账务处理程序的优点是可以简化登记总账的工作,由于汇总记账凭证可以反映账户对应关系,便于了解经济业务的来龙去脉,进而有利于分析和检查。但是,由于记账凭证的汇总是按有关账户的借方或贷方而不是按经济业务的性质归类汇总的,不利于会计核算分工,同时汇总工作量也很大,所以,这种账务处理程序适用于规模较大、经济业务较多的单位。

五、汇总记账凭证账务处理程序的应用技术

现仍以某电子实业有限公司2013年12月份发生的经济业务为例来给予说明。这里仅就"银行存款"的汇总收款凭证和汇总付款凭证的编制方法以及如何根据汇总收款凭证和汇总付款凭证登记银行存款总账进行简述。其工作过程及结果如表7-8~表7-10所示。

汇总收款凭证　　　　　　　　　　　　表7-8

借方科目:银行存款　　　　2013年12月　　　　汇收第1号

贷方科目	金额(元)				总账页数	
	1~10日	11~20日	21~31日	合计	借方	贷方
主营业务收入	600 000			600 000	略	略
应交税费	103 700			103 700		
其他业务收入	10 000			10 000		
应收账款		586 450		586 450		
短期贷款		500 000		500 000		
实收资本			600 000	600 000		
合计	713 700	1 086 450	600 000	2 400 150		

汇总付款凭证　　　　　　　　　　　　表7-9

贷方科目:银行存款　　　　2013年12月　　　　汇付第1号

贷方科目	金额(元)				总账页数	
	1~10日	11~20日	21~31日	合计	借方	贷方
应收账款	1 450			1 450	略	略
库存现金	805 520			805 520		
管理费用		3 810	3 575	7 385		
预付账款		4 810		4 800		
应付账款		306 000		306 000		
原材料			325 008	325 008		
应交税费			55 080	55 080		
销售费用			1 900	1 900		
制造费用			7 600	7 600		
营业外支出			50 000	50 000		
合计	806 970	314 610	443 163	1 564 743		

总分类账(简式) 表7-10

会计科目:银行存款　　　　　　　　　　　　　　　　　　　　　　　　　　单元:元

2013年		凭证号	摘要	对方科目	借方	贷方	借或贷	余额
月	日							
12	1		期初余额				借	
	31			主营业务收入	600 000			
	31			应交税费	103 700	55 080		
	31			其他业务收入	10 000			
	31			应收账款	586 450	1 450		
	31			短期借款	500 000			
	31		略	实收资本	600 000			
	31			库存现金		805 520		
	31			管理费用		7 385		
	31			预付账款		4 800		
	31			应付账款		306 000		
	31			原材料		325 008		
	31			销售费用		1 900		
	31			制造费用		7 600		
	31			营业外支出		50 000		
	31		本月发生额及余额		2 400 150	1 564 743		2 080 807

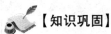

【知识巩固】

一、单选题

1. 为保证各企业之间会计信息的可比性,只要是同样的经济业务(　　)。
   A. 企业可以自由选择会计政策　　B. 就应当用同样的会计方法和程序
   C. 应采用相同方法与不同的程序　　D. 应采用相同的程序与不同的方法

2. 记账凭证账务处理程序不适用于以下哪类单位?(　　)。
   A. 小型企业　　　　　　　　　　B. 机关
   C. 大型批零兼营商业企业　　　　D. 事业单位

3. 以下哪项不属于会计工作组织的内容?(　　)
   A. 制定单位会计工作的组织形式　　B. 建立单位的会计机构
   C. 制定会计工作的管理体制　　　　D. 单位档案的管理

二、多选题

1. 能够适用于单位规模较大、业务量较多的账务处理程序是(　　)。
   A. 记账凭证账务处理程序　　　　B. 汇总记账凭证账务处理程序
   C. 科目汇总表账务处理程序　　　D. 日记总账账务处理程序

2. 下列各项中属于记账凭证账务处理程序内容的有(　　)。
   A. 填制记账凭证　　　　　　　　B. 逐笔登记总账

C. 登记明细分类账　　　　　　　　D. 编制科目汇总表
3. 一个好的账务处理程序应该具备以下哪些特征？（　　）
　　A. 与单位的经营特点和形式等情况相适应
　　B. 要能够及时、正确和完整地提供会计信息
　　C. 可以简化核算程序,提高工作效率,节约人力和物力
　　D. 有利于会计人员以及单位内部各部门之间的协作
4. 组织会计工作的过程中应注意遵循以下哪些原则？（　　）
　　A. 必须符合国家对会计工作的统一要求
　　B. 适应本单位经营管理活动的特点
　　C. 必须符合精简节约的原则
　　D. 必须符合内部控制及责任制的要求

第八章 财产清查

【学习目标】

财产清查是会计核算方法之一,是保证会计核算资料客观、真实以及企业财产物资安全完整的必要手段。通过本章的学习,学生应该了解财产清查的重要意义和种类,掌握财产清查的方法,熟练掌握财产清查的会计处理。

第一节 财产清查的意义和种类

一、财产清查的概念

会计核算的任务之一,是全面反映和监督会计主体财产物资的保管和使用情况,保证单位财产物资的安全完整,提高各项财产物资的使用效果。单位的各项财产物资包括库存现金、银行存款等各种货币资金、固定资产、原材料、在产品、产成品、库存商品等各项实物资产,以及各种应收、应付往来款项。为了保证账簿记录正确,应加强会计凭证的日常审核,完善企业内部管理与控制制度,做到账证相符、账账相符、账表相符。但是,只是账簿记录正确还不能反映各项财产物资的真实情况,因为有很多客观原因会使各项财产物资的账面数额与实际结存数额发生差异,造成账实不符。

具体来说,造成各种财产物资账实不符的原因主要有以下几个方面:
(1)在收发财产物资时,由于计量、检验不准确而发生的品种、数量和质量上的差错。
(2)在凭证和账簿中,出现漏记、错记和计算上的错误。
(3)在财产物资保管过程中发生的自然损耗。
(4)由于管理不善或工作人员失职,而造成的财产损坏、变质或短缺。
(5)由于不法分子的贪污盗窃、营私舞弊而发生的财产损失。
(6)发生的自然灾害或意外损失。
(7)因未达账项引起的银行存款账实不符。

因此,为了保证账簿记录的真实性和正确性,保证财产物资的账实相符,从而保证会计信息的质量,必须通过财产清查这种专门方法,定期或不定期地对单位各种财产物资进行清查、盘点、核对,以便及时发现和揭露各项财产物资实存数和账存数的差异,查明导致差异的原因和相关责任人的责任,按规定的程序和方法调整账面记录,实现账实相符。

所谓财产清查,就是通过对财产物资、货币资金和债权债务等的盘点与核对,确定其实存数额同账存数额是否相符,并据以调整账面记录从而保证账实相符的一种专门方法。

二、财产清查的意义

财产清查作为一种会计核算的专门方法,加强财产清查工作,对于加强单位财产物资的管理、充分发挥会计的监督作用具有重要意义。

1. 保证企业会计资料的真实性

通过财产清查,可以查明各项财产的实存数、实存数同账存数的差异,以及发生差异的原因和责任,以便采取措施,保证账实相符和会计资料的真实可靠。

2. 保护企业财产物资的安全、完整

通过财产清查,可以查明各项财产物资的保管情况是否良好,有无损失浪费、霉烂变质和非法挪用、贪污盗窃等情况,以便查明原因,进行处理。同时可从中吸取教训,采取措施,堵塞漏洞,建立健全各项物资管理制度,保护单位财产物资的安全和完整。

3. 挖掘企业财产物资的潜力,合理使用资金

通过财产清查,可以查明各种财产物资的储存、保管、使用情况,以及有无超储、积压和呆滞等情况,从而可以采取措施,充分挖掘物资潜力,加速资金周转,提高企业财产物资的使用效率。

4. 维护财经法纪,遵守结算制度

通过财产清查,可以查明单位有关业务是否遵守财经纪律和结算制度,有无贪污、盗窃、非法挪用的情况,促使工作人员更加自觉地遵纪守法,严格按制度办事。

5. 保障本单位对外经济往来的正常进行

通过财产清查,查明各种往来款项的结算情况,以便及时处理长期拖欠债权债务、无故拒付款项等问题,保障本单位经济业务的正常进行。

三、财产清查的种类

财产清查按不同的标准划分有不同的种类:按其清查的范围不同,可分为全部清查和局部清查;按其清查的时间不同,可分为定期清查和不定期清查;按其清查的执行单位不同,可以分为内部清查和外部清查。

1. 全部清查和局部清查

全部清查是指对所有的财产进行全面的清查、盘点与核对。清查的内容主要是各种财产物资、货币资金和债权债务,具体包括:

(1)固定资产、原材料、在产品、库存商品、在途物资、委托其他单位加工、保管的物资、受托代保管物资等。

(2)现金、银行存款、其他货币资金、股票、债券等。

(3)应收账款、应付账款、其他应收款、其他应付款、各种银行借款等。

全部清查范围大、内容多、时间长、参与人员多。一般是在年终决算前、单位撤销、合并或改变隶属关系前、清产核资前以及单位主要领导调动工作前进行,目的是保证会计报表信息的真实和准确,保障企业财产物资的安全与完整。

局部清查是指对一部分财产进行的清查。具体清查对象应根据管理需要确定,一般限于流动性较大又易于损耗的物资和比较贵重的财产。局部清查范围小、内容少、时间短、参与人员少,但专业性较强。一般各种贵重财产每月至少要清查一次;库存现金要每日清查一次;银行存款至少每月同银行核对一次;债权债务每年至少要核对一至两次;原材料、在产品、库存商品等,除年终全部清查外,还应在年内轮流盘点或重点抽查。

2. 定期清查和不定期清查

定期清查是指按照预先清查计划安排的时间对财产物资、往来款项进行的清查。一般是

在月末、季末或年终结账前进行。其清查的范围通常根据管理的需要而定,可以是全面清查,如年终结账前对全部财产物资进行的清查;也可以是局部清查,如月末、季末时对货币资金、贵重物资的轮流清查或重点抽查。

不定期清查是指事前不规定清查日期,而根据管理需要临时进行的财产清查,因此,也称临时清查。不定期清查一般在以下几种情况下进行:

(1)更换财产物资和现金保管人时。
(2)财产发生非常灾害或意外损失时。
(3)有关单位对单位进行审计查账时。
(4)单位关、停、并、转、清产核资、破产清算时。

在实际工作中,上述各种类型的财产清查,通常是综合使用的。无论是哪种类型的财产清查,不外乎是对库存现金账存数和实有数、银行存款日记账余额和银行对账单余额、财产物资账面结存数与实际库存数、往来款项账面余额与对方单位账面余额进行清查与核对。

3. 内部清查和外部清查

内部清查是指企业内部相关管理部门根据企业财产物资保管的要求和企业财产物资保管制度,进行的清查工作。这种清查也称为自查,一般在企业常规的财产物资清查管理时进行。外部清查是由上级主管部门、审计机关、司法部门、注册会计师根据国家有关规定或情况需要进行的清查工作,一般在完成特定目的时进行。

四、财产清查的程序

财产清查是一项复杂、细致、具有较强技术性的工作,而且涉及面广,工作量也比较大,因此,为了使财产清查有效、顺利地进行,必须进行认真组织,并遵循一定的清查程序。

通常,财产清查的程序一般包括以下几个环节:

(1)建立财产清查组织。在清查之前,应在主要负责人领导下,组织由会计部门牵头的财产清查小组,制订财产清查计划,安排清查工作的进度和人员分工等。
(2)组织清查人员学习有关政策规定,掌握有关法律、法规和相关业务知识,以提高财产清查工作的质量。
(3)确定清查对象、范围,明确清查任务。
(4)确定清查方案,具体安排清查内容、时间、步骤、方法,以及必要的清查前准备。
(5)准备有关账簿记录。
(6)整理实物资产,准备清查工具等。
(7)填制盘点清查单。
(8)根据盘点或核对的情况,填制清查报告表。

在清查之前,通常必须做好组织准备和业务准备两个方面的准备工作。首先,在进行财产清查前,要专门成立清查组织,负责财产清查的组织和管理。在清查过程中,清查组织还必须做好监督和检查工作,及时研究、处理清查中出现的问题。在清查结束后,应将清查的结果及其处理意见和建议以书面报告形式呈送有关部门审批。其次,会计部门和会计人员,应在财产清查前,将有关账目登记齐全,结出余额,核对清楚,做到账簿记录完整、正确,账证相符,账账相符,为清查提供可靠的依据。同时,财产物资管理部门和保管人员,应将截止日为止的所有经济业务,办理好凭证手续,全部登记入账,并结出余额。

第二节 财产清查的方法

一、财产物资的盘存制度

财产物资的盘存制度有"永续盘存制"和"实地盘存制"两种。在不同的盘存制度下,企业各项财产物资在账簿中的记录方法和清查盘点的目的是不同的。

1. 永续盘存制

永续盘存制,又叫账面盘存制,它是指平时对各项财产物资的增加数和减少数,都要根据会计凭证计入有关账簿,并随时在账簿中结出各种财产物资的账面结存数额的一种盘存制度。其目的是以账存数控制实存数。

在永续盘存下,期末账面结存数的计算公式如下:

$$期初结存数 + 本期增加数 - 本期减少数 = 期末结存数$$

采用永续盘存制,日常核算的工作量大,但手续严密,通过账簿连续记录,可以随时了解财产物资的收、发、存情况,发现问题可以及时处理,堵塞管理上的漏洞,有利于加强财产物资的管理。

2. 实地盘存制

实地盘存制与永续盘存制不同,采用实地盘存制的企业,平时在账簿记录中只登记财产物资的增加数,不登记减少数;月末,通过对财产物资的实地盘点来作为账面的结存数,然后再倒推出本期减少数,据以登记账簿。在实地盘存制下,本期减少数的计算公式如下:

$$期初结存数 + 本期增加数 - 期末实地盘存数 = 本期减少数$$

由此可见,在实地盘存制下,月末对财产物资进行清查盘点的目的在于确定期末账面结存数,并倒推出本期减少数,这有悖于财产清查的初衷。同时,采用实地盘存制,虽然核算工作比较简单,但手续不严密,可能掩盖财产物资管理上存在的问题,致使成本核算不真实。因此,除非特殊情况,企业一般不宜采用实地盘存制。

综上所述,不论财产物资账面结存数的确定采用哪种方法,都必须定期或不定期对财产物资进行清查盘点。"

二、财产清查的一般方法

1. 实地盘点法

实地盘点法指对被清查的实物,通过实地清点或用计量器进行量度(点数、量尺、过磅)来确定其实际数量的一种方法,适用于一般实物财产。

2. 技术推算法

技术推算法指对被清查的实物,通过计量其体积,然后用一定技术加以推算,以确定其实际数量的一种方法。适用于数量多、体积大或难以逐一清点的实物。

3. 查询法

查询法指根据账簿记录,采取当面查对或函调方式查对,以确定财产实有数的一种方法,主要适用于委托加工、出租出借以及应收项目的清查。

4. 账单核对法

账单核对法指把本单位的账簿记录或单证与对方的账、证进行核对并据以确定资产实有数的一种方法,主要适用于银行存款和应收项目的清查。

三、财产清查方法的应用

1. 货币资金的清查方法

货币资金的清查一般包括库存现金和各种银行存款的清查。

1)库存现金的清查方法

库存现金的清查是通过实地盘点的方法,确定库存现金的实有数,再与现金日记账的账面余额进行核对,以查明余缺情况。库存现金的盘点,应由清查人员会同现金出纳人员共同负责。其清查内容和方法如下:

(1)在盘点前,出纳人员应先将现金收、付凭证全部登记入账,并结出余额。

(2)盘点时,出纳人员必须在场,现金应逐张清点,如发现盘盈、盘亏,必须会同出纳人员核实清楚。盘点时,除查明账实是否相符外,还要查明有无违反现金管理制度规定,如:有无以"白条"充抵现金,库存现金是否超过核定的限额,有无"坐支"现金等。

(3)盘点结束后,应根据盘点结果,及时填制"库存现金盘点报告表"(表8-1),并由检查人员和出纳人员签名或盖章。此表具有双重性质,它既是盘存单,又是账存实存对比表;既是反映现金实存数,用以调整账簿记录的重要原始凭证,也是分析账实发生差异原因、明确经济责任的依据。

库存现金盘点报告表

表8-1

单位名称:　　　　　　　　　　　　年　月　日　　　　　　　　　　　　单位:元

实存金额	账存金额	对比结果			备注
		相符	盘盈	盘亏	

盘点人(签章):　　　　　　　　　　　　　　　　　　　　　　　　出纳员(签章):

2)银行存款的清查方法

银行存款的清查,采用账单核对法进行。即根据银行存款日记账与开户银行转来的银行对账单进行核对,查明银行存款的实有数额。具体的做法是:首先检查本单位银行存款日记账的记录是否正确和完整;然后将银行定期转来的对账单与单位的银行存款日记账进行逐笔核对。如果在核对中发现记账错误,则应当由错误的一方予以更正。

在实际工作中,即使单位和银行双方记账都没有错误,也可能存在银行对账单余额与单位的银行存款日记账余额不相符的情况,原因是存在未达账项。所谓未达账项,是指单位与银行之间,由于凭证传递上的时间差,一方已收到结算凭证并登记入账,而另一方尚未收到结算凭证因而尚未登记入账的款项。具体表现为以下四种情况:

(1)单位已收款入账,银行未收款入账。如单位销售产品收到支票,送存银行后即可根据银行盖章退回的"进账单"回单联登记银行存款的增加,而银行则要等款项收妥后才能记增加,如果此时对账,就形成了单位已收款入账,银行尚未收款入账的未达款项。

(2)单位已付款入账,银行未付款入账。如单位开出一张支票支付购货款,单位可根据支票存根、发票及收料单等记银行存款的减少,而对方销货单位收到支票后未及时到银行办理转账,银行由于未接到支付款项的凭证而尚未记银行存款减少,如果此时对账,就形成了单位已付款入账,银行尚未付款入账的未达款项。

(3)银行已收款入账,单位未收款入账。如外地某单位汇来货款,银行收到汇款单后,登记单位银行存款增加,单位由于未收到汇款凭证尚未记银行存款增加,如果此时对账,就形成了银行已收款入账,单位尚未收款入账的未达款项。

(4)银行已付款入账,单位未付款入账。如银行代单位支付款项,银行已取得支付款项的凭证记银行存款的减少,单位由于未接到凭证尚未记银行存款减少,如果此时对账,就形成了银行已付款入账,单位尚未付款入账的未达款项。

上述任何一种情况或同时多种情况的发生,都会导致银行对账单余额与单位的银行存款日记账余额不相符。为了消除因这种未达账项而导致的不相符,应根据双方核对后发现的未达账项,编制"银行存款余额调节表",据以调节双方的账面余额。具体做法是:将银行对账单与单位的银行存款日记账进行逐笔核对,找出未达账项;然后在"银行存款余额调节表"中将双方的余额各自加上对方已收而本方未收的款项,减去对方已付而本方未付的款项;最后验证调节后双方的余额是否相等。在没有记账错误的情况下,调节后双方的余额应当是相等的。

【例8-1】某企业2013年1月31日的银行存款日记账的账面余额为192 000元,收到银行转来的对账单的余额为186 500元,经逐笔核对,发现以下未达账项:

(1)企业将收到的销售货款的转账支票4 200元送存银行,企业已记银行存款增加,但银行尚未记账。

(2)企业已开出转账支票2 800元。企业已记银行存款减少,但持票人尚未到银行办理转账,银行尚未入账。

(3)银行代企业收到销货款5 700元,银行已收妥入账,企业尚未收到收款通知,所以尚未记账。

(4)银行代企业支付的电费9 800元,银行已记账,企业尚未收到银行的付款通知,所以尚未记账。

要求:编制某企业1月份的银行存款余额调节表。

解析:编制"银行存款调节表"如表8-2所示。

银行存款余额调节表

2013年1月31日   表8-2   单位:元

项目	金额	项目	金额
银行存款日记账余额	192 000	银行对账单余额	186 500
加:银行已收单位未收款项	5 700	加:单位已收银行未收款项	4 200
减:银行已付单位未付款项	9 800	减:单位已付银行未付款项	2 800
调节后余额	187 900	调节后余额	187 900

需要注意的是:编制"银行存款余额调节表"是为了核对、清查单位银行存款的实有数。单位银行存款的实有数,既不是本单位银行存款日记账的余额,也不是银行对账单的余额,而是"银行存款余额调节表"中经过调整后的余额。使单位银行存款日记账余额和银行对账单余额不相符的未达账项,单位无须进行账面调整,需待结算凭证达到后方可进行账务处理,登记入账。"银行存款余额调节表"不能作为调节银行存款日记账余额的原始凭证。

2.存货的清查方法

存货的清查,是指对商品、原材料、在产品、产成品、低值易耗品、包装物等的清查。需要注意的是,从范围上讲,存货还应包括在途存货和委托其他企业加工的存货,对此不可忽视。由于存货的种类繁多,形态各异,而且体积、质量、价值、存放方式也都不一样,所以,存货的清查方法也不同。存货的清查方法通常有实地盘点法和技术推算法两种。

实地盘点法是对各项实物通过逐一清点，或用计量器具确定其实存数量的方法。这种方法适用范围较广泛，大部分财产物资都采用这种方法。

技术推算法是通过量方、计尺等技术方法推算有关财产物资实有数量。这种方法适用于大量、成堆、难以逐一清点的财产物资的清查，如堆存的煤或油罐中的油等。

存货清查的程序应按下列步骤进行：

(1)要由清查人员协同材料物资保管人员在现场对材料物资采用上述相应的清查方法进行盘点，确定其实有数量，并同时检查其质量情况。

(2)对盘点的结果要如实地登记在"盘存单"上，并由盘点人员和实物保管人员签章，以明确经济责任。盘存单的一般格式如表8-3所示。它既是记录实物盘点结果的书面证明，又是反映材料物资实有数的原始凭证。

盘 存 单 表8-3

单位名称：　　　　　　　　　　盘点时间：
财产类别：　　　　　　　　　　存放地点：

编号	名称	规格	计量单位	盘点数量	单价	金额(元)	备注

盘点人(签章)：　　　　　　　　　　　　　　　　　　　　　　保管员(签章)：

(3)根据"盘存单"和相应的材料物资账簿记录情况填制"账存实存对比表"。其一般格式如表8-4所示。"账存实存对比表"是一个重要的原始凭证，它既是调整账簿记录的原始依据，也是因账存数和实存数发生差异而确定经济责任的原始证明材料。

账存实存对比表 表8-4

单位名称：　　　　　　　　　　年 月 日

编号	名称	规格	计量单位	单价	实存		账存		盘盈		盘亏	
					数量	金额	数量	金额	数量	金额	数量	金额

盘点人(签章)：　　　　　　　　　　　　　　　　　　　　　　会计(签章)：

3. 固定资产的清查方法

固定资产是企业开展经营活动的物质基础，在企业的资产总额中占有很大的比重，因此，其清查每年至少进行一次。

固定资产的清查步骤如下：

(1)将固定资产卡片与实物进行核对。账实相符者在卡片中做出标记，账实不符者，如是固定资产盘亏或毁损情况，要查明该项固定资产的原值、已提折旧额等；如是固定资产盘盈情况，要对其估价，以确定盘盈固定资产的重置价值、估计折旧等。然后编制"固定资产盘盈盘亏报告单"。该报告单的格式、内容如表8-5所示。

固定资产盘盈盘亏报告单 表 8-5

单位名称：　　　　　　　　　　　　年　月　日

编号	名称	规格及型号	计量单位	盘 盈			盘 亏			毁 损			原因
				数量	重置价值	估计折旧	数量	原价	已提折旧	数量	原价	已提折旧	

处理意见	使用保管部门	清查小组	审批部门

盘点人（签章）：　　　　　　实物保管人（签章）：　　　　　　会计（签章）：

（2）将盘点后固定资产全部抄入固定资产"实存清单"，再将该单与固定资产卡片逐一核对，对两者之间的差异，填列"固定资产盘盈盘亏报告单"。

4. 往来款项的清查方法

往来款项的清查，包括应收账款、预收账款、应付账款、预付账款清查。其清查应采用查询核对的方法，在保证企业单位应收、应付等往来款项账面记录正确无误的基础上，将所有往来账项分别与对方单位，逐户编制一式两联的对账单，送交、函递对方单位进行核对。如对方单位核对无误，应盖章后退回其中一联；如核对不符，应在回单上注明不符原因后，盖章退回发出单位，以便继续查实。发出单位收到对方的回单后，对错误的账目应及时查明原因，并按规定的手续和方法加以更正。企业单位根据各对方单位的反馈情况，编制"往来款项清查表"，其格式如表 8-6 所示。

往来款项清查报告表 表 8-6

单位名称：　　　　　　　　年　月　日　　　　　　　总账名称：

明细账		清查结果		不相符的原因					备注
户名	账面金额	核对相符金额	核对不相符金额	未达款项	拖付款项	争执款项	无法收回	其他	

清查人（签章）：　　　　　　记账员（签章）：　　　　　　会计（签章）：

第三节　财产清查结果的处理

财产清查工作结束后，应当始终以认真严肃的态度对待盘亏和盘盈的结果，遵循相关法律法规的规定，并按照一定的程序和步骤进行相应的处理。

一、财产清查结果处理的要求

在财产清查结束后，对于清查结果的处理，应当遵循以下要求：

（1）分析产生差异的原因和性质，提出处理建议。对于通过财产清查发现的资产盘盈、盘亏以及质量上的问题,相关人员应当认真严肃对待,仔细调查分析发生差异的原因,必须根据国家的政策、法令和制度,明确相关人员的经济责任,据实提出处理意见。

(2)积极处理多余积压财产,清理往来款项。

(3)总结经验教训,建立健全各项管理制度。对于清查过程中暴露出来的单位在经济管理和会计核算上存在的问题,应该及时总结经验教训,提出切实可行的改进措施,加强单位的经济管理和会计核算工作。

(4)及时调整账簿记录,保证账实相符。对于清查中发现的各种差异,应当按照一定的法定程序和步骤,呈报有关领导部门审批处理,及时对发现的差异做出适当的账务处理,以保证账实相符。单位清查的各种财产的损溢,应于期末前查明原因,在期末结账前处理完毕。

二、财产清查结果处理的步骤

对财产清查结果的处理,必须遵循一定的程序和步骤。具体来说,可以分为审批之前的处理和审批之后的处理两种情况。

1. 审批之前的处理

对于财产清查的结果,在得到审批之前,应该先根据清查中填写的"清查报告表"、"盘点报告表"等已经查实的数据资料,编制记账凭证,记入有关账簿,使账簿记录与实际盘存数相符,同时,根据单位的管理权限,将处理建议报股东大会或董事会,或经理(厂长)会议或类似机构批准。

2. 审批之后的处理

在得到审批之后,应当根据审批的意见,进行差异处理,并调整账项。

三、财产清查结果的账务处理

为了进行财产清查结果的账务处理,一般设置"待处理财产损溢"账户,用来核算和监督单位在财产清查过程中查明的各种财产盘盈、盘亏和毁损情况及其处理结果。该账户属于双重性质的账户,其借方登记各种财产盘亏、毁损数及按规定程序批准的盘盈转销数;贷方登记各种财产的盘盈数及按规定程序批准的盘亏、毁损转销数;处理前的借方余额,反映单位尚未处理的各种财产的净损失;处理前的贷方余额,反映单位尚未处理的各种财产的净溢余;期末处理后,本账户应无余额。在该账户下应设置"待处理固定资产损溢"和"待处理流动资产损溢"两个明细分类账户进行明细核算。该账户的结构图如图8-1所示。

借方	待处理财产损溢	贷方
发生额: ①各种财产盘亏、毁损数 ②按规定程序批准的盘盈转销数		发生额: ①各种财产的盘盈数 ②按规定程序批准的盘亏、毁损转销数
期末余额:尚未处理的各种财产的净损失		期末余额:尚未处理的各种财产的净溢余

图8-1 "待处理财产损溢"账户

1. 货币资金清查结果的账务处理

货币资金主要包括库存现金和银行存款。前已说明,银行存款的清查主要是采用单位的银行存款日记账同银行转来的对账单核对的方法。通过核对,如果发现单位日记账有错账、漏账,应立即加以纠正;如果发现银行有错账、漏账,应及时通知银行查明更正。对于发现的未达账项,则通过编制银行存款余额调节表来调节,但无须对未达账项作账面调整,待结算凭证到达后再进行账务处理。所以,这里主要介绍对库存现金清查结果的账务处理。

库存现金清查中发现现金盘盈(长款)或盘亏(短款)时,要设法查明原因,并及时根据现金盘点报告表进行处理。

当库存现金盘盈(长款)时,借记"库存现金"账户,贷记"待处理财产损溢"账户。待查明原因后,再根据批准的处理意见,进行转账处理。如查明现金盈余的原因属于多收或少付有关单位或个人的款项,经批准,借记"待处理财产损溢"账户,贷记"其他应付款"账户。如无法查明现金盈余的原因,经批准,借记"待处理财产损溢"账户,贷记"营业外收入"账户。

【例8-2】某工厂进行库存现金清查时,发现实际库存现金比现金日记账余额多10元。

根据"库存现金盘点报告表"作会计分录如下:

借:库存现金 10
  贷:待处理财产损溢——待处理流动资产损溢 10

经反复调查,未查明原因。经批准,作营业外收入处理,根据审批单作会计分录如下:

借:待处理财产损溢——待处理流动资产损溢 10
  贷:营业外收入 10

当库存现金盘亏(短款)时,借记"待处理财产损溢"账户,贷记"库存现金"账户。待查明原因后,再根据批准的处理意见,进行转账处理。如查明现金短缺的原因属于少收或多付有关单位或个人的款项,以及应由责任人赔偿的部分,经批准,借记"其他应收款"账户,贷记"待处理财产损溢"账户。如无法查明现金短缺的原因,经批准,借记"管理费用"账户,贷记"待处理财产损溢"账户。

【例8-3】东华股份有限公司2011年12月末进行现金清查中发现短缺4 000元。

根据"盘点报告表"作会计分录如下:

借:待处理财产损溢——待处理流动资产损溢 4 000
  贷:现金 4 000

后经反复核查,其中200元应由出纳李某责任赔偿:

借:其他应收款——应收现金短缺款(李某) 200
  贷:待处理财产损溢——待处理流动资产损溢 200

其中2 500元应由保险公司赔偿:

借:其他应收款——应收保险公司赔款 2 500
  贷:待处理财产损溢——待处理流动资产损溢 2 500

其余300元未查明原因,经批准处理:

借:管理费用——现金短缺 300
  贷:待处理财产损溢——待处理流动资产损溢 300

2. 存货清查结果的账务处理

1)存货盘盈的账务处理

存货进行盘点后,发生存货盘盈时,应及时办理盘盈存货的入账手续,调整存货账面记录,借记有关存货账户,贷记"待处理财产损溢"账户。查明原因,经有关部门批准后,借记"待处理财产损溢"账户,贷记有关账户。

【例8-4】某股份有限公司在财产清查中,丙种材料经过称发现多出50kg,每千克20元。

在批准之前,根据"实存账存对比表"作会计分录:

借:原材料——丙材料　　　　　　　　　　　　　　　　　　　1 000
　　贷:待处理财产损溢——待处理流动资产损溢　　　　　　　　　　1 000
经查明系收料时多收,经批准冲减管理费用:
借:待处理财产损溢——待处理流动资产损溢　　　　　　　　　　1 000
　　贷:管理费用　　　　　　　　　　　　　　　　　　　　　　　1 000

2) 存货盘亏或毁损的账务处理

存货进行盘点后,发生存货盘亏或毁损时,应及时调整盘亏或毁损存货的账面记录,借记"待处理财产损溢"账户,贷记有关存货账户。待查明原因,经批准,根据不同情况,分别进行处理:

(1) 属于定额内的自然损耗,按规定转作管理费用。

(2) 属于超定额损耗及存货毁损,能确定过失人的,应由过失人赔偿;属保险责任范围的,应由保险公司理赔。扣除过失人或保险公司赔偿和残值后,计入管理费用。

(3) 属于自然灾害所造成的存货损失,扣除保险公司赔款和残值后,计入营业外支出。

【例8-5】某工厂在财产清查中发现乙材料盘亏500元、丙材料盘亏3 000元。
在批准前,根据"实存账存对比表"所载明的盘亏数,作会计分录如下:
借:待处理财产损溢——待处理流动资产损溢　　　　　　　　　　4 095
　　贷:原材料——乙材料　　　　　　　　　　　　　　　　　　　500
　　　　　　——丙材料　　　　　　　　　　　　　　　　　　3 000
　　　　应交税费——应交增值税(进项税转出)　　　　　　　　　595

经查,乙材料盘亏中定额损耗350元,管理人员过失造成的150元;丙材料的毁损是由自然灾害造成的,经整理收回残料价值200元,已入库,可以从保险公司取得赔款1 800元。根据盘亏、毁损的原因及审批意见,乙材料的盘亏定额部分记入"管理费用"账户,管理人员过失造成的损失应由相应的责任人赔偿,记入"其他应收款"账户;丙材料的盘亏扣除残料价值和保险赔偿款后的净损失,记入"营业外支出"账户,作会计分录如下:

借:管理费用　　　　　　　　　　　　　　　　　　　　　　　409.5
　　其他应收款——××　　　　　　　　　　　　　　　　　　175.5
　　贷:待处理财产损溢——待处理流动资产损溢　　　　　　　　　585
借:原材料　　　　　　　　　　　　　　　　　　　　　　　　　234
　　其他应收款——保险赔款　　　　　　　　　　　　　　　　2 106
　　营业外支出　　　　　　　　　　　　　　　　　　　　　　1 170
　　贷:待处理财产损溢——待处理流动资产损溢　　　　　　　　3 510

3. 固定资产清查结果的账务处理

1) 固定资产盘盈的账务处理

在财产清查中,发现盘盈、盘亏固定资产,通过"贷:以前年度损益调整"科目核算。盘盈的固定资产,按同类或类似固定资产的市场价格,减去按该项资产的新旧程度估计的价值损耗后的余额,借记"固定资产"科目,贷记"以前年度损益调整"科目。盘盈的固定资产报经批准后,借记"以前年度损益调整"科目,贷记"应交税费——应交所得税"、"利润分配——未分配利润"科目。

【例8-6】某股份有限公司在财产清查中发现一台自行装置包装机,尚可使用5年,属于账外固定资产;估计同类固定资产市场价格为8 000元,使用寿命为10年。

批准处理前,根据"固定资产盘盈盘亏报告表",作会计分录:

借:固定资产　　　　　　　　　　　　　　　　　　　　　　　　　　4 000
　　贷:以前年度损益调整　　　　　　　　　　　　　　　　　　　　4 000

经查,盘盈包装机是自制设备完工使用后未及时办理入账所致。经有关部门批准后,转作营业外收入处理,作会计分录如下:

借:以前年度损益调整　　　　　　　　　　　　　　　　　　　　　4 000
　　贷:应交税费——应交所得税　　　　　　　　　　　　　　　　1000
　　　　利润分配——未分配利润　　　　　　　　　　　　　　　　2 700
　　　　盈余公积——法定盈余公积　　　　　　　　　　　　　　　300

2)固定资产盘亏或毁损的账务处理

盘亏的固定资产,按其账面价值,借记"待处理财产损溢——待处理固定资产损溢"科目,按已提折旧,借记"累计折旧"科目,按固定资产原值贷记"固定资产"科目。盘亏的固定资产报经批准转销时,扣除过失人和保险公司的赔偿,借记"营业外支出——固定资产盘亏"账户,贷记"待处理财产损溢——待处理固定资产损溢"账户。

【例8-7】某工厂在财产清查中发现盘亏管理部门的专用设备一台,原价5 000元,已提取折旧2 000元。

在批准前,根据"固定资产清查报告表"作会计分录如下:

借:待处理财产损溢——待处理固定资产损溢　　　　　　　　　　3 000
　　累计折旧　　　　　　　　　　　　　　　　　　　　　　　　2 000
　　贷:固定资产　　　　　　　　　　　　　　　　　　　　　　　5 000

上述盘亏固定资产按规定程序报经批准后转销,根据审批单作会计分录如下:

借:营业外支出——财产盘亏损失　　　　　　　　　　　　　　　3 000
　　贷:待处理财产损溢——待处理固定资产损溢　　　　　　　　3 000

仍以例8-7为例,如果经查明是由于过失人造成的毁损,应由过失人赔偿1 000元,根据审批单作会计分录如下:

借:其他应收款——××　　　　　　　　　　　　　　　　　　　1 000
　　营业外支出——财产盘亏损失　　　　　　　　　　　　　　　2 000
　　贷:待处理财产损溢——待处理固定资产损溢　　　　　　　　3 000

4.往来款项清查结果的账务处理

在财产清查中查明确实无法收回的应收款项和无法支付的应付款项,不通过"待处理财产损溢"账户进行核算,而是在原来账面记录的基础上,按规定程序报经批准后,直接转账冲销。对于确实无法收回的应收款项,确认为坏账损失,按现行会计法规制度,冲减应收款项,借记"坏账准备"账户,贷记相关应收款项账户。对于确实无法支付的应付款项,应转作营业外收入处理,借记相关应付款项账户,贷记"营业外收入"账户。

【例8-8】某股份有限公司2011年12月31日应收账款账面余额为200 000元,公司已按期末应收账款余额的5%计提坏账准备。在年终财产清查中发现,有一笔B公司所欠的100 000元的应收账款账龄已达8年,经确定此笔款项无法收回,经董事会批准,作为坏账冲销,作会计分录如下:

2011年底计提坏账准备:

借:管理费用　　　　　　　　　　　　　　　　　　　　　　　　10 000
　　贷:坏账准备　　　　　　　　　　　　　　　　　　　　　　10 000

财产清查后冲销长期不能收回的坏账:
借:坏账准备   100 000
    贷:应收账款——B公司   100 000
冲销坏账后应补提坏账准备:
借:管理费用   95 000
    贷:坏账准备   95 000

【例8-9】某工厂在财产清查中发现一笔应付账款因债权单位已不存在,无法支付,按规定应予核销,金额为5 000元。

根据有关凭证及审批手续,作会计分录如下:
借:应付账款——××客户   5 000
    贷:营业外收入   5 000

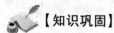

【知识巩固】

1.某公司2011年5月31日银行存款日记账账面余额86 970元,开户银行送来的对账单所列余额94 460元,经逐笔核对,发现未达账项如下:

(1)5月29日企业为支付职工借支差旅费开出现金支票一张,计1 350元,持票人尚未到银行取款。

(2)5月30日企业的转账支票一张,计7 550元,银行尚未入账。

(3)5月31日企业收到购货单位转账支票一张,计18 400元,已开具送款单送银行,企业已经入账,但银行尚未入账。

(4)5月31日,企业经济纠纷案败诉,银行代扣违约罚金12 000元,企业尚未接到凭证而未入账。

(5)5月31日,银行计算企业存款利息4 400元,已记入企业存款户,企业尚未接到凭证而未入账。

(6)5月31日,银行收到企业委托代收销货款24 590元,已收妥记入企业存款户,企业尚未接到凭证而未入账。

根据以上未达账项编制银行存款余额调节表,如表8-7所示。

银行存款余额调节表　　　　　　　　　　　　　表8-7
年　月　日

项　目	金　额	项　目	金　额
银行存款日记账余额		银行对账单余额	
加:银行已收单位未收款项		加:单位已收银行未收款项	
减:银行已付单位未付款项		减:单位已付银行未付款项	
调节后余额		调节后余额	

2.某公司2011年12月31日进行财产全面清查时,发现:

(1)库存现金比现金日记账余额少20元。经查,属于出纳员责任,应由其赔偿。

(2)盘盈原材料,价值800元,盘盈库存商品,价值5 000元。经查,盘盈的原因是由于计量上的差错引起的。

(3)盘亏辅助材料2 000元,经查,盘亏中定额损耗400元,管理人员过失造成的200元;1 400元辅助材料是由自然灾害造成的,经整理收回残料价值200元,已入库,可以从保险公司取得赔款1 000元。

(4)盘盈设备1台,其重置价值为10 000元,估计磨损价值2 000元。

(5)盘亏管理部门的专用设备一台,原价5 000元,已提取折旧1 000元。经查,是因过失人造成的毁损,应由过失人赔偿3 000元。

(6)有一笔应收账款,金额为8 000元。经查,已逾期3年,确实无法收回。

(7)有一笔应付账款,金额为2 000元。经查,债权单位已不存在,无法支付。

要求:编制财产清查结果审批前后的会计分录。

第九章 财务报告

【学习目标】

本章主要阐述财务会计报表体系、编制会计报表的作用和会计报表的编制原理及方法。通过本章的学习,学生应明确会计报表的构成、作用和分类,掌握会计报表的一般结构原理,重点掌握资产负债表和利润表的编制。

第一节 财务报告概述

一、财务报告的概念

财务报告是反映企业某一时点的财务状况和一定时期的经营成果的总结性书面文件。

记录企业经济业务的凭证和账簿,能反映企业一定期间的经济活动的信息。但是这些会计信息只是零星地、散乱地记录在各个账簿中,不能总括而全面地反映企业整体的财务状况和经营成果。会计人员需要进一步整理分散在账簿中的信息,定期编制并报送财务报告,使之条理化、系统化、综合化,全面反映企业的财务状况和经营成果,以便更好地为会计信息使用者服务。

财务报告包括:

1. 会计报表

会计报表是综合反映企业某一日期资产、负债和所有者权益的情况及一定时期的经营成果和财务状况变动的表格文件。我国《企业会计制度》规定企业需向外报送的会计报表包括资产负债表、利润表、现金流量表及相关附表。会计报表是财务报告的最重要组成部分。

2. 会计报表附注

会计报表附注是为便于会计报表使用者理解会计报表的内容而对会计报表的编制基础、编制依据、编制原则和方法及主要项目等所做的解释。

3. 财务情况说明书

财务情况说明书一般包括以下内容:

(1)企业生产经营的基本情况;

(2)利润实现和分配情况;

(3)资金增减和周转情况;

(4)对企业财务状况,经营成果和现金流量有重大影响的其他事项。

企业财务报告的核心内容是会计报表,本章重点介绍会计报表的作用、种类和主要报表的编制,其他内容将在专业会计中介绍。

二、会计报表的作用

会计报表是企业会计核算的最终成果,是企业对外提供财务会计信息的主要载体。其主

要作用体现在以下几方面:

(1)对企业管理者而言,通过财务报告可以全面、系统、概括地了解本企业的经营活动,考核预算和计划的执行情况,为企业进行预测、决策等提供依据。

(2)对投资者和债权人而言,通过财务报告可以了解企业的财务状况、经营成果和资金变动情况,据此分析企业的盈利能力、偿付能力等,为其进行投资决策和信贷决策提供依据。

(3)对国家行政管理部门而言,通过财务报告,可以了解不同行业的发展状况和趋势,为制定产业政策,加强宏观调控提供依据。

三、会计报表的种类

会计报表是企业会计核算的重要组成部分和专门的方法,根据需要,会计报表可以按照不同的标准进行分类。

(1)按会计报表反映的经济内容,可以分为资产负债表、利润表、现金流量表、所有者权益变动表。

资产负债表是反映企业某一特定日期的财务状况的报表。

利润表是反映企业在一定期间的经营成果及其分配情况的会计报表。

现金流量表是反映企业在一定会计期间的现金流入和现金流出情况的会计报表。

所有者权益变动表是反映企业在一定的会计期间所有者权益增减变动情况的会计报表。

(2)按会计报表的编报时间,可分为中期会计报表和年度会计报表。

①中期会计报表。广义的中期会计报表包括月份、季度、半年期会计报表。狭义的中期会计报表仅指半年期会计报表。

②年度会计报表。年度会计报表是全面反映企业整个会计年度的经营成果、现金流量情况及年末财务状况的会计报表。企业每年年底必须编制并报送年度会计报表。

(3)按报表的报送对象分类,可分为内部会计报表和外部会计报表。

①内部会计报表是指企业根据内部经营管理的需要,自行设计报表内容及格式,不对外报送,仅向内部经营管理者报送的会计报表。如成本报表等。

②外部会计报表是指企业根据《企业会计准则》的规定,必须定期编制并向外报送的会计报表。如资产负债表、利润表、现金流量表等。

(4)按报表反映资金运动的状态分类,可分为静态报表和动态报表。

①静态报表是反映企业在某一时点上的资金情况的报表。如资产负债表等。

②动态报表是反映企业在某一时期资金运动变化情况的报表。如利润表、现金流量表等。

(5)会计报表还有其他的分类方法。如按报表编制基础分类,可分为个别会计报表、汇总会计报表和合并会计报表。如按报表的主次分类,可分为主表和附表。比如,利润表为主表,而利润分配表为利润表的附表。

四、会计报表的编制要求

企业应当以持续经营为基础,根据实际发生的经济业务,按照财政部《企业会计准则》的规定进行确认和计量。在编制会计报表时必须严格遵守以下几条基本要求。

1. 数字真实

财务报告中的各项数据必须真实可靠,如实地反映企业的财务状况、经营成果和现金流量。这是对会计信息质量的基本要求。

2. 内容完整

财务报告应当反映企业经济活动的全貌,全面反映企业的财务状况和经营成果,才能满足各方面对会计信息的需要。在我国,《企业会计制度》对财务报告的内容、会计报表的种类、各报表的内容和格式以及计算方法都做出了统一规定。凡是国家要求提供的会计报表,各企业必须全部编制并报送,不得漏编和漏报。凡是国家统一要求披露的信息,都必须披露。

3. 计算准确

日常的会计核算以及编制财务报告,涉及大量的数字计算,只有准确地计算,才能保证数字的真实可靠。这就要求编制财务报告必须以核对无误后的账簿记录和其他有关资料为依据,不能使用估计或推算的数据,更不能以任何方式弄虚作假,玩数字游戏或隐瞒谎报。

4. 报送及时

及时性是信息的重要特征,财务报告信息只有及时地传递给信息使用者,才能为使用者的决策提供依据。否则,即使是真实可靠和内容完整的财务报告,由于编制和报送不及时,对报告使用者来说,也会大大降低会计信息的使用价值。

第二节 编制资产负债表

一、资产负债表的概念和作用

资产负债表是反映企业某一特定日期(如月末、季末、半年末、年末)财务状况的会计报表,属于静态报表。它是根据"资产 = 负债 + 所有者权益"这一会计等式,依照一定的分类标准和顺序,将企业在一定日期的全部资产、负债和所有者权益项目进行适当分类、汇总、排列后编制而成的。通过资产负债表,企业信息相关需求者可以了解:

(1)企业的经济资源及其分布的情况,经营者可以据此分析企业资产分布是否合理。

(2)企业资金来源渠道和构成情况,投资者和债权人可以据此分析企业财务结构的优劣和负债经营的合理程度。

(3)通过对前后期资产负债表的对比分析,可以考察企业的资本保值和增值情况。经营者、投资者和债权人可以预测企业未来的财务状况和财产安全程度等内容。

二、资产负债表的内容与格式

1. 资产负债表的内容

资产负债表主要反映资产、负债和所有者权益三方面的内容。资产项目按其流动性强弱分项列示,列示顺序为:流动资产、长期投资、固定资产、无形资产和其他资产。负债项目按偿还期限的长短列示,先列示流动负债,后列示长期负债。所有者权益项目则按股本(实收资本)、资本公积、盈余公积、未分配利润的顺序列示。

2. 资产负债表的格式

在我国,资产负债表采用账户式结构,报表分为左右两方,左方列示资产各项目,反映全部资产的分布及其存在形态;右方列示负债和所有者权益各项目,反映全部负债和所有者权益的内容及构成情况。资产各项目按其流动性由大到小顺序排列;负债各项目按其到期日的远近顺序排列。资产负债表左右两方平衡,即资产总计等于负债和所有者权益总计,即"资产 = 负债 + 所有者权益"。为了让使用者通过不同时点资产负债表的数据,掌握企业财务状况的变动及发展趋势,我国资产负债表主体部分的各项目都列有"年初数"和"期末数"两个栏目,是一种比较资产负债表。资产负债表的格式见表 9-1。

资 产 负 债 表

表 9-1

会企 01 表

编制单位:某股份有限公司　　　　　　2013 年 11 月 30 日　　　　　　　　　　　单位:元

资　　产	期末余额	年初余额	负债及所有者权益	期末余额	年初余额
流动资产:			流动负债:		
货币资金	11 566 400		短期借款	60 100	
交易性金融资产			交易性金融负债	0	
应收票据	246 000		应付票据	16 300	
应收账款			应付账款		
预付账款			预收账款	0	
应收利息	0		应付职工薪酬	10 000	
应收股利	0		应交税费		
其他应收款	5 000		应付利息	1 000	
存货	2 400 000		应付股利	0	
一年内到期的非流动资产	0		其他应付款		
其他流动资产			一年内到期的非流动负债		
流动资产合计	14 217 400		其他流动负债	0	
非流动资产:			流动负债合计	87 400	
可供出售金融资产	0		非流动负债:		
持有至到期投资	0		长期借款	200 000	
长期应收款	0		应付债券	0	
长期股权投资			长期应付款	0	
投资性房地产	0		专项应付款	0	
固定资产	1 100 000		预计负债	0	
在建工程			递延所得税负债	0	
工程物资	0		其他非流动负债	0	
固定资产清理	0		非流动负债合计	200 000	
生产性生物资产	0		负债合计	287 100	
油气资产	0		所有者权益(或股东权益):		
无形资产			实收资本(或股本)	15 000 000	
开发支出	0		资本公积	0	
商誉	0		减:库存股	0	
长期待摊费用	0		盈余公积	10 000	
递延所得税资产	0		未分配利润	20 300	
其他非流动资产	0		所有者权益(或股东权益)合计	15 030 300	
非流动资产合计	1 100 000				
资产总计	15 317 400		负债及所有者权益(或股东权益)总计	15 317 400	

三、资产负债表的编制方法

1. "年初数"的填列方法

表中"年初数"栏内各项目数字,应根据上年末资产负债表"期末数"栏内所列数字填列。如果本年度资产负债表规定的各个项目的名称和内容同上年度不相一致,应对上年年末资产负债表各项目的名称和数字按照本年度的规定进行调整,将调整后的数字填入本表"年初数"栏内。

2. "期末数"的填列方法

"期末数"是指某一会计期末的数字,即月末、季末、半年末或年末的数字。资产负债表各项目"期末数"的数据来源,可以通过以下几种方式取得。

(1)直接根据总账科目的余额填列。这些项目有:交易性金融资产、应收票据、应收利息、应收股利、可供出售金融资产、固定资产清理、递延所得税资产等;负债项目中的短期借款、交易性金融负债、应付票据、应付职工薪酬、应交税费、应付利息、应付股利等,以及全部所有者权益项目,直接根据总账期末余额填列。

(2)根据几个总账科目的余额计算填列。这些项目有:货币资金、存货、未分配利润等。如"货币资金"项目,根据"库存现金"、"银行存款"、"其他货币资金"科目的期末余额合计填列。

(3)根据有关明细科目的余额计算填列。这些项目有:应收账款、应付账款、预付账款、应收账款等。如"应付账款"项目应根据"应付账款"和"预付账款"科目所属明细科目期末贷方余额合计填列。

(4)根据总账和明细科目的余额分析计算填列。这些项目有:长期应收款、长期借款、长期应付款、应付债券等。如"长期借款"项目,根据"长期借款"总账科目余额扣除"长期借款"科目所属明细科目中反映的将于一年内到期的长期借款部分分析计算填列。

(5)根据总账科目与其备抵科目抵消后的净额填列。这些项目有:应收账款、存货、持有至到期投资、在建工资、固定资产、无形资产等。如"持有至到期投资"项目,根据"持有至到期投资"科目的期末余额减去"持有至到期投资减值准备"科目的余额后的金额填列;"固定资产"项目,应当根据"固定资产"科目期末余额,减去"累计折旧"、"固定资产减值准备"等科目期末余额后的金额填列。

四、资产负债表的编制举例

【例9-1】某股份有限公司2012年12月31日的资产负债表(年初数略)及2013年12月31日的科目余额表分别见表9-2和表9-3。假定该公司的所得税税率为25%。

资产负债表 表9-2

会企01表

编制单位:某股份有限公司　　　2012年12月31日　　　　　　　　单位:元

资　产	期末余额	年初余额	负债及所有者权益	期末余额	年初余额
流动资产:			流动负债:		
货币资金	1 406 300		短期借款	300 000	
交易性金融资产	15 000		交易性金融负债	0	

续上表

资　产	期末余额	年初余额	负债及所有者权益	期末余额	年初余额
应收票据	246 000		应付票据	200 000	
应收账款	299 000		应付账款	953 800	
预付账款	100 000		预收账款	0	
应收利息	0		应付职工薪酬	110 000	
应收股利	0		应交税费	36 600	
其他应收款	5 000		应付利息	1 000	
存货	2 580 000		应付股利	0	
一年内到期的非流动资产	0		其他应付款	50 000	
其他流动资产	100 000		一年内到期的非流动负债	1 000 000	
流动资产合计	4 751 400		其他流动负债	0	
非流动资产：			流动负债合计	2 651 400	
可供出售金融资产	0		非流动负债：		
持有至到期投资	0		长期借款	600 000	
长期应收款	0		应付债券	0	
长期股权投资	250 000		长期应付款	0	
投资性房地产	0		专项应付款	0	
固定资产	1 100 000		预计负债	0	
在建工程	1 500 000		递延所得税负债	0	
工程物资	0		其他非流动负债	0	
固定资产清理	0		非流动负债合计	600 000	
生产性生物资产	0		负债合计	3 251 400	
油气资产	0		所有者权益(或股东权益)：		
无形资产	600 000		实收资本(或股本)	5 000 000	
开发支出	0		资本公积	0	
商誉	0		减:库存股	0	
长期待摊费用	0		盈余公积	100 000	
递延所得税资产	0		未分配利润	50 000	
其他非流动资产	200 000		所有者权益(或股东权益)合计	5 150 000	
非流动资产合计	3 650 000				
资产总计	8 401 400		负债及所有者权益(或股东权益)总计	8 401 400	

科 目 余 额 表

表 9-3

2013 年 12 月 31 日

单位:元

科目名称	借方余额	科目名称	贷 方
库存现金	2 000	短期借款	50 000
银行存款	786 135	应付票据	100 000
其他货币资金	7 300	应付账款	953 000
交易性金融资产	0	其他应付款	50 000
应收票据	66 000	应付职工薪酬	180 000
应收账款	600 000	应交税费	226 731
坏账准备	-1 800	应付利息	0
预付账款	100 000	应付股利	32 215.85
其他应收款	5 000	一年内到期的非流动负债	0
材料采购	275 000	长期借款	1 160 000
原材料	45 000	股本	5 000 000
周转材料	38 050	盈余公积	124 770.40
库存商品	2 122 400	利润分配(未分配利润)	190 717.75
材料成本差异	4 250		
其他长期资产	90 000		
长期股权投资	250 000		
固定资产	2 401 000		
累计折旧	-170 000		
固定资产减值准备	-30 000		
工程物资	150 000		
在建工程	578 000		
无形资产	600 000		
累计摊销	-60 000		
递延所得税资产	9 900		
其他非流动负债	200 000		
合计	8 068 235	合计	8 068 235

根据上述资料,编制该股份有限公司 2013 年 12 月 31 日的资产负债表,见表 9-4。

资 产 负 债 表

表 9-4

会企 01 表

编制单位:某股份有限公司　　　　2013 年 12 月 31 日　　　　单位:元

资产	期末余额	年初余额	负债及所有者权益	期末余额	年初余额
流动资产:			流动负债:		
货币资金	795 435	1 406 300	短期借款	50 000	300 000
交易性金融资产	0	15 000	交易性金融负债	0	0
应收票据	66 000	246 000	应付票据	100 000	200 000
应收账款	598 200	299 000	应付账款	953 800	953 800

续上表

资产	期末余额	年初余额	负债及所有者权益	期末余额	年初余额
预付账款	100 000	100 000	预收账款	0	0
应收利息	0	0	应付职工薪酬	180 000	110 000
应收股利	0	0	应交税费	266 731	36 600
其他应收款	5 000	5 000	应付利息	0	1 000
存货	2 484 000	2 580 000	应付股利	32 215.85	0
一年内到期的非流动资产	0	0	其他应付款	50 000	50 000
其他流动资产	90 000	100 000	一年内到期的非流动负债	0	1 000 000
流动资产合计	4 139 335	4 751 400	其他流动负债	0	0
非流动资产:			流动负债合计	1 592 746.85	2 651 400
可供出售金融资产	0	0	非流动负债:		
持有至到期投资	0	0	长期借款	1 160 000	600 000
长期应收款	0	0	应付债券	0	0
长期股权投资	250 000	250 000	长期应付款	0	0
投资性房地产	0	0	专项应付款	0	0
固定资产	2 201 000	1 100 000	预计负债	0	0
在建工程	1 500 000	1 500 000	递延所得税负债	0	0
工程物资	150 000	0	其他非流动负债	0	0
固定资产清理	0	0	非流动负债合计	1 160 000	600 000
生产性生物资产	0	0	负债合计	2 752 746.85	3 251 400
油气资产	0	0	所有者权益(或股东权益):		
无形资产	540 000	600 000	实收资本(或股本)	5 000 000	5 000 000
开发支出	0	0	资本公积	0	0
商誉	0	0	减:库存股	0	0
长期待摊费用	0	0	盈余公积	124 770.40	100 000
递延所得税资产	9 900	0	未分配利润	190 717.75	50 000
其他非流动资产	200 000	200 000	所有者权益(或股东权益)合计	5 315 488.15	5 150 000
非流动资产合计	3 928 900	3 650 000			
资产总计	8 068 235	8 401 400	负债及所有者权益(或股东权益)总计	8 608 235	8 401 400

第三节 利润表

一、利润表的概念和作用

利润表,也称损益表,是反映企业在一定期间(如月份、季度、半年度、年度)的经营成果的会计报表,是一张动态报表。它根据"收入-费用=利润"这一关系式,把一定期间的各项收入与同一会计期间的各项费用相抵,从而计算出企业一定期间的利润。通过利润表,企业信息需求者可以了解到:

(1)企业获利能力的指标,有利于预测企业未来的收益水平。

(2)可以评价企业经营目标及利润计划的执行结果,分析企业利润增减变动原因。

(3)作为给投资者分配利润及政府课征所得税的依据。

二、利润表的内容与结构

1.利润表的内容

利润表的内容包括收入、费用和利润三个方面,其中,收入包括主营业务收入、其他业务收入、营业外收入和投资收益等;费用包括营业费用、管理费用、财务费用、主营业务成本、其他业务支出、营业外支出、主营业务税金及附加、所得税等;利润包括营业利润、利润总额、净利润等。

(1)营业收入,由主营业务收入和其他业务收入组成。

(2)营业利润,营业收入减去营业成本(主营业务成本、其他业务成本)、营业税金及附加、销售费用、管理费用、财务费用、资产减值损失,加上公允价值变动收益、投资收益,即营业利润。

(3)利润总额,营业利润加上营业外收入,减去营业外支出,即利润总额。

(4)净利润,利润总额减去所得税费用,即净利润。

(5)每股收益,普通股或潜在普通股已公开交易的企业,以及正处于公开发行普通股或潜在普通股过程中的企业,还应当在利润表中列示每股收益信息,包括基本每股收益和稀释每股收益。

2.利润表的结构

利润表结构分表头和表体两部分。表头包括报表名称、编报单位、编报时间和编表所采用的货币计量单位。表体包括收入、费用、利润各个项目,体现了利润形成过程。表体格式有单步式和多步式两种。

单步式利润表是将所有收入和所有费用分别加以汇总,用收入合计减去费用合计,计算得出本期利润。多步式利润表比单步式利润表提供的信息更加丰富,通过不同时期各对应项目的比较分析可以预测企业未来现金流量,将营业利润与其他利润分开列示可以使报表使用者分清主次,对未来经营成果做出正确判断和预测。我国企业编制利润表一般采用多步式。

此外,为了使报表使用者通过比较不同时期利润的实现情况,判断企业经营成果的未来发展趋势,企业需要提供比较利润表。利润表还就各项目再分为"本期金额"和"上期金额"两栏分别填列,我国利润表的格式见表9-5。

三、利润表的编制方法

1."本期金额"各栏目的填列方法

(1)"营业收入"项目,反映企业经营主要业务和其他业务所确认的收入总额,本项目应根据"主营业务收入"和"其他业务收入"科目的发生额分析填列。

利 润 表

表 9-5

会企 02 表

编制单位:某股份有限公司　　　　2013 年 11 月 30 日　　　　　　　　　　单位:元

项　　目	1~11 月累计	本期金额
一、营业收入	1 250 000	220 000
减:营业成本	750 000	61 200
营业税金及附加	2 000	1 100
销售费用	20 000	3 300
管理费用	157 100	43 201
财务费用	41 500	5 000
资产减值损失	30 900	
加:公允价值变动收益(损失以"-"号填列)	0	
投资收益(损失以"-"号填列)	31 500	
其中:对联营企业和合营企业的投资收益	0	
二、营业利润(亏损以"-"号填列)	280 000	106 199
加:营业外收入	50 000	12 000
减:营业外支出	19 700	17 109
其中:非流动资产处置损失	0	
三、利润总额(亏损以"-"号填列)	310 300	101 090
减:所得税费用	112 596	25 272.5
四、净利润(净亏损以"-"号填列)	197 704	75 817.5
五、每股收益		
(一)基本每股收益		
(二)稀释每股收益		

(2)"营业成本"项目,反映企业经营主要业务和其他业务所发生的成本总额。本项目应根据"主营业务成本"和"其他业务成本"科目的发生额分析填列。

(3)"营业税金及附加"项目,反映企业经营业务应负担的消费税、营业税、城市维护建设税、资源税、土地增值税和教育费附加等。本项目应根据"营业税金及附加"科目的发生额分析填列。

(4)"销售费用"项目,反映企业在销售商品过程中发生的包装费、广告费等费用和为销售本企业商品而专设的销售机构的职工薪酬、业务费等经营费用。本项目应根据"销售费用"科目的发生额分析填列。

(5)"管理费用"项目,反映企业为组织和管理生产经营发生的管理费用。本项目应根据"管理费用"科目的发生额分析填列。

(6)"财务费用"项目,反映企业筹集生产经营所需资金等而发生的筹资费用。本项目应根据"财务费用"科目的发生额分析填列。

（7）"资产减值损失"项目,反映企业各项资产发生的减值损失。本项目应根据"资产减值损失"科目的发生额分析填列。

（8）"公允价值变动收益"项目,反映企业应当计入当期损益的资产或负债的公允价值变动收益。本项目应根据"公允价值变动损益"科目的发生额分析填列,如为净损失,本项目以"－"号填列。

（9）"投资收益"项目,反映企业以各种方式对外投资所取得的收益。本项目应根据"投资收益"科目的发生额分析填列。如为投资损失,本项目以"－"号填列。

（10）"营业利润"项目,反映企业实现的营业利润。如为亏损,本项目以"－"号填列。

（11）"营业外收入"项目,反映企业发生的与经营业务无直接关系的各项收入。本项目应根据"营业外收入"科目的发生额分析填列。

（12）"营业外支出"项目,反映企业发生的与经营业务无直接关系的各项支出。本项目应根据"营业外支出"科目的发生额分析填列。

（13）"利润总额"项目,反映企业实现的利润。如为亏损,本项目以"－"号填列。

（14）"所得税费用"项目,反映企业应从当期利润总额中扣除的所得税费用。本项目应根据"所得税费用"科目的发生额分析填列。

（15）"净利润"项目,反映企业实现的净利润。如为亏损,本项目以"－"号填列。

（16）"基本每股收益"项目,反映企业按照属于普通股股东的当期净利润除以当期实际发行在外普通股的加权平均数计算确定的每股收益。

（17）"稀释每股收益"项目,反映企业以基本每股收益为基础,假设企业所有发行在外的稀释性潜在普通股均已转换为普通股,从而分别调整归属于普通股股东的当期净利润以及发行在外普通股的加权平均数计算确定的每股收益。

2."上期金额"栏各项目填列方法

"上期金额"栏内的各项数字,应根据上年该期利润表的"本期金额"栏内所列数字填列。如果上年该期利润表规定的各个项目的名称和内容同本期不相一致,应对上年该期利润表各项目的名称和数字按本期的规定进行调整,填入利润表"上期金额"栏内。

四、利润表的编制举例

【例9-2】某股份有限公司2013年度有关损益类科目"本年累计数"金额见表9-6。

损益类科目本年累计数　　　　　　　表9-6

单位:元

科 目 名 称	借方发生额	贷方发生额	科 目 名 称	借方发生额	贷方发生额
主营业务收入		1 250 000	资产减值损失	30 900	
主营业务成本	750 000		投资收益		31 500
营业税金及附加	2 000		营业外收入		50 000
销售费用	20 000		营业外支出	197 000	
管理费用	157 100		所得税费用	112 596	
财务费用	41 500				

根据上述资料,编制2013年度利润表,见表9-7。

利 润 表

表9-7
会企02表

编制单位:某股份有限公司　　　　　2013年　　　　　单位:元

项　目	本期金额	上期金额	项　目	本期金额	上期金额
一、营业收入	1 250 000		二、营业利润(亏损以"－"号填列)	280 000	
减:营业成本	750 000		加:营业外收入	50 000	
营业税金及附加	2 000		减:营业外支出	19 700	
销售费用	20 000		其中:非流动资产处置损失	0	
管理费用	157 100		三、利润总额(亏损以"－"号填列)	310 300	
财务费用	41 500		减:所得税费用	112 596	
资产减值损失	30 900		四、净利润(净亏损以"－"号填列)	197 704	
加:公允价值变动收益(损失以"－"号填列)	0		五、每股收益		
投资收益(损失以"－"号填列)	31 500		(一)基本每股收益		
其中:对联营企业和合营企业的投资收益	0		(二)稀释每股收益		

第四节　现金流量表

一、现金流量表的概念及作用

1. 现金流量表的概念

现金流量表是指企业管理当局编制的为会计报表使用者提供企业一定会计期间内现金流入、现金流出信息,以便于报表使用者了解及评价企业获取现金流量的能力,并据以预测企业未来的现金流量的一种会计报表。现金流量表内的现金包括:

(1)现金:是指企业持有的库存现金以及存于银行或其他金融机构,并可随时用于支付的款项。也就是相当于前面所述的库存现金、银行存款和其他货币资金的总称。

(2)现金等价物:是指企业所持有的期限短、流动性强、易于转换成已知金额现金、价值变动风险较小的投资。一般指期限为三个月以内的债券投资。企业应根据具体情况,确定现金等价物的范围,并且一贯地保持其划分标准,一经确定不得随意变更。

(3)现金流量:是指企业在一定期间内现金和现金等价物的流入量和流出量。

除特别说明外,以下所指的现金均包括现金和现金等价物。

2. 现金流量的分类

按现金流量表准则的规定,将企业现金流量分为三类,即经营活动产生的现金流量、投资活动产生的现金流量和筹资活动产生的现金流量。

1)经营活动产生的现金流量

经营活动,是指企业投资活动和筹资活动以外的所有的交易和事项。经营活动产生的现金流量,是指因企业投资活动和筹资活动以外的所有交易和事项而带来的现金流入、流出量。具体包括销售商品、提供劳务、购买物资、支付工资、缴纳税款等引起的现金流量。

(1)销售商品、提供劳务收到的现金。

(2)收到的税费返还。

(3)收到的其他与经营活动有关的现金。

(4)购买商品、接受劳务所支付的现金。

(5)支付给职工以及为职工支付的现金。

(6)支付的各项税费。

(7)支付的其他与经营活动有关的现金。

2)投资活动产生的现金流量

投资活动是指企业长期资产的购建和不包括在现金等价物范围内的投资及其处置活动。这里所指的长期资产是指固定资产、在建工程、无形资产、其他资产等准备持有期限在一年(或超过一年的一个营业周期)以上的资产。投资活动主要包括了取得和收回投资,购建和处置固定资产、无形资产和其他长期资产等。投资活动产生的现金流量不包括作为现金等价物的投资,作为现金等价物的投资属于现金自身的增减变动。

(1)收回投资所收到的现金。

(2)取得投资收益所收到的现金。

(3)处置固定资产、无形资产和其他长期资产所收到的现金净额。

(4)收到的其他与投资活动有关的现金。

(5)购建固定资产、无形资产和其他长期资产所支付的现金。

(6)投资所支付的现金。

(7)支付的其他与投资活动有关的现金。

3)筹资活动产生的现金流量

筹资活动是指导致企业资本及债务规模和构成发生变化的经济活动。这里所说的资本,包括实收资本(或股本)、资本溢价(或股本溢价)、与资本有关的现金流入流出,涉及吸收投资、发行股票、分配利润等。这里的债务是指企业对外举债所借入的各种款项,包括发行债券、向金融机构借款以及偿还债务等。

(1)收回投资所收到的现金。

(2)借款所收到的现金。

(3)收到的其他与筹资活动有关的现金。

(4)偿还债务所支付的现金。

(5)分配股利、利润或偿付利息所支付的现金。

(6)支付的其他与筹资活动有关的现金。

(7)汇率变动对现金的影响。

3. 现金流量表的作用

现金流量表主要提供有关企业现金流量方面的信息,编制现金流量表的主要目的是为了向会计报表使用者提供企业一定会计期间的现金流入和流出的信息,以便于会计报表使用者了解和评价企业获取现金的能力,并据以预测企业未来的现金流量。具体来说,现金流量表主要有以下几个方面的作用。

(1)提供了当期现金流量的实际数据,有助于评价企业支付能力、偿债能力和周转能力。
(2)有助于评价企业收益质量和财务弹性。
(3)有助于评价企业的资金流动性,预测企业未来的现金流量。

二、现金流量表的结构

我国企业的现金流量表包括正表和补充资料两部分。

1. 正表

正表是现金流量表的主体,企业一定会计期间现金流量的信息主要由正表提供。正表采用报告式的结构,按照现金流量的性质,依次分类反映经营活动产生的现金流量、投资活动产生的现金流量和筹资活动产生的现金流量,最后汇总反映企业现金及现金等价物净增加额。

2. 现金流量表补充资料

(1)将利润调节为经营活动的现金流量(即按间接法编制的经营活动现金流量)。
(2)不涉及现金收支的重大投资和筹资活动。
(3)现金及现金等价物净变动情况。

我国现金流量表的格式如表9-8所示。

现 金 流 量 表　　　　　　　　　表9-8
会企03表
编制单位：　　　　　年　月　　　　　　　　　　单位:元

项　　目	本期金额	上期金额
一、经营活动产生的现金流量		
销售商品、提供劳务收到的现金		
收到的税费返还		
收到的其他与经营活动有关的现金		
经营活动现金流入小计		
购买商品、接受劳务支付的现金		
支付给职工以及为职工支付的现金		
支付的各项税费		
支付的其他与经营活动有关的现金		
经营活动现金流出小计		
经营活动产生的现金流量净额		
二、投资活动产生的现金流量		
收回投资所收到的现金		
取得投资收益收到的现金		
处置固定资产、无形资产和其他长期资产所收回的现金净额		
处置子公司及其他营业单位收到的现金净额		
收到的其他与投资活动有关的现金		
投资活动现金流入小计		
购建固定资产、无形资产和其他长期资产所支付的现金		
投资支付的现金		

续上表

项　　目	本期金额	上期金额
取得子公司及其他营业单位支付的现金净额		
支付的其他与投资活动有关的现金		
投资活动现金流出小计		
投资活动产生的现金流量净额		
三、筹资活动产生的现金流量		
吸收投资收到的现金		
取得借款收到的现金		
收到的其他与筹资活动有关的现金		
筹资活动现金流入小计		
偿还债务支付的现金		
分配股利、利润或偿付利息支付的现金		
支付其他与筹资活动有关的现金		
筹资活动现金流出小计		
筹资活动产生的现金流量净额		
四、汇率变动对现金及现金等价物的影响		
五、现金及现金等价物净增加额		
加:期初现金及现金等价物余额		
六、期末现金及现金等价物余额		

三、现金流量表的编制方法

在具体编制现金流量表时,可以采用工作底稿法或T形账户法编制。采用工作底稿法编制现金流量表,就是以工作底稿为手段,以利润表和资产负债表数据为基础,对每一项目进行分析并编制调整分录,从而编制出现金流量表。而T形账户法则以T形账户为手段,以利润表和资产负债表数据为基础,对每一项目进行分析并编制调整分录,从而编制出现金流量表的一种方法。由于现金流量表编制步骤复杂,涉及问题较多,考虑到基础会计学的特性,本节对具体编制步骤不做进一步介绍。有兴趣的读者,可阅读财务会计相关内容。

【知识巩固】

1.目的:练习资产负债表"货币资金"、"存货"、"长期借款"和"未分配利润"四个项目的填列。

资料:某企业2月末部分总账科目余额如表9-9所示。

总账科目余额

表9-9
单位:元

账　户　名　称	借方余额	贷方余额	账　户　名　称	借方余额	贷方余额
库存现金	5 670		生产成本	87 000	
银行存款	560 000		库存商品	140 000	
其他货币资金	120 000		长期借款		280 000(其中一年内到期的60 000)
在途物资	40 000		本年利润		96 000
原材料	31 000		利润分配		185 000

要求：计算填列资产负债表中"货币资金"、"存货"、"长期借款"和"未分配利润"四个项目的金额。

2．目的：练习利润表的编制。

资料：某企业2013年9月有关损益类账户的发生额如表9-10所示。

某企业损益类账户发生额表　　　　　　　　　　　　　表9-10

单位：元

账户名称	借方发生额	贷方发生额	账户名称	借方发生额	贷方发生额
主营业务收入		389 000	其他业务成本	13 000	
主营业务成本	154 000		资产减值损失	46 000	
营业税金及附加	16 400		投资收益	19 500	
销售费用	32 000		营业外收入		56 500
管理费用	49 500		营业外支出	10 800	
财务费用	11 000		所得税费用	29 325	
其他业务收入		24 000			

要求：根据上述资料编制企业该年9月份的利润表，如表9-11所示。

利　润　表　　　　　　　　　　　　　表9-11

会企02表

编制单位：　　　　　　　　　　　年　　月　　　　　　　　　　　单位：元

项　目	本期金额	上期金额	项　目	本期金额	上期金额
一、营业收入		（略）	其中：对联营企业和合营企业的投资收益		
减：营业成本			二、营业利润（亏损以"－"号填列）		
营业税金及附加			加：营业外收入		
销售费用			减：营业外支出		
管理费用			其中：非流动资产处置损失		
财务费用			三、利润总额（亏损以"－"号填列）		
资产减值损失			减：所得税费用		
加：公允价值变动收益（损失以"－"号填列）			四、净利润（净亏损以"－"号填列）		
投资收益（损失以"－"号填列）					

第十章 会计工作组织

【学习目标】

通过本章学习,应了解会计工作组织的意义和基本内容,正确理解会计法、会计准则和会计制度的相互关系。

第一节 会计工作组织的意义和要求

一、会计工作组织的意义

会计工作的组织,就是根据会计工作的特点,制定会计法规制度,设置会计机构,配备会计工作人员,以保证会计工作合理、有效地进行。

会计工作是一项系统性很强的综合性经济管理工作,为使会计工作得以正常进行,必须对这一系统进行合理的组织。合理组织会计工作具有重大的意义,具体表现在以下三个方面:

(1)科学地组织会计工作,有利于保证会计工作的质量,提高会计工作的效率。

会计工作是一项严密细致的管理工作,会计所提供的会计信息,需要经过会计凭证—会计账簿—会计报表等一系列方法及相应的手续和程序,进行记录、计算、分类、汇总、分析、检查等工作。科学地组织会计工作,使会计工作按预先规定的手续和处理程序进行,可以有效地防止差错,提高会计工作的效率。

(2)科学地组织会计工作,可确保会计工作与其他经济管理工作协调一致。

会计工作是企业的经济管理工作的一个部分,它既独立于其他的经济管理工作,又与其他经济管理工作有着密切的联系。会计工作一方面能够促进其他经济管理工作,另一方面也需要其他经济管理工作的配合。只有这样,才能充分发挥会计工作的重要作用。

(3)科学地组织会计工作,可以加强各单位内部的经济责任制。

企业内部的经济责任制,离不开会计工作。科学地组织会计工作,可以促使单位内部及有关部门提高资金的使用效率,增强经济管理水平,并对经济预测、经济决策、业绩评价等工作提供支持,从而加强单位内部的经济责任制。

正确地组织会计工作,对于贯彻执行国家的方针、政策和法令、制度,维护财经纪律,建立良好的社会经济秩序,具有重要的意义。

二、会计工作组织应遵循的要求

会计工作的组织主要包括会计机构的设置、会计人员的配备、会计法规、准则和制度的制定和执行、会计档案的保管等。为提高会计工作的质量和效率,在组织会计工作时,应遵循以下几方面要求:

(1)必须按照国家的统一要求。

会计所提供的会计信息,既要满足有关各方了解企业的财务状况、经营成果、财务收支状况的需要,也要满足企业内部加强经济管理的需要,还要满足国家加强宏观调控的需要。会计工作只有遵循国家的统一要求,才能发挥会计工作在维护社会主义市场经济秩序、加强经济管理、提高经济效益等方面的作用。

(2)必须适应各单位生产经营的特点。

国家对组织会计工作的统一要求,只是一般的原则规定,每一个会计主体的经济活动范围、业务内容有很大不同,对会计信息的要求也有差别,因而,各个单位必须结合本单位的实际情况和具体要求,组织本单位的会计工作。

(3)既要保证会计核算工作的质量,又要节约人力、物力,提高工作效率。

会计工作非常繁杂,对会计管理程序的规定,所有记账凭证、账簿和报告的设计,会计机构的设置,以及会计人员的配备等,都需进行科学的组织和设计。只有这样,才能保证会计工作的质量。同时,在保证会计工作的质量的前提下,也应注意工作的效率,尽量节约会计工作的时间和费用。

(4)既要保证贯彻整个单位的经济责任制,又要建立会计工作的责任制度。

科学地组织会计工作,在保证贯彻整个企业单位的经济责任制的同时,应建立和完善会计工作本身的责任制度。

第二节 会 计 机 构

《中华人民共和国会计法》明确规定,国务院财政部门管理全国的会计工作,地方各级人民政府的财政部门管理本地区的会计工作。也就是说,我国的会计工作实行统一领导、分级管理的管理体制。

一、会计机构的设置

会计机构是直接从事和组织领导会计工作的职能部门。建立和健全会计机构,是加强会计工作,保证会计工作顺利进行的重要条件。

为保证会计工作的顺利进行,充分发挥会计工作的作用,各单位一般都设置单独的会计机构。在规模较小的单位,如不单设会计机构,应在有关机构中设置会计人员并指定会计主管人员,以保证会计工作的正常进行。

除此之外,我国法规还有下列规定:

(1)行政事业单位会计机构的设置,应当符合国家对行政事业单位的统一规定。

(2)没有设置会计机构和配备会计人员的单位,应当根据《代理记账管理暂行办法》委托会计师事务所或者持有代理记账许可证书的其他代理记账机构进行代理记账。

基层单位的会计机构,一般称为会计处、科、股、组等,各级主管部门则一般设置会计司、局、处、科。

会计机构是一个综合性的经济管理部门,它和单位内部的其他各职能部门、各生产经营业务单位的工作有着密切的联系,相互促进、相互制约。

二、会计工作的组织方式

会计工作的组织方式,按企业具体情况的不同,可以分为集中核算组织形式和非集中核算组织形式。

1. 集中核算组织形式

集中核算组织形式是指,企业经济业务的明细核算、总分类核算、会计报表编制和各有关项目的考核分析等会计工作,集中由厂级会计部门进行,其他各职能部门、车间、仓库的会计组织或会计人员,只负责登记和填制原始凭证,为厂级会计部门的进一步核算提供经初步整理后的核算资料。

2. 非集中核算组织形式

采用非集中核算组织形式,就是把某些业务的凭证整理、明细核算、有关会计报表,特别是适应企业内部日常经营管理需要的内部报表的编制和分析,分散到直接从事该项业务的车间、部门进行;但总分类核算、全厂性会计报表的编制和内部各单位的会计工作仍由厂级会计部门集中进行,厂级会计部门还应对企业内部各单位的会计工作进行业务上的指导和监督。

在一个单位内部,对各部门和下属单位的经济业务可以分别采取集中核算和非集中核算。实行集中核算或非集中核算,主要取决于企业经营管理的需要。如果单位的规模较小,经济业务不多,则可以采用集中核算方式,以精简会计机构和人员;如果单位内部实行经济核算制,进行分级管理和分级核算,则可以采用非集中核算组织形式,从而便于各部门及时利用核算资料进行日常的考核和分析。

三、会计工作岗位的设置

会计工作岗位的设置,就是在财务会计机构内部按照会计工作的内容和会计人员的配备情况,进行合理地分工,使每项工作都有专人负责,每位会计人员都明确自己的职能。

为科学地组织会计工作,应建立健全会计部门内部的岗位责任制。我国大中型企业对会计工作岗位的设置一般包括如下几个核算组:

(1)综合组。具体负责总账的登记、编制会计报表、进行财务分析、参与企业的生产经营决策等工作。

(2)财务组。主要负责货币资金的收付、单位的往来结算等工作。

(3)工资核算组。主要负责职工的各种工资和奖金的计算、分析工资总额计划的执行情况等工作。

(4)固定资产核算组。主要负责与固定资产有关的会计工作。

(5)材料核算组。主要负责材料的收发结存的明细核算、分析采购资金的使用情况、参与材料采购资金计划和材料成本计划等工作。

(6)成本组。主要负责企业的与成本计算、分析、控制有关的会计工作。

(7)销售和利润核算组。主要负责产品销售和利润的明细核算,计算利润分配和应交税金、分析产成品资金占用情况等会计工作。

(8)资金组。主要负责企业资金的筹集、使用和调度。

四、内部会计管理制度

1. 内部会计管理制度及其制定原则

内部会计管理制度是各个企业和行政事业单位根据会计法和其他会计法规的规定,结合各单位的具体情况和内部管理的需要,本着建立健全会计工作的目的而建立的有关会计工作的各项内部制度。

制定内部会计管理制度时应当遵循以下原则：
(1)应当执行法律、法规和国家统一的财务会计制度。
(2)管理制度的制定应当体现本单位的生产经营特点和经营管理要求。
(3)管理制度的制定,应当有利于规范本单位的各项会计工作。
(4)管理制度的制定,应当科学、合理,具有操作性。
(5)管理制度制定后,应当定期对执行情况进行检查。
(6)应当根据管理的需要和执行中遇到的问题,不断完善内部管理制度。

2. 内部会计管理制度及其具体内容

企业和行政事业单位的内部会计管理制度应包括下述内容：
(1)建立内部会计管理体系。
(2)建立会计人员岗位责任制度。
(3)建立账务处理程序制度。
(4)建立内部牵制制度。
(5)建立内部稽核制度。
(6)建立原始记录管理制度。
(7)建立定额管理制度。
(8)建立计量验收制度。
(9)建立财产清查制度。
(10)建立财务收支审批制度。
(11)实行成本核算的单位应当建立成本核算制度。
(12)建立财务会计分析制度。

第三节 会 计 人 员

一、会计人员的职责

会计人员的职责主要包括以下五个方面：
(1)进行会计核算。

会计人员以实际发生的经济业务为依据,进行会计核算,及时地提供真实、可靠的会计信息,如实反映单位的财务状况、经营成果和财务收支情况,满足有关各方面对会计信息的需要,是会计人员最基本的职责。

(2)实行会计监督。

会计人员的监督职责,主要是指会计人员对本单位的各项经济业务和会计手续的合法性、合理性和合规性进行监督。会计人员对于不真实、不合理的原始凭证,应不予受理;对于记载不准确、不完整的原始凭证,应予以退回;对账实不符的项目,应按规定进行处理;对于违反国家统一规定的财政制度、财务制度的事项,不予受理。

(3)拟定本单位办理会计事务的具体办法。

国家制定的统一会计法规只是对会计工作管理和会计事务处理做出了一般的规定,各单位应结合本单位的具体情况,建立健全本单位的办理会计事务的具体方法。

(4)参与制订经济计划、业务计划,编制预算和财务计划并考核、分析其执行情况。

会计人员参与制订经济计划、业务计划,不仅有利于编制可行的财务计划,而且可以发挥会计人员在拟订经济、业务计划方面的参谋作用。

(5) 办理其他会计事项。

其他会计事项是指除上述事项以外的会计业务。随着经济发展水平的提高,人们对经济管理的要求也越来越高,作为经济管理重要组成部分的会计,也就必然会呈现出多样化的趋势。

二、会计人员的主要权限

为保障会计人员的工作职责得以顺利履行,国家赋予了会计人员必要的权限,主要包括以下三个方面:

(1) 会计人员有权要求本单位有关部门、人员认真执行国家批准的计划、预算,遵守国家财经纪律和财务会计制度。对于本单位有关部门违反国家法规的情况,会计人员有权拒绝付款、拒绝报销或拒绝执行,并及时向本单位领导或上级有关部门报告。

(2) 会计人员有权参与本单位编制计划、制定定额、对外签订经济合同的工作,并可以参加有关生产、经营管理会议和业务会议。会计人员有权参与企业的各项管理活动,对企业的财务收支和经济效益方面的情况提出自己的意见。

(3) 会计人员有权监督、检查本单位有关部门的财务收支、资金使用和财产保管、收发、计量、检验等情况。

三、会计人员专业技术职务

我国目前的会计人员专业技术职务包括会计员、助理会计师、会计师、高级会计师。其中,会计员和助理会计师为初级职务,会计师为中级职务,高级会计师为高级职务。

1. 会计员

会计员的基本职责为:负责具体审核和办理财务收支,编制记账凭证,登记会计账簿,编制会计报表和其他会计事务。

2. 助理会计师

助理会计师的基本职责为:负责草拟一般的财务会计制度、规定、办法;解释财务会计法规中的一般规定;分析、检验某一方面或某些项目的财务收支和预算的执行情况。

3. 会计师

会计师的基本职责为:负责草拟比较重要的财务会计制度、规定、办法,解释财务会计法规、制度中比较重要的问题;分析、检查财务收支和预算的执行情况;培养初级会计人员。

4. 高级会计师

高级会计师的基本职责为:负责草拟和解释在一个地区、一个部门、一个系统或在全国施行的财务会计法规、制度、办法;组织和指导一个地区或一个部门、一个系统的经济核算和财务会计工作;培养中级以上会计人才。

四、会计人员的任免

我国会计法规对会计人员的任免有下列规定:

(1) 国有企业、事业单位会计机构负责人和会计主管人员的任免,应当经过上级主管单位的同意,不得任意调动或者撤换。

(2)会计人员忠于职守、坚持原则、受到错误处理的,上级主管单位应当责成所在单位予以纠正。会计人员玩忽职守、丧失原则、不宜再担任会计工作的,上级主管单位应责成所在单位予以撤换。

五、会计人员的职业道德

会计人员的职业道德,可以概括为以下六条:

(1)会计人员应当热爱本职工作,努力钻研业务,使自己的知识和技能适应所从事工作的要求。

(2)会计人员应当熟悉法律、法规、规章和国家统一会计制度,并结合会计工作进行宣传。

(3)会计人员应当按照会计法律、法规和国家统一会计制度规定的程序和要求进行会计工作,保证所提供的会计信息合法、真实、准确、及时、完整。

(4)会计人员办理会计事务应当实事求是、客观公正。

(5)会计人员应当熟悉本单位的生产经营和业务管理情况,运用所掌握的会计信息和会计处理方法,为改善单位内部管理、提高经济效益服务。

(6)会计人员应当保守本单位的商业秘密,除法律规定和本单位领导人同意外,不能私自向外界提供或者泄露单位的会计信息。

第四节 会计法规制度

一、会计法规体系的层次

我国目前的会计法规体系由三个层次构成,即会计法、会计准则和会计制度。

(1)我国会计法规体系的第一层次是会计法,它是我国会计核算工作最高层次的规范。

(2)我国会计法规体系的第二层次是会计准则,又分为基本准则和具体准则两个层次。

(3)国家制定的各行业会计制度、行政和事业单位会计制度以及大中型企业根据会计准则和行业会计制度制定的会计制度,构成了我国会计体系的第三层次。

二、会计法

《中华人民共和国会计法》是我国会计工作的基本法规,是我国会计法规的母法。《会计法》制定的目的,是规范会计行为,保证会计资料真实、完整,加强经济管理和财务管理,提高经济效益,维护社会主义市场经济秩序。

《会计法》全文共五十二条,分为总则、会计核算、公司和企业会计核算的特别规定、会计监督、会计机构和会计人员及附则七章。

在总则部分,明确了《会计法》适用于国家机关、社会团体、公司、企业、事业单位和其他组织办理会计事务,在处理会计事务时,各单位必须依法设置会计账簿,并保证其真实、完整;规定单位负责人对本单位的会计工作和会计资料的真实性、完整性负责,会计机构、会计人员依照《会计法》进行会计核算,实行会计监督,任何单位或者个人不得以任何方式授意、指使、强令会计机构或会计人员伪造、变造会计凭证、会计账簿和其他会计资料以及提供虚假财务会计报告;任何单位或者个人不得对依法履行职责、抵制违反《会计法》规定行为的会计人员实行打击报复。在总则部分,还就会计工作管理权限作了规定,明确规定全国会计工作的管理机构是国务院财政部门,县级以上地方各级人民政府财政部门负责本行政区域内的会计工作。国家统一的会计制度由国务院财政部门制定,国务院有关部门可以依照《会计法》和国家统一的会计制度制定对会计核算和会计监督有特殊要求的行业实施国家统一的会计制度的具体办法或者补充规定,并须报国务院财政部门审核批准。

在会计核算部分,《会计法》规定各单位必须根据实际发生的经济业务事项进行会计核算,填制会计凭证,登记会计账簿,编制财务会计报告,任何单位不得以虚假的经济业务事项或者资料进行会计核算。在公司、企业会计核算的特别规定方面,《会计法》规定公司、企业必须根据实际发生的经济业务事项,按照国家统一的会计制度的规定确认、计量和记录资产、负债、所有者权益、费用、成本和利润。

在会计监督部分,《会计法》规定各单位应当建立、健全本单位内部会计监督制度。

在会计机构和会计人员部分,《会计法》就会计机构设置和会计人员配备、总会计师、会计机构内部稽核制度、会计人员从业资格和从业素质、会计工作的交接等作了规定。

在法律责任方面,《会计法》就单位负责人、会计人员、财政及有关行政部门会计监管人员违反《会计法》有关规定的情形和法律责任作了详细的规定。《会计法》规定,上述人员违反《会计法》的有关规定,应当负行政责任或刑事责任。

在附则部分,《会计法》明确了单位负责人和国家统一的会计制度的内涵与外延。

三、企业会计准则

我国企业会计准则分为基本会计准则和具体会计准则。基本会计准则主要对会计核算的一般要求和会计核算的主要方面做出原则性的规定,为具体会计准则和会计制度的制定提供基本结构。我国 1992 年 11 月发布的《企业会计准则》就是基本会计准则。具体会计准则根据基本会计准则的要求,就经济业务的会计处理及其程序做出具体规定。从 1997 年 5 月发布第一项具体会计准则《企业会计准则——关联方关系及其交易的披露》至今,财政部已经陆续发布了 9 项具体会计准则。

企业基本会计准则的主要内容包括以下几个方面:

(1)关于会计核算基本前提的规定。

我国企业会计准则规定的会计核算的基本前提包括四个方面,即会计主体、持续经营、会计分期和货币计量。

(2)关于会计核算一般原则的规定。

会计核算的一般原则体现了对会计核算的基本要求,是会计核算一般规律的概括和总结,对实现会计任务,提高会计信息质量具有重要作用。企业会计准则规定的会计核算一般性原则包括可靠性原则、相关性原则、可理解性原则、可比性原则、及时性原则、谨慎性原则、实质重于形式原则、重要性原则等内容。

(3)关于会计要素准则的规定。

所谓会计要素准则,是指企业在会计核算中对各项会计要素进行确认、计量、记录和报告时应当遵循的基本要求。企业会计准则将会计要素划分为六项,即资产、负债、所有者权益、收入、费用和利润。

(4)关于会计报表体系的规定。

我国企业会计准则规定,企业的对外财务报告体系包括下述内容:资产负债表、损益表、现金流量表、所有者权益变动表及其附注和财务情况说明书。

四、其他会计法规和会计制度

本部分内容中,重点说明《会计档案管理办法》。

《会计档案管理办法》由国家财政部、国家档案局于 1984 年 6 月 1 日联合发布,自发布之日起实施,共十八条。该办法对单位会计档案管理制度的建立、会计档案的保管办法和保管期限、会计档案的移交等作了规定。

1. 会计档案的概念

会计档案是指会计凭证、会计账簿和会计报表等会计核算专业材料,是记录和反映经济业务的重要史料和证据。会计档案是国家档案的重要组成部分,也是各单位的重要档案之一。

2. 会计档案的归档要求

各单位的会计人员应根据国家和上级关于会计档案管理办法的规定和要求,对本单位的各种会计档案定期收集,审查核对,整理立卷,编制目录,装订成册。

具体的归档要求如下:

(1)定期整理归类。
(2)造册归档。
(3)制定使用及借阅手续。
(4)严格遵守保管期限和销毁手续。

各种会计档案的保管期限,根据其特点,分为永久、定期两种。定期保管期限分为三年、五年、十年、十五年和二十五年。各种会计档案的保管期限,从会计年度终了后的第一天算起。各单位按规定销毁会计档案时,应由档案部门和财务会计部门共同派员监销。

【知识巩固】

1. 在我国,从事会计工作的人员,其基本任职条件是( )。
   A. 具有会计从业资格证书　　　B. 具有中专以上专业学历
   C. 具有注册会计师资格　　　　D. 具有会计专业技术资格

2. 为了贯彻内部牵制制度的要求,出纳人员不得兼管( )。
   A. 会计档案的保管工作　　　　B. 固定资产明细账登记工作
   C. 现金日记账登记工作　　　　D. 银行存款日记账登记工作

3. 一般会计人员办理交接手续,负责监交的人是( )。
   A. 单位负责人　　　　　　　　B. 总会计师
   C. 会计机构负责人　　　　　　D. 上级主管部门领导

4. 我国的会计监督体系包括( )。
   A. 单位内部的会计监督　　　　B. 国家监督
   C. 社会监督　　　　　　　　　D. 以上级主管部门为主体的监督

5. 下列属于会计档案的有( )。
   A. 会计凭证　　　B. 会计报表　　　C. 会计账簿　　　D. 经济合同

第十一章 基础会计综合实训

一、训练目的

通过具体的会计核算业务操作,使学生熟练掌握会计核算的基本程序、基本技能和基本方法,强化学生的实践操作能力,为学习会计专业课程奠定基础。

二、训练要求

(1)了解模拟企业基本情况,熟悉企业的会计政策、会计核算方法和账务处理程序。

(2)以每个学生为小组,完成从开设账簿、登记期初余额、编制记账凭证、登记日记账、登记总分类账、对账、结账的会计实务流程。

(3)将凭证、账簿装订成册归档。

三、实训企业基本情况

1. 企业概况

东华机车配件有限公司为一中型国有企业,位于××省××市××区××路××号,有职工500人。主要建筑有生产厂房、办公楼等。主要产品为内燃机配件,销往全国各地。

企业名称:东华机车配件有限公司

地　　址:××省××市××区××路××号

法人代表:×××

企业类型:制造业企业

主要产品:活塞

开户银行:建设银行××市分行××路办事处。账号:89701236

税务登记号:45697812-123

2. 产品工艺流程

该厂主要产品为活塞,是内燃机配件。主要原料为铝锭,设一个生产车间,产品工艺流程如图 11-1 所示。

图 11-1　活塞加工工艺流程图

3. 企业会计制度和会计核算方法

(1)库存现金限额 2 000 元。

(2)库存原材料按实际成本计价,发出原材料采用先进先出法。

(3)产成品销售出库按月末一次加权平均法计算发出成本。

(4)固定资产折旧采用平均年限法。

(5)产品成本项目分为:直接材料、直接人工、制造费用。
(6)该企业为增值税一般纳税人,税率为17%。
(7)城建税及教育费附加分别为7%和3%。
(8)所得税税率为25%。利润采用账结法。
(9)盈余公积提取比例为10%,公积金为5%。
(10)会计核算形式为记账凭证账务处理程序。

4.××机车配件有限公司10月份账户期初余额

总账账户期初余额,见表11-1。

××机车配件有限公司2013年10月份账户(含明细情况)期初余额　　　表11-1

账户名称	余额(元) 借方	余额(元) 贷方	账户名称	余额(元) 借方	余额(元) 贷方
现金	2 000		短期借款		30 000
银行存款	10 664 056.9		应付票据		45 100
金融性资产			应付账款		526 000
应收票据			预收账款		4 200 000
应收账款—石家庄汽车制造厂	200 000		其他应付款		500
预付账款	14 625		应付职工薪酬		
			长期借款		5 000 000
其他应收款—李××	500		实收资本		20 000 000
生产成本—活塞	147 000		资本公积		9 000 000
产成品—活塞23 000个,单位成本75元	1 725 000		盈余公积		606 455.9
原材料	3 395 000		未分配利润		51 786
其中:铝锭48.5t	3 395 000				
固定资产	29 374 000				
累计折旧		6 062 340			
合计	39 459 841.9		合计		39 459 841.9

四、××机车配件有限公司2013年10月份发生的经济业务

(1)1日,收到××汽车制造厂转账支票1张,金额200 000元,用来偿还其前欠××机车配件有限公司的货款。

1号业务原始凭证,见表11-2。

(2)2日,厂长办公室科员李××报销差旅费450元,并交回现金50元,结清原借款500元。

2号业务原始凭证,见表11-3。

(3)3日,开出现金支票1张,提取现金1 000元备用。

3号业务原始凭证,见图11-2。

××银行进账单(收账通知)　　　　　表11-2

2013年10月1日　　　　　　　　　　　　　　　第　号

收款人	全称	××机车配件有限公司	付款人	全称	××汽车制造厂
	账号	89701236		账号或地址	78456321
	开户银行	建设银行××分行		开户银行	建设银行××分行

人民币（大写）	贰拾万元整	千	百	十	万	千	百	十	元	角	分
				2	0	0	0	0	0	0	0

票据种类	转账支票
票据张数	1

单位主管：　会计：　复核：　记账：　　　　收款人开户银行盖章

收账通知

差旅费报销单　　　　　表11-3

2013年10月2日

出差人姓名：李××					单位：厂长办公室					
出差事由	日期及地点：9月15日至10月1日××市				联系业务					
报销项目	火车票	汽车票	轮船票	其他车船票	住宿费	住勤费				合计
单据张数	2			3	1					
报销金额	200			150	100	0				450
报销金额	人民币（大写）：肆佰伍拾元整									
原借款	¥500.00			扣除报销金额交回(补付)						¥50.00

主管：　审核：　出纳：　报销人：

×××银行现金支票存根

支票号码 6001

科　目＿＿＿＿＿＿＿＿

对方科目＿＿＿＿＿＿＿

签发日期：2013年10月3日

收款单位
（或收款人）：××机车配件有限公司
金　额：1000.00元
用　途：备用现金

备注：
收款人签收

2013年10月3日

单位主管：　会计：　复核：

图11-2　×××银行现金支票存根

（4）4日，向××铝厂采购的铝锭到货，共计10t，每吨71 000元。价税合计款项830 700元同时从银行汇出，铝锭入库。

①4号业务原始凭证一，见表11-4。

××银行电汇凭证(回单)　　　　　　　　　表11-4

汇款单位编号：　　　　　委托日期：2013年10月4日　　　　　　第047号

收款人	全称	××铝厂			汇款人	全称	××机车配件厂		
	账号或住址	12345678				账号或住址	89701236		
	汇入地点	××市县	汇入行名称	××区营业处		汇出地点	××市县	汇出行	××路营业处

金额	人民币（大写）	捌拾叁万零柒佰元整	仟	佰	拾	万	仟	佰	拾	元	角	分
			¥	8	3	0	7	0	0	0	0	0

汇款用途：付货款

上列款项已根据委托办理，如需查询，请持此回单来行面洽

（汇出行章）

2013年10月4日

主管：　　会计：　　出纳：　　记账：

此联是汇出行给汇款单位的回单

② 4号业务原始凭证二，见表11-5。

×××机车配件有限公司
材料物资入库验收单　　　　　　　　表11-5

验收日期：2013年10月4日

类别		编号	
发票编号		来源	

品名	规格	单位	数量		实际价格				计划价格	
			来料	实际	单价	总价	运杂费	合计	单价	总价
铝锭		t	10	10	71 000	710 000		710 000		
合计						710 000		710 000		

第三联　记账联

供销主管：　　验收保管：　　采购：　　制单：

③ 4号业务原始凭证三，见表11-6。

××市增值税专用发票　　　　　　　　表11-6

开票日期：2013年10月4日　　　　　　(XX)00 No.0508901

购货单位	名称		纳税人登记号	45697812-123
	地址、电话		开户银行及账号	89701236

货物或应税劳务名称	计量单位	数量	单价	金额									税率（%）	税额								
				百	十	万	千	百	十	元	角	分		百	十	万	千	百	十	元	角	分
铝锭	t	10	71 000		7	1	0	0	0	0	0	0	17			1	2	0	7	0	0	0 0
合计					7	1	0	0	0	0	0	0				1	2	0	7	0	0	0 0

价税合计(大写)	⊗佰捌拾叁万零千柒佰零拾零元零角零分	¥830 700.00

销货单位	名称	××铝厂	纳税人登记号	
			开户银行及账号	12345678

备注	

收款人：　　　　　　开票单位(未盖章无效)：

第二联：发票联

(5)5日,从本市××电脑专卖店购入微机一台,价税合计款项11 700元,以转账支票支付。

①5号业务原始凭证一,见图11-3。

×××银行转账支票存根

支票号码 5100

科　　目＿＿＿＿＿＿＿＿＿＿

对方科目＿＿＿＿＿＿＿＿＿＿

签发日期:2013年10月5日

收款单位
(或收款人):××电脑专卖店
金　　额:11 700.00元
用　　途:支付电脑款

备注:

单位主管:　　　会计:　　　复核:

图11-3　×××银行转账支票存根

②5号业务原始凭证二,见表11-7。

××省增值税专用发票　　　　　　表11-7

开票日期:2013年10月05日　　　　(XX)00 No.1508991

购货单位	名称	东			纳税人登记号									45697812-123								
	地址、电话				开户银行及账号									89701236								
货物或应税劳务名称	计量单位	数量	单价	金额									税率(%)	税额								
				百	十	万	千	百	十	元	角	分		百	十	万	千	百	十	元	角	分
电脑	台	1	10 000		1	0	0	0	0	0	0	0	17			1	7	0	0	0	0
合计					1	0	0	0	0	0	0	0				1	7	0	0	0	0
价税合计(大写)	⊗佰⊗拾壹万壹仟柒佰零拾零元零角零分												¥11 700.00									
销货单位	名称	××电脑专卖店			纳税人登记号																	
					开户银行及账号									45127896								
备注																						

第二联:发票联

收款人:　　　　　开票单位(未盖章无效):

(6)6日,办公室购买办公用品750元,回财务科报销。

6号业务原始凭证,见表11-8。

(7)10日,车间领用铝锭30t用于生产活塞,原材料发出采用先进先出法。

7号业务原始凭证,见表11-9。

××省××市商业销售发票
发 票 联

表11-8
No.154325

购货单位：××机车配件有限公司办公室　　2013年10月6日

品　名	规格	单位	数量	单价	金额 万 千 佰 十 元 角 分	说明
文件夹		个	10	5.00	5 0 0 0	
笔记本		个	200	3.50	7 0 0 0 0	
合计人民币（大写）	柒佰伍拾元整			￥750.00		

第二联：付款方收执

开票单位（章）：　　　开票人：

××机车配件有限公司
材料物资领用通知单

表11-9

领料类别：
领料单号码：

领用部门：生产车间　　2013年10月10日

材料名称	用途	规格	单位	数量	单位成本 计划　实际	总成本 计划　实际
铝锭	生产活塞		t	30	70 000	2 100 000

发料部门	审核员	发料员	领用部门	主管	领料	备注

第二联：记账联

(8) 15日，收到银行委托收款通知，缴纳生产用水费7 120元。

①8号业务原始凭证一，见表11-10。

××市自来水公司水费清单

表11-10

单位：××机车配件有限公司　　日期：2013年10月15日

用水项目	数量(t)	单　价	金额(元)
工业生产			7 120
合计			7 120
金额	人民币（大写）	柒仟壹佰贰拾元整	

财务主管：　　会计：　　出纳：　　复核：

②8号业务原始凭证二，见表11-11。

③8号业务原始凭证三，见表11-12。

(9) 20日，从银行提取现金89 843元，发放工资（先计算并填写工资结算表分配工资费用）。

①9号业务原始凭证一，见表11-13。

委托银行收款结算凭证(付款通知)　　　　　　　　　　　表 11-11

委收号码:00120128
委托日期:2013 年 10 月 15 日
付款期限: 年 月 日
延期期限: 年 月 日

收款人	全称	××市自来水公司	付款人	全称	××机车配件有限公司
	账号	45961287		账号或地址	89701236
	开户行	建设银行××分行营业部		开户行	建设银行××路营业处

委收金额	人民币(大写)	柒仟壹佰贰拾元整	千	百	十	万	千	百	十	元	角	分
							¥7	1	2	0	0	0

款项内容		委托收款凭证名称		附寄单证张数	1

备注:
付款单位注意:
1. 根据计算方式规定,上列委托收款,在期限内未拒付十,即视同全部统一付款,以此联代替支款通知。
2. 如需提前付款或多付少付款时,应另写书面通知送银行办理。
3. 如系全部或部分拒付,应在付款期限内另填拒绝付款付理由送银行办理

此联是付款单位开户银行通知付款单位按期付款的通知

单位主管:　　会计:　　复核:　　记账:　　　　月　日(付款单位章)

××省增值税专用发票　　　　　　　　　　　　　表 11-12

开票日期:2000 年 10 月 23 日　　　　　　　　(XX)00 No.7108978

购货单位	名称	东华		纳税人登记号										
	地址、电话			开户银行及账号	89701236									

货物或应税劳务名称	计量单位	数量	单价	金额							税率(%)	税额							
				百	十	万	千	百	十	元	角	分		百	十	万	千	百	十	元	角	分
水	t						6	3	0	0	0	0	13					8	2	0	0	0
合　计							6	3	0	0	0	0						8	2	0	0	0

价税合计(大写)	柒仟壹佰贰拾元整	¥7 120.00

销货单位	名称	××市供水公司	纳税人登记号	
			开户银行及账号	

备注

收款人:　　　　　开票单位(未盖章无效):

第四联:记账联

工资结算表(单位:元)　　　　　　　　　　　表 11-13

部门	人数	应发工资				代扣款项			实发金额
		工资	加班工资	其他津贴	合计	水费	电费	合计	
车间生产工人	300	27 000	4 500	1 890	33 390	265	1 440	1 705	31 685
车间管理人员	50	10 500	300	600	11 400	138	492	630	10 770
管理部门	150	45 000	3 750	1 500	50 250	312	2 550	2 862	47 388
合计	500	82 500	8 550	3 990	95 040	715	4 482	5 197	89 843

② 9号业务原始凭证二,见图11-4。

×××银行现金支票存根

支票号码 5010
科　　目＿＿＿＿＿＿＿＿＿＿
对方科目＿＿＿＿＿＿＿＿＿＿
签发日期:2013年10月20日

收款单位
(或收款人):××机车配件有限公司＿
金　　额:89 843元整＿＿＿＿
用　　途:发放工资＿＿＿＿＿

备注:
收款人签收

2013年12月20日

单位主管:　　　　会计:　　　　复核:

图11-4　×××银行现金支票存根

(10)22日,向××拖拉机厂销售活塞20 000只,单价105元,收到银行承兑汇票1张,票面金额为2 457 000元。

①10号业务原始凭证一,见表11-14。

××省增值税专用发票　　　　　　表11-14

开票日期:2013年10月22日　　　　　　　(XX)00 No.0108973

购货单位	名称			纳税人登记号							13060124-191								第四联:记账联
	地址、电话			开户银行及账号							20863610								
货物或应税劳务名称	计量单位	数量	单价	金额							税率(%)	税额							
				百	十	万	千	百	十	元	角	分		百	十	万	千	百	十	元	角	分	
活塞	只	20 000	105	2	1	0	0	0	0	0	0	0	17		3	5	7	0	0	0	0	0	
合计				2	1	0	0	0	0	0	0	0	17		3	5	7	0	0	0	0	0	
价税合计(大写)	贰佰肆拾伍万柒仟元整							￥2 457 000.00															
销货单位	名称	××机车配件有限公司		纳税人登记号																			
				开户银行及账号							89701236												
备注																							

收款人:　　　　　　开票单位(未盖章无效):

②10号业务原始凭证二,见表11-15。

××银行进账单(收账通知)

表 11-15

2013 年 10 月 22 日　　　　第　号

收款人	全称	××机车配件有限公司	付款人	全称	××拖拉机厂
	账号或地址	89701236		账号	20863610
	开户银行	建设银行××市分行		开户银行	××银行××支行营业部

人民币(大写)	贰佰肆拾伍万柒仟元整	千	百	十	万	千	百	十	元	角	分
			2	4	5	7	0	0	0	0	0

票据种类	银行汇票
票据张数	1

收款人开户银行盖章

单位主管：　会计：　复核：　记账：

收账通知

③10 号业务原始凭证三，见表 11-16。

表 11-16

××机车配件有限公司
产品出库通知单

2013 年 10 月 22 日　　　　编号：0130

类别	名称	编号	规格	单位	数量	单位成本	总成本	附注
	活塞			只	20 000			出售产品
合计								

会计主管：　仓库主管：　保管：　经发：　制单：

(11) 23 日，收到银行转来的付款通知及电费收据，支付生产用电 63 723 元。

①11 号业务原始凭证一，见表 11-17。

表 11-17

××市供电局电费清单

户号：321056　　　　2013 年 10 月 23 日

户名	××机车配件有限公司		开户所		项目	单价	金额(元)
地址	××区××路		账号		照明电费	0.332	23 186.00
	抄见表数		倍率	抄见表量(kW·h)	变损电量(kW·h)	计费电量(kW·h)	基本电费	10.00	15 200.00
有功	起数	止数					平段电费		
照明							高峰电费	0.278	25 337.00
平段							低谷电费		
高峰									
低谷							小计		
合计							市政附加		
无功							三峡基金		
							电建基金		
	计费容量(DW/kVA)						自筹加价		
	功率因数	89%	调整率		1.5		城网附加		
	合计金额(大写)		陆万叁仟柒佰贰拾叁元整				合计金额(小写)		63 723

②11 号业务原始凭证二，见表 11-18。

委托收款凭证(付款通知)　　　　　　　　表11-18

委托号码：01023

委邮　　委托日期：2013年10月23日　　　付款期限：　年　月　日

付款人	全称	××机车配件有限公司	收款人	全称	××市供电局
	账号或地址	89701236		账号	457845123
	开户行	建设银行××路营业处		开户行	建设银行××分行营业部

委收金额	人民币（大写）	陆万叁仟柒佰贰拾叁元整	千	百	十	万	千	百	十	元	角	分
					6	3	7	2	3	0	0

款项内容	电费	委托收款凭证名称	电费清单	附寄单证张数	1

备注：
付款单位注意：
1. 根据计算方式规定，上列委托收款，在期限内未拒付十，即视同全部统一付款，以此联代替支款通知。
2. 如需提前付款或多付少付款时，应另书书面通知送银行办理。
3. 如系全部或部分拒付，应在付款期限内另填拒绝付款付理由送银行办理。

单位主管：　　会计：　　复核：　　记账：　　　　　　　月　日(付款单位章)

此联是付款单位开户银行通知付款单位按期付款的通知

③11号业务原始凭证三，见表11-19。

××省增值税专用发票　　　　　　　　表11-19

开票日期：2013年10月23日　　　　　　(XX)00 No.7108978

购货单位	名称				纳税人登记号	4
	地址、电话				开户银行及账号	89701236

货物或应税劳务名称	计量单位	数量	单价	金额 百十万千百十元角分	税率（%）	税额 百十万千百十元角分
电力	度			5 4 4 6 4 1 0	17	9 2 5 8 9 0
合计				5 4 4 6 4 1 0		9 2 5 8 9 0

价税合计（大写）	⊗佰⊗拾陆万叁仟柒佰贰拾叁元整	¥63 723.00		
销货单位	名称	××供电局	纳税人登记号	
			开户银行及账号	
备注				

第四联：记账联

收款人：　　开票单位(未盖章无效)：

(12)24日，向银行办理短期借款手续，借入短期借款30 000元。

12号业务原始凭证，见表11-20。

(13)26日，提取本月固定资产折旧57 473元。

13号业务原始凭证，见表11-21。

×××银行借款凭证（回单） 表11-20

日期：2000年10月24日

单位编号：

借款人	名称			收款人	名称	××机车配件有限公司
	放款户账号				往来户账号	
	开户银行				开户银行	
借款期限				借款计划指标		

借款申请金额	人民币（大写）	叁万元整	百 十 万 千 百 十 元 角 分
			3 0 0 0 0 0 0

借款原因及用途	短期流动使用	银行核定金额	百 十 万 千 百 十 元 角 分
			3 0 0 0 0 0 0

期限	计划还款日期	✓	计划还款金额	还款记录	期次	还款日期	还款金额	结欠
1	2001年1月24日		30 000元					
2								
3								
4								

备注：	上述借款业已同意贷给并转入你单位往来账户，借款到期时应按期归还。 借款单位（盖章）： 2013年12月11日

此联系放款回单代借款人收款通知

固定资产折旧计算表：（单元：元） 表11-21

2013年12月

科目	部门	月初固定资产原值	折旧	
			月折旧率	月折旧额
制造费用	生产车间	28 099 000	0.002	56 198
管理费用	管理部门	1 275 000	0.001	1 275
合计		29 374 000		57 473

（14）25日，结转本月制造费用。

14号业务原始凭证，见表11-22。

制造费用分配表 表11-22

车间：浇铸车间　　　　　　　　　　　　　　　　　　期间：2013年12月

产品名称	分配标准	分配率	分配金额
活塞		1	
合计			

（15）25日，本月在产品生产全部生产完工，完工入库活塞35 000只，计算完工产品生产成本。

① 15号业务原始凭证一，见表11-23。

××机车配件有限公司
产品入库验收单   表11-23

交库单位	生产车间	验收日期:2013年12月25日	编号	

| 品名 | 规格 | 单位 | 交付数量 | 实际成本 || 计划成本 ||
				单位	合计	单位	总价
活塞		只	35 000				
合计							

第三联 记账联

生产单位主管：　　　　　检验：　　　　　验收保管：　　　　　制单：

②15号业务原始凭证二，见表11-24。

产品成本计算表   表11-24

产品名称:活塞　　　　　　2013年12月　　　　　　完工:35 000只

项目	直接材料	直接人工	制造费用	合计
月初在产品成本	147 000			147 000
本月生产费用				
生产费用合计				
完工产品成本				
月末在产品成本				

(16)26日,向××拖拉机厂销售活塞30 000只,单价110元,货款已收。

①16号业务原始凭证一,见表11-25。

××省增值税专用发票   表11-25

开票日期2013年10月26日   (XX)00 No.0108974

| 购货单位 | 名称 | | | | 纳税人登记号 | | 13060124-191 |
	地址、电话				开户银行及账号		20863610
货物或应税劳务名称	计量单位	数量	单价	金额 百十万千百十元角分	税率(%)	税额 百十万千百十元角分	
活塞	只	30 000	110	3 3 0 0 0 0 0 0	17	5 6 1 0 0 0 0	
合计				3 3 0 0 0 0 0 0	17	5 6 1 0 0 0 0	
价税合计(大写)	叁佰捌拾陆万壹仟零佰零拾零元零角零分　　　￥3 861 000.00						
销货单位	名称	××机车配件有限公司			纳税人登记号		
					开户银行及账号		89701236
备注							

第四联:记账联

收款人：　　　　　　开票单位(未盖章无效)：

②16号业务原始凭证二,见表11-26。

181

×××银行进账单（收账通知）

表11-26

2013年10月26日 第 号

收款人	全称	××机车配件有限公司		付款人	全称	××拖拉机厂										收账通知
	账号或地址	89701236			账号	20863610										
	开户银行	建设银行××市分行			开户银行	××银行××支行营业部										
人民币（大写）		叁佰捌拾陆万壹仟元整				千	百	十	万	千	百	十	元	角	分	
							3	8	6	1	0	0	0	0	0	
票据种类		银行转账														
票据张数		1														
单位主管： 会计： 复核： 记账：				收款人开户银行盖章												

③16号业务原始凭证三，见表11-27。

××机车配件有限公司
产品出库通知单

表11-27

2013年10月26日 编号：0131

类别	名称	编号	规格	单位	数量	单位成本	总成本	附注
	活塞			只	30 000			出售产品
合计								

会计主管： 仓库主管： 保管： 经发： 制单

（17）31日结转产品销售成本（月末一次加权计算）

17号业务原始凭证，见表11-28。

销售成本计算表

表11-28

2013年12月

产品名称	单位	月初结存			本月收入		本月销售		
		数量	单位成本	金额	数量	金额	数量	单位成本	金额
活塞	只	23 000	75	1 725 000					

（18）31日，接银行通知，支付本月短期借款利息1 060元。

18号业务原始凭证，见表11-29。

×××银行放款利息通知单（代传票）

表11-29

2013年12月31日

户名	××机车配件有限公司		账户								
利息计算时间	2013年10月1日起 2013年10月31日止			利率：月0.7%							
利息金额	人民币（大写）壹仟零陆拾元整			百	十	万	千	百	十	元	角	分
							1	0	6	0	0	0
上列利息已由你单位存款户扣收（银行章）			科目 转账 2000年10月31日 复核 记账 制单								

(19)31日,结转损益类账户。

19号业务原始凭证,见表11-30。

内 部 转 账 单　　　　　　　　　　　　表11-30

转账日期:2013年10月31日

摘　　要	转 账 项 目	金　　额
结转到本年利润		
合　　计		

会计:　　　　　记账:　　　　　复核:　　　　　制单:

(20)31日,计算企业所得税,本月按利润总额计算预缴。

①20号业务原始凭证,见表11-31。

税 后 利 润 计 算 表　　　　　　　　　　　　表11-31

2013年10月31日

项　　目	金　　额	备　　注
税前利润		
减:应交所得税		
税后利润		

制表:　　　　　复核:

②20号业务原始凭证,见表11-32。

内 部 转 账 单　　　　　　　　　　　　表11-32

转账日期:2013年10月31日

摘　　要	转 账 项 目	金　　额
结转到本年利润		
合　　计		

会计:　　　　　记账:　　　　　复核:　　　　　制单:

(21)31日,结转净利润。

(22)31日,按15%提取盈余公积。

参考文献

[1] 财政部.最新企业会计准则讲解与运用[M].上海:立信会计出版社,2006.
[2] 财政部.企业会计制度2001[M].北京:经济科学出版社,2001.
[3] 财政部.企业会计准则2001[M].北京:经济科学出版社,2001.
[4] 任延东.新编基础会计[M].大连:大连理工出版社,2010.
[5] 赵玉霞.工程成本会计[M].北京:科学出版社,2008.